地方非遗文化育人实践研究

姜昌文 著

云南美术出版社

图书在版编目（CIP）数据

地方非遗文化育人实践研究 / 姜昌文著. -- 昆明：云南美术出版社, 2025. 5. -- ISBN 978-7-5489-6137-6

Ⅰ.G122-05

中国国家版本馆 CIP 数据核字第 2025PA9532 号

责任编辑：肖　红
策划编辑：瞿诗章
责任校对：张　蓉　李　斌　张　琦
封面设计：熊真兴

地方非遗文化育人实践研究
姜昌文　著

出版发行：云南出版集团
　　　　　云南美术出版社（昆明市环城西路 609 号）
印　　制：武汉鑫佳捷印务有限公司
开　　本：170mm×240mm　　1/16
印　　张：15.5
字　　数：200 千字
版　　次：2025 年 5 月第 1 版
印　　次：2025 年 5 月第 1 次
书　　号：ISBN 978-7-5489-6137-6
定　　价：98.00 元

版权所有　侵权必究

编委会
（排名不分先后）

图 书 策 划：刘光书
主　　　　编：姜昌文
参 与 编 写：李列平　段志莲　王尚行　韦贞殿　施明兰
　　　　　　　杨正美　肖　坤　鲁先英　孟正美　杜荣静
　　　　　　　田文俊　哈　俊
学术指导委员会主任：魏　敏
学术指导委员会副主任：景莉冰
编撰委员会主任：汤　怀
编撰委员会副主任：李如化　张龙伟　郭起超　王　颖　王安云
　　　　　　　　　陈廷林　何安兴　陈怀丽　满黎红　单长龙

作者简介

姜昌文，贵州省安龙县新桥镇初级中学正高级道德与法治教师、省级黔灵名师、骨干教师，兴义民族师范学院外聘教师。获省级教育科学研究优秀成果奖二等奖和三等奖，省级教学成果奖三等奖。受邀对我省及广东、广西、云南、宁夏、内蒙古等地教师，做专题讲座、示范教学等20余次，培训教师1000余人次。主编出版了《爱我安龙》《爱我苗乡》和《金州奇葩——义龙》三本，参编《亲近义龙》，主持编写出版《走进黔西南》。主持完成国家省州区课题研究多项。

指导专家简介

刘光书，《地方非遗文化育人实践研究》图书策划专家，贵州省安龙县教育局教研室主任、安龙县第一中学校长助理、正高级教师，贵州省高中语文刘光书名师工作室主持人。

曾在《中学语文教学参考》《名作欣赏》《贵州教育》等刊物发表《有效教研实践探索》《"双师同堂"对民族地区语文教师专业素养的实践研究》《荷香莲动民风浓郁》等40余篇论文，出版专著有《光书人生》《龙城物语》《盘江奇葩——安龙》《乡土安龙》《新课程新理念教学探讨》等，主持完成的贵州省教育科学规划课题有："民族地区中学语文'双师同堂'教学实践探索""基于核心素养的乡土文化课程建设研究""名师工作室协同发展机制研究"等。

曾获全国优秀教师、贵州省教学名师、贵州省特级教师、贵州省骨干教师、全国百姓学习之星、贵州省百姓学习之星、黔西南州科技人才、首批州管专家、全州优秀共产党员、黔西南州优秀班主任等荣誉称号，3项课题获省教育科研成果奖，2项课题获省教学成果奖。

魏敏，《地方非遗文化育人实践研究》指导专家，中学正高级教师，兴义民族师范学院附属中学副校长，语文教师。贵州省特级教师、省级名师、省级骨干教师、省优秀教师，贵州省初中语文魏敏名师工作室主持人，贵州省中语会理事，黔西南州教育学会中学语文专业委员会理事长，黔西南州魏敏留守儿童精准关爱教研工作室主持人，金州国学读书会发起人。曾获"2017年全国百姓学习之星""2017年贵州省百姓学习之星"，中国教育报刊"党和人民满意的好老师"，贵州省"五一巾帼标兵"，贵州省"十二五继续教育优秀培训者""国培计划（2016）贵州省中小学幼儿园教师名师工作坊研修项目优秀工作坊坊主"，黔西南州"五一劳动模范"，黔西南州优秀教师、州优秀班主任，黔西南州委宣传部"我最喜欢的老师"，"新浪贵州公益爱心大使"等荣誉称号。

景莉冰，《地方非遗文化育人实践研究》指导专家，黔西南州教育局教科院教研员，中学一级教师。

序言

刘光书

  地区非遗包含区域的文化基因和国家的记忆，它含有丰富的社会历史文化资源。继承和保护区域传统是弘扬民族文化的优秀传统，同时对增强民族的文化自信，促进区域经济和文化建设有着深远的意义。区域非遗文化传承的主要目标是要继承区域非遗文化的核心，维持这些非遗项目的原创性，并在此基础上，适当地创新和升华它们的凝聚力，并最终促进地方经济建设和文化建设。

  薪火相传，民族非遗本身是传统文化的重要组成部分，如昆曲、剪纸、蒙古族与朝鲜族的民间音乐和舞蹈项目，可以说是凝聚了中国各族人民的智慧。这些文化遗产之所以能够代代相传，所依靠的就是"人"的力量。人是文化的创造者，青年是国家未来的希望所在，文化的传承和发展必然依赖于这一新的力量。非遗进校园，首先让学生们认识它们，走近它们，了解它们，在此基础上，感受传统文化的魅力，逐渐生发自觉传承优秀文化的意识，此外，不同的学校依托各自独特的地域与资源优势，可以为学生创造体验非遗项目的机会与空间，让学生在动手实践中对传统文化产生浓厚的兴趣。例如，很多学校会将当地的非遗传承人请到校园向学生展示、教授相关技艺，边做边学的形式对学生而言是非常容易接受的。有了这些前提，就会激发出学生对非物质文化遗产的保护欲，也使他们更愿意为文化传承做出自己的努力。

  非物质文化遗产是中华民族五千多年传承下来的精髓，但是当今社会经济发展迅速，社会变革进程不断推进，部分非物质文化遗产濒临灭绝。在非物质文化的传承上也存在着各种各样的困难，面临失传的重大危机，抢救、保护和发展中国非物质文化遗产刻不容缓。如果仅仅凭借喜欢非物质文化的人来传承，对于中国非遗的现状来说简直就是杯水车薪。因此在党中央的号召下，全国很多省市都开展了非遗文化保护工作，效益显著，但也存在很多保护问题。例如，许多非传统文化保护工作过于形式化，只注重表面工作，不断开发却不注重质量，这对于非物质文化遗产的保护是一项长期、艰苦、重要的工程，它需要我们所有人行动起来，才能够更好地保护我们的非遗文化。

  教育是一个长期的、复杂的工程，只有有了牢固的精神根基，才能给予学校无限的能量。以非遗传承的机会，让非遗文化进校园。许多学校已经逐步建立了自己的品牌，提升自己的影响力，并赢得了信任和荣誉，强大的软实力也将促进学校工作的巨大进步。

  文化能够为创新提供动力与营养，非遗项目中包含的文化元素本身就具有持久的生命力与潜在的创新性。除了接触非遗项目，学生可以学会尊重传统文化，培养创新意识。因为实践是创新的源泉，学生将获得新的启示，展开大胆的想象和创作，让传统文化绽放出新的光彩。这将在学生的心灵中播下创造的种子，为文化的传承与创新储备人才。

黔西南有浓郁的民族风情。布依族"八音坐唱"、布依铜鼓十二则、查白歌节、土法造纸、布依戏、布依族勒尤、布依族高台狮灯舞等被列入国家级非物质文化遗产名录。其中布依族"八音坐唱"，在海内外享有"天籁之音""声音活化石"之美誉；彝族舞蹈"阿妹戚托"被誉为"东方踢踏舞"。黔西南是少数民族聚居的地方，居住着布依族、苗族、彝族等少数民族，他们勤劳朴实，能歌善舞，在耕作之余，打造了自己的民族特色：每年农历正月十三、十四和十五黔西南新区新桥底西苗族"采花节"，农历三月第一个蛇场天黔西南新区德卧布依族"毛杉树歌节"，农历的六月二十一是顶效布依族"查白歌节"。晴隆县三宝街彝族同胞们更是天天过节，饭后茶余，尤其是晚上，大家都围着火把，唱着歌跳着舞，《阿妹戚托》跳出了他们对生活的热爱，跳出了彝族人的风采，跳出了"东方踢踏舞"之美誉。

本书是贵州省民族地区质量提升工程子项目Ⅲ课题《运用地方非物质文化遗产资源提升学校文化育人质量实践研究》课题研究成果著作，其中本书共分为四章，第一章为绪论，介绍了非遗与地方非遗的概念、地方非遗文化进校园的价值、非遗文化的教育功能及融入教育的现状、非遗文化进校园的传承与创新路径；第二章为非物质文化遗产的保护，介绍了国内外非物质文化遗产保护的发展、非物质文化遗产的保护与活态化传承、非遗文化数字化发展；第三章为地方非遗文化育人实践研究案例，介绍了地方非遗文化进校园育人案例、地方非遗文化融入学科教学育人案例。第四章为黔西南州地方非遗文化，介绍了黔西南州非物质文化遗产概况、黔西南州部分非遗文化和黔西南州地方非遗文化育人案例。

限于作者水平有限，书中难免存在不妥及疏漏之处，敬请读者指正批评。

目录

第一章　绪论 001
第一节　非遗与地方非遗的概念 002
第二节　地方非遗文化进校园的价值 003
第三节　非遗文化的教育功能及融入教育的现状 009
第四节　非遗文化进校园的传承与创新路径 015

第二章　非物质文化遗产的保护 019
第一节　国内外非物质文化遗产保护的发展 020
第二节　非物质文化遗产的保护与活态化传承 036
第三节　非遗文化数字化发展 047

第三章　地方非遗文化育人实践研究案例 059
第一节　地方非遗文化进校园育人案例 060
第二节　地方非遗文化融入学科教学育人案例 068

第四章　黔西南州地方非遗文化 083
第一节　黔西南州非物质文化遗产概况 085
第二节　黔西南州部分地方非遗文化简介 095
第三节　黔西南州地方非遗文化育人案例 108
第四节　黔西南州地方非遗文化进校园开展的活动 188

番外篇　蒙黔交流，教研生辉，共筑教育新篇章 225
（一）跨省交流，文化交流 226
（二）教研生辉，共话发展 229
（三）跨省交流，教研生辉，共筑教育新篇章 234

后记 235

参考文献 236

第一章 绪论

第一节 非遗与地方非遗的概念

第二节 地方非遗文化进校园的价值

第三节 非遗文化的教育功能及融入教育的现状

第四节 非遗文化进校园的传承与创新路径

第一章 绪论
第一节 非遗与地方非遗的概念

一、地方传统文化教育

地方特色传统学校文化特色教育就是指通过有目标计划、有系统组织、有目的系统地对每个学生系统地进行中华传统历史文化知识传授，是一种培养学生技能的社会实践活动。通过这种实践活动，让传统文化得以传播和发展。传统文化教育不是某个老师的责任，而是庞大教师队伍要长期不断坚持履行的义务。传统文化对中国教育的发展影响深远，一方面它对学校现行德育工作有着深远的影响，五千年的中华文明内涵丰富，有不少都出现在了我们的教科书中，如我们教材中有不少《诗经》的内容，寓言故事掩耳盗铃、滥竽充数、老马识途等都启迪着人们的智慧。另一方面，它对学校管理有着积极的促进作用，长期以来，中国教育都坚持"育人为本、德育为先"的教育方针，不仅重视人的综合素质发展，还关注人的文化内涵、精神世界，目前大部分中小学校实行的传统文化教育都加入了地方文化元素，为学校发展营造了良好的文化氛围，也提高了学校师生之间的团队凝聚力，为学校打造文明校园奠定了一定的文化基础。

二、非物质文化遗产

非物质文化遗产可以特指展现传统文化的各种表现形式，以及与之相关的一些物品与场所。如我们平时说到的一些民间俗语、传统的书法、舞蹈、音乐及传统的礼仪、体育等。2021年8月12日，中文办、国办部等部委联合发布了《关于进一步加强非物质文化遗产保护研究工作的意见》（简称意见），该文件首次明确提出我国今后三年非物质文化遗产保护研究的总体思路，提出非物质文化遗产保护研究的总体目标、工作重点、总体思路、工作预期目标。对于这些文化产物，我们要懂得取舍，那些经过历史检验的我们不应该放弃，我们要能深刻明白它们的精髓，在历史沉淀中内涵已然更加丰富饱满，我们要积极地进行继承与创新，学校教育是文化传承的重要举措，中小学阶段的学生也最容易接受和消化。

三、地方非遗文化的界定

非物质文化遗产（简称"非遗"）保护区域是中国非物质文化遗产中重要的组成部分，联合国教科文组织对非物质文化遗产保护区域定义为："面向被各社区、群体、个人视为其文化遗产组成部分的各种社会实践、观念表述、知识、技能以及相关的工具、实物、手工艺品和文化场所。"因此地方非遗文化就是指在本校及其所在的地域上拥有完整的国家级非遗文化。

第二节 地方非遗文化进校园的价值

一、"非遗进校园"的政策发展

2003年10月17日,由联合国教科文会议起草并交由大会法国会议与大会巴黎会议一致表决通过的联合国教科文组织《保护非物质文化遗产公约》第7号议案。提出与制订了非物质文化遗产保护发展计划纲要的另一条主要具体实施战略思路、措施步骤与主要经验和做法——通过综合采取措施,确保这种人类非物质文化遗产能够持续长久和具有生命力,包括对于这类物质类遗产及社会各方面知识资源进行系统科学的确认、建立档案、研究、保护、抢救、宣传、弘扬、传阅与传承(主要通过正规和非正规教育),和文化的振兴。全面阐述了对于非物质文化遗产的科学保护方法和"进校园"应有之义。2011年6月1日起施行生效后发布的《中华人民共和国非物质文化遗产法》第三十四条中明确提出:学校应当按照国务院教育主管部门的规定,开展相关的非物质文化遗产教育。各级人民政府和地方各类普通全日制学校教育系统人员都必须有强烈的民族责任能力感和自觉公民义务责任感来进行传承,将国家重大非物质资源和民间文化遗产项目资源的保护、普及、传承提升到国家意志层面,体现为全民责任。2014年3月21日,河北省廊坊市第十二届县级人民代表大会第三次会议审议了《河北省非物质文化遗产条例》草案,草案中第二十四条明确,县级人民政府以上基层人民政府教育及其有关文化教育事业等工作部门应当依法鼓励、支持当地有关各类公共职业教育服务机构法人或者公民其他相关组织,根据确定其从事学术研究、教学实习等职业方面取得的学术专长、优势,设置本省非物质文化遗产专业机构或者课程,在非物质文化遗产保护方面,应当加强科普研究、保护传承。学校每年应该积极按照目前国家法律和我省现行有关法律规定:"开展一系列相关方面的青少年非物质文化遗产知识教育,提高青年学生对保护发展和学习传承、传播好非物质文化遗产科普知识的文化意识。"至此,在开展非物质传统文化遗产知识的科学普及宣传教育实践中,"进入校园"已经成为一种更常见的词汇和做法。这种做法在工作方向上的正确性和宣传口径上的相关性是非常值得倡导的。

对于非物质文化遗产抢救保护而言,其教育理念、后续传承方向等方面存在着诸多问题,对此,我们今后应继续深入探讨,对世界范围内非物质文化遗产的抢救、保护及传承方式等方面的研究成果进行持续深入的探讨,并对其后续传承方向进行合理的规划。联合国教科文组织、各国政府先后出台多项文化遗产保护政策、文件,提出要以教育促进非物质文化遗产的"活态"与传承发展,在制定相关法规政策时,各国政府对此展开广泛关注,但又不同程度地分为了以下三个不同实施阶段。

第一时期，非物质文化遗产"教育传承"概念出现。"非物质文化遗产"（Intangible Cultural Heritage）一词最初可追溯至1950年日本通过《文化财保护法》时使用"无形文化财产"一词。有些研究者则认为"文化财产"一词把关注点过多地聚焦于其所有权、归属上，忽视了其背后更多感情与价值承载的细微差别。此后，在国际文件上，越来越多的人将"文化遗产"代替"文化财产"。在文化遗产保护工作开展过程中，一些专家和学者们认为，以往的"保护"工作主要集中在保护文化遗产的"物质存在"上，而忽略了文化遗产、遗迹、建筑群等非物质文化的价值评估，认为，非物质文化遗产价值评估并不重要，应当纳入文化遗产保护工作。直到1998年联合国教科文组织开始实施"人类口头和非物质遗产代表作"项目，中国昆曲被列入其中，"非物质遗产"一词才开始出现在公众视野中。2003年，联合国教科文组织大会通过并颁布《保护非物质文化遗产公约》（以下简称《公约》），文件中首次使用"非物质文化遗产"代替之前"人类口头与非物质遗产代表作"一词，同时也将"非物质文化遗产"的内涵和外延作出明确定义："非物质文化遗产"是指被各个社区、群体，包括个人视为其文化遗产的各种实践、表演、表现形式、知识与技能以及与之相关的工具、实物、工艺品和文化场所。

除此之外，《公约》第二条"保护措施"中将"传承"与"特别是通过正规和非正规教育"相结合，表明"教育"在非物质文化遗产传承中具有重要地位。《公约》首次明确规定，应当以官方文件的形式来教育人类保护和传承非物质文化遗产。《公约》作为保护非物质文化遗产的国际纲领性、指导性文件，对非物质文化遗产发展起着重要引领作用，对各国非物质文化遗产的教育传承具有重要意义。

第二大发展跨越阶段，非物质文化口头与文化遗产传承与科普教育规划和成果传承保护利用各项政策措施间的协同配套制度进一步规范健全。近年来，全球化经济浪潮的进一步推动催生构建起了当今整个多元世界经济中各多元经济民族文化发展间关系的全面高度融合。2004年8月，经国际世界贸易组织秘书处、全国人民代表大会常务委员会国际委员会秘书处批准，中华人民共和国根据文件申请成为联合国教科文组织的《公约》国际工作组中第六个缔约国，从此"非物质文化遗产"国际工作组成员这一全新国际性概念也正式开始在全球引起更为广泛深度的关注。2005年3月，国家法律法规国务院和文化部发布了新版规定《国务院办公厅关于加强中国非物质文化遗产保护工作的意见》，提出：文化遗产保护工作在中华民族传统非物质文化遗产和优秀文化遗产保护中，对当代全国广大少数民族未成年人群开展爱国情怀教育、爱国主义革命传统教育、爱国主义文化艺术知识教育、传承发展和普及革命与爱国文化历史教育、爱国主义教育等具有的一种特殊与重要的社会思想道德教育和行为规范；教育文体行政部门和全市内

第一章 绪论

各级中小学校及社会各类相关专业学校教育部门均应当予以高度重视。体现优秀地方民族精神特点的民俗文化、各种带有本地民间特色的、风味鲜明的其他各类的非物质的口头文化遗产内容，都可以编入学校当地及有关学校课程教材，开展口头文化特色教学研究系列活动。2005年，当国务院办公厅文件颁布后，在《国务院关于加强文化遗产保护的通知》文中首次明确地提出：教育主管部门要将优秀文化遗产内容和文化遗产保护知识纳入教学计划，编入教材，开展专题参观或者学习实践活动，激发青少年热爱祖国优秀传统文化的热情。这一系列扶持政策的颁布施行和有效实施都意味着这个国家已逐步真正意识到对非物质口头文化遗产人的文化育人重要价值以及传承教育及其对促进非物质文化遗产的传承利用的重要性。

此后，2011年2月第十一届全国人民代表大会常务委员会表决审议《中华人民共和国非物质文化遗产法》，其第三十四条明确：学校应当按照国务院教育主管部门的规定，开展相关的非物质文化遗产教育。《中华人民共和国非物质文化遗产法》的出台，表明中国首次通过立法方式将非物质文化遗产教育纳入非物质文化遗产传承发展体系之中。这些法律法规对于教育传承非物质文化遗产作出明确的规定。

此外，各省市政府根据本省本地的实际分布情况，建立一批具有浓厚地方特色文化的非物质文化遗产项目保护传承体系，对如何加强遗产保护和传承方面的政策措施执行力度方面已开始进行一些研究和尝试，并收到一些积极效果。例如，贵州省在2002年新修订《贵州省民族民间文化保护条例》时明确地提到，把传承优秀中华民族文化作为中小学素质教育课程的一项重要组成部分，作为中小学生素质教育课程的一项重要补充内容，要求全省各级各类学校教育工作者要深入开展民族传承非物质文化遗产精神、民族传统美德教育培训等一系列活动；在同年12月，国家制定出台了《关于在全省各级各类学校开展民族民间文化教育的实施意见》。贵州省各地各有关民族中小学在开展民族教育活动中，对这些具有重要民族历史价值、古老民间民族文化遗产、民族传统文化知识进行收集挖掘、分类整理。2008年，贵州省教委出台了《关于大力推进各级各类学校民族民间文化教育的意见》，更是首次明确指出，要真正把保护贵州省的优秀地方非物质文化遗产纳入各级地方政府和各级各类学校中小学日常教育管理中。这对于加快促进中国贵州省等非物质文化遗产优秀的传统教育方式的传承普及发挥了积极作用。研究报告资料表明，中国2002年起建立联合国教科文组织以来，贵州省申请并正式建立了联合国教科文组织"民族民间文化进校园"的申遗保护活动，黔东南州通过申请建立非物质文化遗产项目学校，全州共有51所申请非物质文化遗产项目学校，其中遗产项目学校数量最多、分布最均衡、数量最多，其中黎平县就有8所，少数项目学校在天柱县，有2所。另外从第一批试点学校教育系统办学分批次统计来看，首批的试点教育项目学校共有13所，第二批试点学校共有17所，第三批试点学校共21所，试点学校中试点数量、规模、层次、加快速度是一个明显发展态势。概括而言，当前中国处于社会转型阶段，非物质文化遗产保护教育和政策在逐渐深入、全面、落实、细致、具体，这些都将为促进非物质文化遗产的保护传承方式、创新发展提供可靠有力的技术支持、保护和支撑。但实际上，教育活动对于人类非物质文化遗产有效传承、科学发展创新是一种可行方式。由于政府缺乏制定相关工作保障制度措施和相关督导考核检查的机制，教育成果传承也难以完全走向科学化、规范化、有序化、常态化。

非物质文化遗产的保护与传承利用政策内容进一步深入拓展，主要体现在：一是各级传承教育法规政策相继颁布，对非物质文化遗产进行保护。2002年10月，"中国高等院校首届非物质文化遗产教育教学研讨会"在北京举行。这次研讨会主要讨论了如何将非物质文化遗产纳入高校现代教育课程体系中、合理地设置高等院校相关特色课程教学等几个问题，并最后通过形成了会议纪要《非物质文化遗产教育宣言》，呼吁各级教育行政部门、教育主管部门应主动担当，将其作为国家非物质文化遗产的传承弘扬与教育发展进步的重要使命，标志着我国非物质文化遗产教育正式进入国家教育领域。2014年，教育部印发的文件《完善中华优秀传统文化教育指导纲要》中，首次作出明确表态，指出：加强中华优秀传统文化教育，是构建中华优秀传统文化传承体系，推动文化传承创新的重要途径。非物质性精神文化遗产之所以能对中国当代每个人一生经历的现代社会发展进程也是具有很重要且深刻的价值思想的教育或借鉴意义，理应纳入整个现代文化社会思想教育理论研究的体系范围之中。教育文化政策规划制定研究的根本目的在于科学、合理、均衡分配各种教育资源，使所有受教育者能够获得良好身心发展的成长机会，教育发展政策法规的有效制定和顺利实施为国家级非物质文化遗产保护的现代教育模式传承推广提供有力的政策支持。

二、地方非遗文化进校园的重要性

（一）"非遗"进校园的应然性

1. 学校教育是中国保护遗产"非遗"中的一种重要传承力量

当前，中国对"非遗"进行保护教育，包括传统教育、家庭教育、学校教育以及社区教育。学校有计划、有序地对受教育者进行系统性教育活动和教学活动，能够有效提升"非遗"保护的效率和效果。在校园里，学校通过安排固定的教师、组建固定的学生队伍、搭建固定教学场所，在指定时间开展"非遗"教育教学活动，为"非遗"的传承保护提供物质与精神保障。另外，让"非遗"进入学校，也是使得"非遗"教学活动变得更加科学、系统化，传承人教师也不再只是个人的"单打独斗"，学校应该给予非遗传承人教师科学、系统的培训，给传承人教师合理地设置"非遗"教学课程,这样才能更好地保障"非遗"教学活动顺利开展。

2."非遗"进校园践行素质教育

"非遗"走进校园,不仅可以活跃校园文化、学习生活,还可以丰富课外知识,提升学生们动手操作技能。通过"非遗"课程,学生通过已有的地方知识认识与学习"非遗",这些知识更加贴近学生的生活实际,使学生们从科学性课程的学习中得到了心灵满足与愉悦。另外,"非遗"课堂教学更像是一门整合各学科知识的综合课程。以海南国兴中学的黎锦制作为例子,通过对黎锦制作的课程,学生不但能够掌握黎锦的制作技艺,还能够从制作黎锦的过程了解到黎族的历史,以及审美知识和画图技巧。由此看来,黎锦课程不是一门单纯"非遗"项目,而是一门结合了历史学、美术学、劳技学等综合课程,符合素质教学课程要求。

(二)"非遗"进校园的育人性

1. 多元文化促进创新思维

"非遗"是一种地方性知识,与国家课程相比,科学知识更多地表现在地方知识中,如:生态文明、环境保护、人文素养、生态文明等,都是地方性知识,而这些地方性知识在地方生态文明、生存与生活中具有重要地位。保护好"非遗",就是要保护好多样化的地方性知识,能独立解决问题并带来不同的思考探索和实践。新时代教育要培养更多具有创新能力、创新思维、创造力的人才,通过开展地方性"非遗"活动,加强孩子们对各科知识的综合运用能力,解决问题的能力得到质与量的提升。

2."非遗"课程增强文化自信

"非遗"走进校园,让学生亲身体验、感悟、学习优秀民间文化。近年来,中国经济快速发展,现代化进程加快,城市化进程明显,城市样貌越来越精致。但实际上,城市外貌的统一并不代表着城市文化的象征,每个城市都会有每一个地区的风土人情。"非遗"是一个地方风土人情凝结而成的产物,能够最大程度上展示一个地区的文化和传统知识。"非遗"走进学校课堂,能够让当地的学生了解到所在地区文化历史的独一无二性,在学习领略本地区人们生活智慧的过程中,感受到家乡的民俗文化之美的同时,培养学生对家乡文化的"自豪感"和"自信心"。

(三)"非遗"进校园的可行性

1."非遗"是课程开发的巨大宝藏

地方性"非遗"文化,在课程开发中,蕴含着丰富的内容。我们选取国家级文化遗产藏族口头史诗《格萨尔王传》作为例子,其中《降服妖魔》这一故事情节体现出藏族同胞在日常生活中秉承着明辨善恶、扶助弱小等美德品质,这些故事能够有效地运用到学校的德育工作中。学生受文化熏陶后,对于特定文化影响有了一定的认识，学生可以借助"非遗"这种地方性知识，从中获得一种普遍性的价值知识，这种认知，比听其他文化，更容易理解、吸收，提高学习效率。

2."非遗"是多课程融合的桥梁

"非遗"不仅具备了多种功能，而且还融合多门课程知识，将不同学科之间的界限完全打破，成为一门系统化课堂教学融合体系。以《格萨尔王传》为载体，课堂教学中可融合道德知识、藏族文化知识及藏文学知识。用"非遗"来代替课本，能够有效地促进各门学科的学习，提升学生的知识整合能力和综合素养能力，使其学科知识体系更加完善，成为连贯的完整体系，有利于学习者对所学内容进行融会贯通。"非遗"进校园活动在保护和传承各地非物质文化遗产方面具有重要意义和创新性举措，但"非遗"进校园活动中还存在一些问题，使其在学校教育中价值受到质疑，但新事物发展壮大必须经过一个过程。在这一进程中，我们需要保护好这些新事物，让"非遗"在校园里健康茁壮成长。

第三节 非遗文化的教育功能及融入教育的现状

一、非遗与教育的关系

非物质教育与民族文化遗产多样性保护促进中华民族教育文化创新发展。非物质遗产及教育文化遗产中往往又蕴含并承载着每一个国家生命的记忆和历史教育的文化种子，视觉艺术物质遗产和中国历史文化遗产多样性研究的学术传承及保护与发展创新又是相互交叉联系，共同推进，在实践中逐步积累完成发展起来形成的。近年来，我们相继申报了多项国家级物质遗产，国家级物质文化遗产代表性项目名录已经长达将近10万项，其中确属进入国家级代表性范围内已有高达1372个表项，3145个子项目，39项省级非遗产品入选中国首批联合国教科文组织入选中国第二批非物质文化遗产名录。传统手工艺已悄然成为遗产保护的资源要素之一，非遗传承产业教育同样也需要教育部门大力关注保护，这类凝聚着华夏民族先辈智慧和汗水结晶的古老民间传统工艺品制作技艺，需要在学校不断加大宣传投入，拓宽产业教育传播科学知识的教育渠道，通过创新科普教育等手段努力让传承保护与非遗产业融入人民日常生活工作生活。

要将青少年学生能力的全面发展和传承非遗传承教育经验紧密关联。非物质文化遗产中具有较为丰富完整的思想道德内容，非物质文化遗产也具有高度审美鉴赏价值，可以进一步增强中国儿童自身的思想美感、美貌修养和传统文化思维，非物质人类文化遗产能培养当代学生的创造性观察能力和创新思维能力，并将为青年学生发展提供科技能力方面的实践。

可以全面提升社区居民的素质和公共文化意识。非物质民族文化遗产教育蕴含的优秀民族文化种子都是有着深厚的民族精神的和民族文化的文明积淀，将这弥足珍贵的遗产教育融入公民教育之中，对于切实提高中国全人类的良好个人文化品位和公民文化意识来说至关重要。

非物质文化遗产具有研究一个国家文化传承的基本精神价值、视角和文化知识积累的独特性，继承发扬中华优秀传统文化、创新文化，可以进一步帮助人类理解一个国家特有的思想、文化、感受。非物质人类文化遗产能够借助我们的身体语言、口头语言来传播，特殊文化在形成之初又往往还包括血脉相承、精神相传、地方传承等。教育其本质就是为学生保护、创造和传承创造宝贵的文化遗产知识树立价值标准，从传承文化遗产活动中学习、扮演好社区的角色定位。学校教育是我们保护遗产和继承人类宝贵的遗产成果的一个最佳方式。世界文化遗产口号是"代代相传"，在世界非物质文化遗产保护中应当对适龄儿童少年进行科学启蒙教育，让这份"群体"文化传承遗产得以永久延续。为此，努力尽快修复现有非遗文化，加大保护力度，加强文化普及教育，提升文化遗产科学价值。

二、地方非遗的教育功能

（一）非遗活化了教育场域

"教育场域指教育者、受教育者及其他教育参与者相互之间所形成的一种以知识（Knowledge）的产生、传承、传播和消费为依托，以人的发展、形成和提升为旨归的客观关系网络。"文化资本则是教育场域运作中的中轴媒介资本。文化是以一种知识资产的载体形式去实现的生产、传承、传播过程和社会消费，进而实现人的发展、形成和提升。少数民族非遗源于居民日常生活，发挥效力的空间不单是学校、博物馆、文化馆等公共性教育空间，还有诸如家庭、商店、街道等日常生活空间。教育场域具有很强的概念再生产能力，少数民族非遗教育实践不应限于某时某地，而应是随时随地。以第四批国家级非遗扩展项目——资源河灯歌节所形成的教育场域为例。中元节之时，家中说河灯、做河灯；大江两岸放河灯、唱河灯、赏河灯；大街小巷议河灯、卖河灯；旅游体验区传河灯、展河灯以缅怀先祖、祈求避祸消灾、寄托对美好生活的向往，以河灯歌节所影响的疆域作为教育场域，使教学不限于学校，活化了非遗教育场域，使教育实践活动回归到文化本真的情境中，文化的传播与传承和人的发展实现相融相通。

（二）非遗丰富学校素质教育

少数民族非遗是少数民族社会实践的智慧和力量的结晶，是学校素质教育丰富的课程资源。

其一，非遗具有丰富的美育功能。作为人类社会过去五千年漫长历史的人类生活历史经验，它通过当代国际社会经济发展环境变迁过程和自身人类历史经验的传承和交流实践，得到演化、凝聚、提升、转换，最后生成并发展成为一个心灵文化、新文化的形态，体现出人类为塑造一个国家特殊社会文化群落而形成一种特殊文化意象、想象、地方性知识和对文化情感的体验。也正是这一点基于我们最基本、最根本的文化哲学意义基础上的人类的审美经验，如侗族刺绣、壮绣、苗绣、湘绣等传统美术，灵动的词句、活灵活现的图案予人美的视觉享受，制作过程给人以美的情感体验，暗喻、借喻、象征等表达手法寄托美好祝福和对幸福的向往。

其二，非遗具有丰富的德育功能。马克思主义伦理学观点认为现代社会道德观念主要是指当代人类社会意识形态，其本身就是一个对现代人日常从事人类共同生活或劳动实践及其社会相关道德行为活动制定出的社会客观行为准则体系框架和客观行动方式规范。少数民族生活在构成某种特征相同、生活环境条件或其他性质相似的各种复杂自然与历史场域条件下，中长期可持续存在的由个人社会行为或实践社会化过程等所逐渐形成的社会基本生活心理状态特征和一种普遍社会身体性情，即为进一步规范人们自觉参与和共同生活文化过程活动及其他社会行为等作出贡献的具体道德准则体系和规范。如侗族地方款约，内容大体可归纳包含约法款、族源款、出征款、创世款、英雄款、习俗款、祭祀款等，约束并鞭策着族人遵章守纪，有礼有节。"款约"是一个少数民族社会之间约定而俗成下来的口头契约，蕴含着当时社会的主流社会思想理念和基本道德。德育也就是指把某种一定范围的传统社会思想理论和封建道德准则转化发展为健全个体人的普遍思想意识水平和优秀道德品质养成的过程。由此可见，非遗具有丰富的德育功能。除此之外，少数民族非遗也具有丰富的历史、文学、艺术、科学价值，可以全面培养青少年学生初步的历史观察认知能力和文化注意力、判断技能和推理能力，还同时可以帮助少数民族学生培养体育意识，提高学生的实践素质与体育创新能力。因此，少数民族非遗具有重要的教育价值，能够丰富学校素质教育课程资源。

（三）非遗增补民族教育

湖南地区的极西南部、广西地区的极东北部、贵州地区的极东南部均处于中国西南雪峰山脉中段最北端南段，崇山峻岭、森林覆盖率较高、植被生长比较繁茂；为北南亚热带气候，四季光照特征很明显、气候宜人、雨量充沛、溪流遍布；其先民活动可追溯至石器时代，现聚居着侗、苗、瑶、壮等多个民族，有"中国侗都""苗疆要寨"等民族标签的村寨。长期的历史变迁、特殊的地理环境、独特的人文环境造就了当地文化基因和精神特质，形成以西南官话和少数民族语言为主的非遗项目。据笔者本人不完全愿意透露数字的统计，黔鄂渝乃至湘桂闽粤等交界处已经至少申报过近50项民间传统项目国家级名录和地方非物质遗产项目，涵盖的范围包括中国传统戏剧、传统音乐、民间舞蹈、传统手工技艺、曲艺、医药、民间文学、民俗等种类。"教育必须反映本民族的精神、传统和特点。一个国家，如不具有民族性，就是一个没有灵魂的国家。在文化方面，一个民族的，就代表着世界的，民族教育之根在民族文化。"相似的自然生活场域和自然人文场域，孕育出少数民族同胞独特丰富的多元精神价值、思维方式和传统文化意识，使少数民族人民具有较高的自我民族认同。少数民族非遗课程建设能够更全面地培养发展出中国学生民族精神认同感和更多民族身份政治的认同，最终还将被提升和转化发展为中国整个历史国家层面精神上重要的少数民族核心政治身份价值认同即是爱国主义。

三、少数民族非遗融入教育的现状

（一）国家层面的支持：筑牢非遗融入教育的硬基础

中国在2004年正式加入联合国教科文组织和《保护非物质文化遗产公约》之后，先后多次出台发布《关于加强中国非物质文化遗产保护工作的意见》《中华人民共和国非物质文化遗产法》等多项重要政策。这些新文件界定出了非遗文化的文化内涵、层次和外延，并且明确提出教育是文化传承的基本途径和方式。通过国家在场的社会命名，非遗与教育的融合获得了坚实的政策基础，使非遗从乏人问津逐渐到广为人知。如广西、贵州、湖南等多地法规也已经相应地起草颁布制定了很多具体可行的法规政策条例，如《广西壮族自治区非物质文化遗产保护条例》《广西壮族自治区贯彻落实中国传统工艺振兴计划工作方案》和《贵州省非物质文化遗产保护条例》等，鼓励和支持将非遗列入教育系统。经过国家立法，各地方人民政府已相继出台相关政策法律。非遗融入教育活动得到了政策层面的思想指导，有了坚实的后盾。

（二）政校社合力：提高非遗融入教育的推动力

学校虽然是独立于政府、社会之外的组织主体，但是离不开政府与社会各界的鼎力支持。三者形成合力，共同聚焦非遗融入教育，这是传承文化之需要，也是发展教育事业之必然。例如，贵州省黎平县在2018年9月已正式启动的"小巷三寻环保书皮与汉声阅读进校园活动"项目，是由黎平县县政府金融办、县旅文广委创办、县农教科局、县委宣传部群众艺术团成员及其他艺术扶贫教育训练基地帮扶团成员、县黎平侗乡品源传统工艺农民专业种植合作社成员院校联合组织开展的助力国家重大非遗项目走进贵州黎平县8所乡村中小学的校园系列活动。再如，贵州榕江县29所中心小学、6所市级示范性初级中学也分别开设了有传统侗族大歌、侗族琵琶歌、民族舞传统芦笙、民族刺绣手工表演课等非遗课程，县政府多举措加强公共文化服务体系建设，推进文化惠民，暑假组织青少年文艺免费培训、文艺骨干深入学校开展艺术辅导培训、编撰《惊艳榕江》《远古的文明》《榕江侗歌》等书籍；县图书馆为学校、乡村赠送图书，为学校和乡村补充非遗教学资源。政府部门、教育部门以及社会人士合力，形成非遗融入教育的推动力，促进了非遗进校园活动的开展，为非遗传承的教育之路开疆拓土。

（三）多维度教育实践并行：落实非遗融入教育的基础条件

少数民族地区通过提升师资力量、编撰教材、组织展演等多种方式开展非遗教育活动，多渠道促成非遗融入教育落地。非遗课程的任课教师是课程实施的关键，不仅需要精通非遗的精髓，而且能言传身教、精确表达。故而，少数民族地区学校近年来除了大力培养学生和继续培训部分本校全日制在职中小学教师担任国家非遗课程教学任课和教师培训之外，还广泛聘请一批校外少数民族非遗传承人或者手工匠师、民间艺人等任教非遗课程，以壮大非遗师资力量。同时，少数民族地区学校还编写相应的教材，将非遗资源集中规整成可直接使用的教学资源。例如，贵州省黔东南苗族侗族自治州编写的《侗歌教材》，由侗族自治县教育局组织编写，并发行；三江侗族自治县梅林乡中心小学、富禄乡高安小学编著的《侗族音乐》教材，分别获得国家级、省级、自治区、柳州市原生态音乐教育金奖、铜奖。另外，学校还通过组织校内校际比赛活动、编制具有民族特色的体操、鼓励学生穿着民族服装等方式促进学生对非遗的认知。

四、少数民族非遗融入教育的实践问题

（一）非遗的"无用论"消解了师生文化情愫

经济的发展和科技的进步所带来的强势文化引发了师生文化情愫的解构和重构，文化情愫的重构过程也是师生对文化的价值判断过程。美国人类学专家罗伯特·雷德菲尔德（Robert Redfield）曾把传统文化分成"大传统"与"小传统"。"大传统"是社会中上层人物、知识分子、文人墨客等文化传统，"小传统"是普通老百姓等口传身授等文化传统。因少数民族非遗主要产生于民间、发展于民间，以口传身授的方式传承，故而少数民族非遗属于"小传统"。然而随着社会的变革，部分"大传统"逐渐发展成为我们日常生活的重要环节，而众多"小传统"因为物质环境的变化而渐渐消失在人们的视野当中，这使普通人无法对非遗进行准确的价值判断，甚至将其标上"无用"的标签。

虽然非遗获得国家在场的命名，学界对非遗与教育体系融合的研究热情高涨，学校开展非遗相关课程也取得了有效的经验，但仍没能扭转二元对立的定式思维。究其原因，人们对非遗认知的欠缺或偏失导致文化情愫的消解、文化意识的淡薄和文化自觉的离弃。因此，学校教育应采取"大传统"文化和"小传统"文化和谐共生的价值取向，从而建构师生多元文化认知结构，塑造多元文化情愫。

（二）课程实施与非遗文化场域疏离

学校作为非遗文化阵地的传承场所，承担着传承普及和全面弘扬中国优秀民间传统文化内涵的各项重要使命。目前已有一些学校开展了非遗教育，但是在课程设置以及教学形式等方面还存在一些问题。如一些民俗类的课程，教师采用惯常的"一言堂"讲授方法，学生只是惯性地被动接受，民俗搬到了课堂却与学生的日常生活习俗相疏离，学生机械式地记住了民俗文化符号而不明其内里。再如传统书法美术、传统影视音乐、传统曲艺戏剧、传统烹调技艺等培训课程，教师只在学校教室讲授具体的技术技巧，而远离非遗运行的民间环境，忽视了其深层精神内涵，使学生记住了"技艺"却失去了"记忆"。学校是教育的主要场域，而非遗是具有生活化的文化样式，非遗课程仅仅以传统的教学方式在围墙内展开，疏离了学生的生活日常，疏离了非遗有效运作的民间场域，提升非遗教学质量面临巨大的挑战。非遗教育应以家乡为支点，以非遗生境为教学背景，避免与非遗的文化场域疏离。

（三）师资力量的欠缺，限制课程资源的开发和课程实施的效果

非遗课程任课教师主要由学校现任教师和外聘的非遗传承人、艺人组成，从教师的知识结构来看，非遗师资力量的欠缺可见一斑。教师素养测评从整体知识

结构框架上来看，应包含并重点强调教师心理学专业核心学科知识领域内的学科人文本体性知识、强调教师应用传统教育学专业知识体系和当代教师心理学及其相关领域知识而构成整体的学校社会条件性专业知识、强调了适应教师课堂情境式教学模式的现代教师实践性主题教学系列知识体系，以及其他重点强调并体现中国教师文化特色内涵的传统教育通识性文化类知识。学校对外聘任使用的其他专职教师也必须具有扎实、系统、丰富且科学严谨的专业知识、课堂教学知识，对非遗有深刻的理解和认知。

相对于学校教师而言，传承人或艺人对非遗已形成体系化的认知，他们能够深刻地理解非遗的精髓，但他们对教育学知识和心理学知识知之甚少，对课堂情境的处理能力欠缺，语言表达欠佳。走访XXX校长时，她表示："先前彩调传承人来我们学校上过课，他是很专业的，道具、舞台灯光都备了。但他真不会上课，开口就说我们今天学彩调，学生都不知道是什么，兴趣也不高，没人听他的。后来我们也请过彩调演员范老师，他没有教学经验，完全管不住这些孩子。"由此可见，现任教师和非遗传承人、艺人陷入"不会教"和"教不会"的尴尬境地，提高师资力量是提升非遗课程资源开发效果和非遗教学效果的重要举措。

第四节 非遗文化进校园的传承与创新路径

学者们一致认为应该从多个角度出发，从学校、社区、数字化网络等多方途径加强各种非遗传承人，特别是对在校青少年的正确引导，拓展广大青少年自觉自愿传播非遗文化，以现有学校教育平台作为基础，进一步加快发展校园非遗文化教育事业。从宏观视角看，有许多专家学者提出，当前在高校开展现代学校教育，对非物质文化遗产开展非遗传承教育和传承人才培养的必要性，应当注意融合古代师徒教育传承理念与发展当代学院传承教育，实现学院多元化及师资培育。也有少数学者认为学校教育历史传承应要尽可能把"向书本学"与"做中学"结合起来。而具体在其继承的制度实施模式方面，学者们仍主要倾向以教育传承作为主体特征来从事现代中小学基础教育、职业教育以及当代高校历史教育体系等领域展开研究。在促进中小学艺术教育及传承教育方面，有教育学者甚至认为学校应考虑通过实施校本课程、校园专题文化项目展演赛等教育方式来使非遗文化元素更潜移默化地渗透融合在本校中小学生接受的各项常规课程内容建设中。但当前国内学界也有许多相关学者及专家一致认为：当前对非遗民族艺术职业化保护教育传承及其对外传承性保护等仍是在应当严格坚持以落实国家文化"保护抢救"为原则的前提和指导下大踏步向前进行，不宜盲目地进行开发，忽略掉保护其艺术自身和文化本质内容。在科学发展当前，高校非遗传承人才与教育评价机制方面，有相关学者近年来提出：在中国创新设计传承教育系统研究的理论新模式视角背景下，重点探索研究与发展，建立了比较适合当下高校非遗传继承人培训班改革发展的一套新型的传承教育与培训教育新课程模式，认为当前中国以及当下高校培训类课程体系中大多学科都只是重研究系统理论、轻研究应用和实践，重研究形式、轻研究课程内涵，不应该更注重其对高校培训评价体系的内涵，应从"后价值"中去充分挖掘，因而同时也指出应当更加着重探索，加大注重实践型人才培养教学理论研究工作比重、跨学科交叉教研的合作，以及在实践中创新与探索构建各类学校不同的组织形式体系中的实践人才培养与市场对接的有效应用工作方案。

除重视建立学校教育文化传承场制度之外，持续有效的文化传承研究仍离不开物质文化产品中的教育文化传承场所，即教育非物质形式的物质文化遗产传承应至少具有"场域性"特点。因此，作为现代北京民俗文化资源开发集聚发展区重点之一的北京民俗社区中心文化等社会活动场所规划建设问题，也曾一度被中国众多专家学者和所领导广泛考察研究，并认为将其引入是目前推动北京现代文化中民俗非遗传承教育建设的一种重要途径。社区学校实际上是一座建立在其适应新城市发展社会环境需求的独特历史前提条件下，逐渐自发演变形成发展起来的现代新型社会居民生活区，因此本身也会具有其他许多城市现代性教育发展历史特征，虽然国际学界长期以来大多倾向于从现代化城市化新社会要求的独特文化视角环境前提下去开展并研究新城市社区现代公共人文教育，比如苏慧、程世岳等国际学者们均建议充分参考当代西方对都市社区学校文化教育和历史社会发展和演变规律的有益经验，鼓励城市社区民间艺人组织自发参与创办各类区域性青少年非遗物质传播与人类文化遗产的知识与辅导类培训学校，政府或组织可设立各类城市社区学校青少年教育学习培训发展中心学校课题研究等方式，组织开展中国非物质遗产社区文化与传承和普及教育。利用移动网络虚拟数字空间技术如何开展人类口头非遗传承人教育研究，也是另一种在当下仍十分热门的国际先进科技研发或热门研究方向，但这些研发也是完全可以通过基于移动的互联网技术、移动应用的软件产品技术、与虚拟数字实体博物馆系统建设方案深度无缝集成、应用研究以及自主构建人类非遗数据库与管理应用系统平台等研究合作方式而逐步开展的。张晶等人在数字化敦煌洞窟中，分别就文化遗产的保护与传承、展示与传播的效果以及民众参与三个方面，对虚拟交互展示与文化遗产数字化传承进行深入探讨，提出"发起—呈现—参与"虚拟现实交互式展示与体验模式。罗远玲的选择包括广西、巴马，这是一盘阳河地域特色壮族原生态传统民间山歌光盘文化整理传承发展新模式探索的再一次深入田野考察，探寻揭示当前壮族传统民间音乐歌唱与文化资源数字化整合传承再创新发展内在实际意义与现实意义，为探讨今后中国壮族民间经典民歌资源数字化的科学整理、挖掘、保护与创新发展提出一份重要意义与参考借鉴。黎林红指出：新媒体数字技术是当今社会保护和传承非物质文化遗产的重要途径，但为了进一步提升右江流域对于非物质文化遗产数字化建设的重视程度，应当从以下几个方面支持：一是建立数字化馆藏历史信息数字库；二是利用中国传统实体博物馆资源建立数字馆藏非物质文化遗产网站；三是在右江流域对于非物质文化遗产的传承，应当从多方面入手，对数字文化的传承保护进行创新。

近年来，课题研究学者对人类非物质精神文化遗产的教育及其传承教育研究的主要内容，就是主要从精神文化学视角指导下去探讨中国现代经济社会转型及其对全人类非物质思想文化遗产得以传承利用与健康发展中的社会影响，认为精神传承和教育也应当能够与整个现代文化教育相互结合，对当代学校教育、社区精神教育、数字化精神教育发展进行细致深入地探讨和探索；同时，对于这三种非物质精神文化遗产，我们要结合当代社会发展实际，从其自身发展过程入手，探讨其当下非遗传承理念、非遗传承责任主体、非遗传承活动内容形态、非遗传承互动方式。值得一提的是，在研究运用数字化传播方式对民族文化传承与教育传播关系的过程中，除了打破传统方式的限制，运用多种数字化传播方式，如数字化、信息化与互联网技术等来传递民族非遗资源数据之外，利用目前各大媒体平台如微博、微信、移动互联网技术等，积极探索民族非遗数字化信息的"活态"数字化。但就这些具体学科的基础研究内容及实践教育等实务工作的具体实施之中,仍有可能会存在以下一些共性问题。非遗进入校园已经成为一个良好的开端。但当前在我国专业教育学科结构体系设置中,非遗在中、高等教育,除包括原来开设的本科艺术院校、艺术专业领域外尚仍是相当一个大空白。因此,亟须研究建立一整套多层次多结构类型的非遗学科的教育结构体系、教学及评价体系。同时,因为传承非遗与文化遗产学科本身对"抢救性保护"研究工作还需要进一步深入开展和发展,针对当代各个时期传承人个体特点,或对潜在传承人群体进行深入细致分析的研究者还仍然很少,对其进行分析,鲜有从知识学习者发展为认知中心、行为教育学角度引导下研究当下的非遗传承主体认知、情感、态度,从而提高非遗传承主体自主学习和效率。对于遗产利用、数字生活方式遗产保护技术进行深入细致地探讨,非遗辅助数字资源平台、实体空间非遗传承教育应用、非遗辅助数字资源平台建设及开发进行探讨。

一、非遗学校教育及传承评价体系的建立

学校研究会是指一种学校专门机构设计并用来组织教育与培养某一些学科特定领域研究活动对象尤其是学生群体的学术性专门学术社会组织机构,是国家"非遗进校园"非物质文化遗产项目的保护或申报立项工作实践中探索的良好的开端。但目前高等教育体系根据对于各类教育学校学习者学习能力、学习文化活动及目的程度上的基本要求层次不同,可以将教育进一步分为受国家规定强制要求进入农村义务教育阶段、职业教育和相关社会研究型专业教育阶段等,学生对学习非遗文化内容的需求理解以及传承接受程度等或多或少存在一定的地区差异,因此,各学校层次、类别条件下开设的相关高校非遗知识保护和教育传承项目在设计上存在有历史共性需求特征的同时,也需求相关教育科学工作者、政府文化主管保护部门专家等进行科学有效的指导。

二、"场域化传承教育"在现代城市社区文化传承创新教育中开展

社区文化产业园是一个反映城市现代化、文化现代化、城市化过程中产生的现代人们生活方式特色文化项目集聚和发展示范园区,通过在非物质文化遗产持有人、民俗文化名人居所、本地区域特色非遗发源地等重要区域建立起特色非遗文化资源集中传承及保护平台,可以让特色文化非遗资源得以重新完整地根植在社会文化之中,有助于让其历史文化内涵重新得以焕发生命的活力。现代新中国城市社区非遗传承教育活动也可以同时考虑从以下两个较为重要的方面:一方面,社区各个民间团体组织均认为可以选择线上到线下的运营模式来开展一些自发性或者自组织性非遗传承活动;另一方面,二者都需要政府联合各地政府、学校师生和当地传统非遗技艺持有人群体等组织共同建立发展社区民俗文化中心,以通过各种为老百姓提供喜闻乐见服务的交流互动方式来有效推进优秀传统非

遗艺术继承保护教育，并最终迅速产生一个具有良好社会影响的经济效益和广泛人际文化社会传播带动效应。非遗传承教育项目应结合非物质文化遗产特点，在当下社会最先进媒体数字化教学技术支持下，通过虚拟现实、增强现实等新技术手段，在学生身上营造创新学习环境，提升学生学习兴趣，促进学生自主学习。伴随着未来智能产品的广泛普及，可以说可以借助智能平台移动智能导学系统（Mobile Guide System），配合着中国非遗保护教育课程的高效进行，为全球学习者搭建了实时在线的、社交性高的、开放性高的、互动性强的移动数字知识学习新平台。

三、非遗传承教育技能培训课程"后价值"功能的实现方法

目前国内外许多国家的高校科研机构已相继开设了国际非遗教师培训班，利用各个专业的院校及其自身办学的综合优势或跨学科的人才优势，全方位、多角度或从多维视角系统地培养了世界非遗传承、管理的创新带头人和优秀科技和保护型管理创新应用型人才。但是导师培训成果在指导实际及具体培训教学、实施和执行等过程管理中又完全忽略了、脱离了导师培训对学员的全程动态管理跟踪反馈及考核评估，难以长期持续有效地发挥出导师的培训指导成果带来的社会价值。因此，除利用官方公共微信、微博公众网站等多个重要第三方通讯平台与其他积极人士建立交流互动沟通联系外，组织方表示自己以后也会每年定期组织并举办学术成果转化研讨主题的学术微沙龙、网络学术在线互动等其他各类交流活动，使这些参与中国非遗保护的顶层人才还能够持续保持这样一种健康良好、积极有序的科技学术状态。

四、教育学视域下，非遗传承主体保护的教育学特点及其发展规律

非物质与文化遗产教育，由于对"抢救性保护"难题认识紧迫性，使得研究非物质文化遗产保护工作总是着眼于从传递非物质文化内容自身价值入手，探讨保护其遗产传承和生态环境安全等带有社会学视角研究重点和关键问题。很少有学者对遗产传承进行研究，从学习者本身的保护视角出发，研究非遗教学。21世纪，小学教育应当倡导一种个性化学习教育，即通过个性化学习方式，使全体学习者都能学习到知识。当下中小学生各个年龄阶段学习者心理的行为认知等特点已经与过去有了较大差异，青少年群体也逐渐成长为新一代"数字一代"学习者，有着许多与上一代学习者不一样的个性学习认知风格。研究人类非遗项目传承人教育模式，其学科视角也应该是能多角度、多层次，结合社会学、教育学、设计学研究以及认知心理学研究等多学科交叉融合，才能最终达到最大效果，充分体现其学科作用。

第二章 非物质文化遗产的保护

第一节 国内外非物质文化遗产保护的发展
第二节 非物质文化遗产的保护与活态化传承
第三节 非遗文化数字化发展

第二章 非物质文化遗产的保护
第一节 国内外非物质文化遗产保护的发展

一、非物质遗产的价值

（一）非物质文化遗产的特征

中华民族的文明历史悠久长远，具有大量的珍贵的非物质文化遗产资源。由于中国的非物质文化遗产形式多样、数量也不少，引起学术界对非物质文化遗产的问题存在着不同的观点，所以目前学术界对非物质文化遗产的问题还不能形成一个比较系统的认识。但笔者结合部分专家学者所提出的意见看来，一些关于非物质文化遗产的特点是被学术界研究者们所普遍接受的，包括地方性、民族性、遗产性、动态性、独特性等，但还有一些特点则是可以自成一体的，包括群体性、整体性、系统性、原真性等。

1. 独创性

非物质文化遗产资源种类繁多，但是不论哪一种非物质历史文化遗产，在生成与发展的过程中都会受各民族、各地域的自然环境、物质条件、人文习俗、价值理念等多方面的共同因素的影响，并由此形成了多姿多彩、形式复杂多样的非物质历史文化遗产。每一个非物质文化遗产都反映了某民族人民所特有的创造美的才能，有的则体现为某种习俗，如中秋节民俗活动等；也有的表示为物质成果，如传统手工业制品、传统建筑等；也有的表现为某种具体行为艺术形式，如歌曲、舞蹈表演艺术等。它们都表现出了相应的开创性、独特性和不可再生性，而且很难被人仿制或重复。但非物质历史文化遗产的原创性，对于构成某些族群或某个区域的文化、社会经济价值、思维方式等方面都有着巨大的影响，是各族群体、各区域文化赖以生存与蓬勃发展的重要精神纽带。

2. 脆弱性

从传播实践方面分析，非物质文化遗产在现代文明与西方文化的相互侵蚀下，越来越呈现出薄弱性特点。由于非物质文化遗产作为负载着人类技术的活性石，是一个"活态文化"，受地域性或人群流动的限制很大，而非物质文化遗产的传播又由于区域性特点和民族性的特点，所以需要依赖特定族群或个人。又因为高度的个性化、传播的体验性、浓缩的地域性，决定了非物质文化遗产的薄弱性，所以非物质文化遗产在传统的延续过程中一直处于比较薄弱的地位。非物质文化遗产不但要顺应时代的发展，还要在中国历史文化传承的道路上创新，适应现代人对中国传统文明的发展要求，所以保存和弘扬非物质文化遗产是每个人、各个地方、各个族群、国家都一定要做好的工作。同时关注非物质文化遗产的脆弱性特征，对于社会文明的发展以及保存非物质文化遗产本身都具有一定的正面意义。一旦忽略非物质文化遗产的脆弱性特点，非物质文化遗产就会持续地伴随时间的流逝而不断死亡。

3. 活态性

非物质文化遗产注重体现不同文化人民的情感、观念、价值，注重弘扬传统人对于先进文化精益求精的精神，注重前辈人对传统民间艺术的创造性，注重追寻非物质文化遗产的历史源头。因为非物质文化遗产是一个动态的历史遗留，它的传播不但需要有形媒介，同时还可以通过人们的实际行为体现其精神内容，传达的是一个人特殊的文化精神，是一个生活的社区文化。非物质文化遗产的动态性可以充分地体现在各类民间口头传说、节日风俗、庆典典礼、艺术、传统工艺品等非物质文化遗产上。例如，京剧中就有京剧艺人的表演可以充分展示它的艺术特点。李晓东教授指出："这个活态性，在非物质文化遗产之口头相传和形式及其文字、艺术、社区民俗、传统文化、节庆及其传统手艺技术等传承中体现得尤为明显。"非物质历史文化遗产的弘扬与传承，是活态社会主义艺术发展、传播的基础，也是保存和弘扬非物质历史文化遗产的基础与重点。所以，保存非物质历史文化遗产就得重视它的活态性特点，保存途径、方式也要坚持活态保存的基本原则。

4. 多样性

非物质文化遗产作为一个历史事件的集合体，在整体中显示出多样化的特点。从内涵上来说，"非遗"的内容包括整体性社会历史文化的各个方面，多姿多彩的非物质文化遗产的文化形式和传统或民间文化的形式基本一致，保存与继承非物质文化遗产从某种程度上来看就是保存与继承传统文化或民间文化的各种历史文化形式。从特点上来看，国内专家学者在研究非物质文化遗产的意义和特点时，更加认可民族特色和区域性没物质文化遗产的特点，而民族主义和地域性特征也就是"非遗"的特征体现的主要层面。中国是一个多民族国家，各个地区的非物质历史文化遗产融合到一起，统称为中华优秀传统文化，又分别表现出不同的民族文化特色，以充分体现我国非物质历史文化遗产的多样化；从文化层角度分析，除了非物质历史文化遗产中包含的对精神、价值观念、道德修养等文化内涵的要求，还有对思想、科技、文学艺术以及其他专业学科等层面的文化成分，将各种成分集中到一起也充分体现非物质历史文化遗产的多元化特点。

5. 共享性

非物质文化遗产在中国经济国际化高速发展的时代背景下，也越来越难被专家们挖掘出具有人力共享的特点，相对于物质文化遗产来说有着极大的差异，物质文化遗产并不能同时被任何群体或区域共同享用。但正如刘魁立教授所认为的，非物质文化遗产还是有着不受时间局限的人力共享特点，首先，非物质文化遗产是能够被各个区域、各个群体共同享用。比如，人们既能够观看相同的戏曲节目，也能够庆祝一个纪念日，或者演唱同一首歌，同时感受某一个人文理念等，而这些共享特点不受时间局限，充分体现非物质文化遗产的人力共享特点。其次，非物质文化遗产中包含的时代精神、价值观、道德精神和中国传统文明价值等，可以给世界各国文明建设中带来更先进的智慧结晶。最后，从文明传播视角出发，强调中国非物质文化遗产的文明价值互赏、互鉴，和习近平总书记所提倡的中华民族命运共同体的价值观相通，从而使得中国非物质文化遗产在社会主义市场经济建设的新轨道上，呈现出文化共享化特色。

6. 传承性

从历史发展视角分析，非物质历史文化遗产可以通过漫长的时期保存至今，表明非物质历史文化遗产带有延续性质的特点。非物质历史文化遗产具有继承性特点，是由非物质历史文化遗产的本性决定的，也是所有的非物质历史文化遗产都普遍存在的特点。而非物质历史文化遗产的早期传播，大多是通过家庭继承或师徒传承的方法，是由祖先留给对后人有特定价值的非物质历史文化遗产，一代一代地流传下来的。非物质文化遗产的后期传播途径虽众多，但其核心与关键仍是"人"对自身进行传播。研究者们发现非物质历史文化遗产的发展也离不开各种传播方法，因为非物质历史文化遗产"一旦停止了传承活动，也就意味着死亡"。每一项非物质文化遗产的历史都悠久，从而得以流传了下来，也就是因为是非物质历史文化遗产被打上了明显的种族或家庭印记，从而能够在某个家族里由前辈们以言传身教的方法传授给后人，从而保存了下来。从民族文化发展方面考虑，非物质文化遗产可以在各个民族文化发展阶段通过不同的文化形式持续不断地发展，也可以使非物质文化遗产继续焕发生命力并流传下来，因此现如今的民族非物质文化遗产都可以作为该民族文化发展的活化石。

7. 无形性

无形化，又可以叫作非物质化。非物质文化遗产的无形性，表现在以下两方面：一方面，非物质社会历史文化的无形性表现在非物质社会历史文化自身上，如口头相传、表演类、传统技术类、传统节日类等非物质社会历史文化就有着非常强的无形化特点，口头相传、表演类、传统技术类、传统节日类等非物质社会历史文化表现的传统民俗文化内容就是一个无形性的存在，要求人们在具体现实中去体验它的存在。另一方面，非其他物质历史文化遗产的无形性又表现在非其他物质历史文化遗产的继承方法上，如学者苏东海就指出"非其他物质历史文化遗产的存在形式与其他物质历史文化遗产的存在形式根本不同，前者是非物体的、无形的。这就是它的本质的确定性，是人们研究非物质文化遗产的起点与归宿"。物质文化遗产主要是以物化成果为主体，并以具体的人化天然物或人类创造物为表现形式，是有形的继承形式。而非物质文化遗产虽然也是以物为主体，

第二章 非物质文化遗产的保护

但主要是以人们的实际生活经验为体现形式,会随着人类观念的不同而发生变化,这些变化也是一个无形的继承形式。因而传播非物质历史文化遗产的"物"是特指人,而这种无形性将造成非物质历史文化遗产的传播特点依赖于人的活动,而且将会随着传播人的断层而使非物质历史文化遗产最终趋于灭绝。

(二)非物质文化遗产的价值

1.历史角度出发

(1)历史文化价值

每一项非物质文化遗产都负载了各个民族源远流长的文化,蕴含着各个民族珍贵的人文资源,它们不只是时代演变流传留下来的文化遗产,也是中华民族开发继承下的"文化活化石"。人们能够从非物质历史文化遗产中活态认识各个民族的文化演变,也能够从非物质历史文化遗产中活态认识各个民族的文化演变。非物质文化遗产的社会历史文学价值主要体现在如下几方面。

一方面,每一项非物质文化遗产都形成于特定的经济社会历史环境,本身就有着相应的文化,刻印了过去各个民族的文化生活痕迹,成为过去数千年来人们代代相传的文化传统纽带。在人们理解、认知每一项非物质文化遗产的过程中,人们就能够认识到该非物质文化遗产在过去某一时代的人民生活状况、地理环境、思想状态,以及在过去某个时代人与人之间的社会相互作用等历史特点。传承留下来的非物质文化遗产凝结了各个时代的文化精髓,它反映了各个民族的文化习俗、思想方法、社会生活方式等,也体现了过去各个民族人民的政治思想和人生观。透过研究非物质历史文化遗产,人们能够认识到各个历史时期人类文化的总体情况,从而反映出了非物质历史文化遗产有着巨大的经济社会发展意义。

另一方面,每一份非物质历史文化遗产都是各个民族的原生历史文化,是各个民族鲜活历史文化的主要表现载体,是各个民族原生态的文化活性石。各个民族文化都经历着形成、成长、演变、再发展等不同的历史发展成长过程,在这个过程中文化会受到地理、民俗、心理、流变、情感、思维、语言历史文化等各层面的冲击,进而产生了不同地区各具有自身特点的民族历史文化。非物质历史文化遗产中深含各个民族的历史文化内涵,以原生态的方式反映了各个民族本土化特点,代表了各个民族的历史文化属性,以生活态方式反映了各个民族本土化的历史成长轨迹,反映了非物质文化遗产中具有独特的历史文化意义。所以,非物质文化遗产是人类记忆中呈现的最直观形态,是人们在长时间的社会活动中产生的某种历史文化意识,这种历史文化意识可以促进人们产生良好的历史自觉。而非物质文化遗产则蓄积了各个民族历史发展时期的文化精华,继承了最具中华民族的历史灵魂,是活态性的民族历史文化的体现,是历史灵魂中最具地方特点的部分,它可以帮助人们直观地认识历史发展趋势和各民族的精神境界与生活形态。

(2) 民族精神价值

非物质史学遗产支撑丰富的史学文化,丰富的史学文化是中华民族赖以生存发展的内在力量,非物质史学遗产是该地区存在的活态历史人文记忆,是弘扬中华民族精髓的媒介。非物质文化遗产具备时代精神和民族主义的特点,蕴含着各民族的人文基因、时代精神等重要元素,这个因素自身有着汇聚民心,整合社会势力的功能,这个功能又可以形成和一直传承各民族一脉相承的生活和社会行为,在长久的积淀中构成该少数民族独特的精神传统。从时代精神出发,非物质文化遗产是以人为本作为文化精神载体。传承人是具有丰富情感与创造精神的,每代传承人在继承的基础上又融入各个时期的流行元素继承无形历史文化遗产,为无形历史文化遗产的发扬留下弥足珍贵的精神遗存,其精髓的继承或通过传承人口述流传,或记录在书本典籍。从民族性上来说,非物质历史文化遗产是中华民族精神表现出的物化载体。正如乌丙安说:"绿绮,是物,它不是非物质历史文化遗产;古琴演奏家,是人,但不是非物质文化遗产。唯有古琴的发明、制造、表演和情感表现等,方可反映出非物质历史文化遗产的实质。"

非物质文化遗产一方面反映了创作者的智慧、文化,另一方面也体现了中华民族文化、人类情感等。精神意识尽管是无形的,但它是人类在漫长的生产实践过程中所累积的珍贵知识和繁衍进化的智慧结晶,是对不同民族之间具有积极性、向心力、感召力的共同民族意识,是人类世代相传积累下来的共同精神信念和历史内涵。"时代精神是一个民族的魂魄和精髓,是维系中华民族赖以生存、蓬勃发展的重要信念和文化精神支撑"。中华民族的多姿多彩、形态不一的非物质文化遗产具有独特的精神意义。在新时期下,中国在习近平总书记的指引下,对非物质历史文化遗产的保护和弘扬越来越强调以中华民族精神的内涵继承传统文化,并重视传承其宝贵的意义。所以,研究非物质历史文化遗产具有的中华民族精神意义是唤起人民对传统文化保护的主要方式。

(3) 工艺美术价值

一般来说,具备典藏、陈列、展示功能作用的非物质文化遗产,大多具备高度的艺术意义或艺术价值。研究我国非物质文化遗产中的工艺价值、审美价值,是发掘我国文化的美学创造力与审美品格的重要来源。在工艺价值非物质文化遗产的文化风貌、艺术表现、艺术风格、颜色搭配等方面,可以给予我们在直观与美学层次上的渲染性、审美情趣和情绪愉悦层面的积极作用。

一方面,非物质文化遗产的艺术美学意义也反映在非物质文化遗产的固有意义之上。大量的作品都是人类在一定的发展时期、文化条件、文化生活水平,根据当时的艺术要求、艺术风格、审美习惯、思维方式创造的艺术产物,是人们文化水平、艺术意识、创造技巧的劳动和聪明才智的结果。这种作品是以一种美术形态直接呈现在我们眼前，人们享受到的就是这个作品的艺术美好。我们所了解到的工艺之美是指各种文化的工艺技术精神之美，而这些艺术也可以成为现在非物质文化遗产的重要内容之一，表明了这些艺术所形成的工艺技术价值已经受到了各个历史时期的广大人民继承、认同、赞赏、热爱，所以工艺技术价值是非物质文化遗产的固有意义。

另一方面，非物质历史文化遗产的艺术价值是新的故宫文创作品的艺术创作之源。非物质历史文化遗产中存储着大量的艺术创作的原型和素材，各个历史时期的画家们会从原有的艺术原型和素材中引发出新的创作灵感，寻找自己的艺术创作形态，提高美术创造实力。如宪湖铁画由单纯传统工艺向复杂工艺技术的逐渐发展，在汲取中国传统国画美术特色的基础上融合徽州画像石、木版画、剪纸艺术等相关技艺，并在印水丹铁的渲染下逐渐产生铁画独特的美学魅力。非物质历史文化遗产是各个民族的工艺美术发展的活化石，是各个民族优秀人才的艺术才能与智慧结晶，是整个中华民族、中国乃至全人类为之自豪的宝贵财富。所以，非物质历史文化遗产蕴含的工艺美术价值是人类社会主义文明艺术之源，在今天的现代人类文明发展中仍有着极高的重要性。

2. 从现实角度出发

（1）文化多样性价值

非物质文化遗产中蕴含着一个民族的优秀文化历史基因，也有着鲜明的民族传统文化历史烙印，记载的是一个民族的发展成长的历程，是文化历史活化石的象征。每一项非物质文化遗产都是一个文化现象的集合，把非物质文化遗产的每一个文化现象都融合到一块，反映的是中国文化多样性的特点。文化多样性是人类文明特性发展的主要方面，是推动社会文明的主要力量，是非物质文化遗产可持续发展的主要原因。保存和传播非物质文化遗产也是维护文化多元发展的重要载体。非物质文化遗产文化多样性价值表现在非物质历史文化遗产具有不同特色的民族历史文化，是不同民族人文记忆的活化石，蕴含不同民族传承文明的艺术渊源，传递的是各个民族特有的思想观念、习俗、生存方法等，是各个民族人民的文化认同感、文化自信、人文幸福感所在。

（2）自我体验价值

自我体验价值，是从马斯洛的文化心理需求层次定义中的感受价值所引申过来的定义，主要是指"客户因消费行为获得自身经济发展与满足等文化心理需求感受经济价值"。近年来，随着非物质文化遗产日益受到广大社会群众的青睐与重视，包括工艺品等的非物质文化遗产活动已越来越走进了市民大众的生活。文化机构、高校、社会团体组织或文化产业公司等在全市范围内，组织、开展种类不等的非物质文化遗产传播、感受等活动，广大市民群体能够近距离地参与各种非物质文化遗产代表性项目活动，感受非物质文化遗产的制作、经营等活动，进而感受到非物质文化遗产的精神内涵。改革开放后，人类对传统手工艺等非物质文化遗产的认识也产生了巨大的变化。

现如今，人们看到各种手工业类非物质文化遗产商品时，不再觉得它是一项物质生产力，或者某种提供人们经济来源的方法，而是觉得它是能够使人过上一种高雅的生活，或可以迎合人们一种体现自己个性的心态，这意味着人们对手工业类非物质历史文化遗产价值有更深层次的理解。在物质水准日益提高的现代生活中，手工艺类非物质历史文化遗产的自身体验价值越来越凸显。人们更加愿意投入各种非物质历史文化遗产的传播活动中去，感受不同的非物质文化遗产的人文实践活动，体验我国传统民俗文化的人文魅力。深入研究非物质历史文化遗产的自身体验价值可以深入理解现代人类的精神需求，了解现代人类的文化获得感与幸福感。

（3）科学教育价值

非物质历史文化遗产的科研教育价值主要表现在以下方面：首先，可追溯到某地域的文化蓬勃发展路径和演进历史，如中国传统文化昆曲发展史、中国传统手工业发展史等；其次，可追溯到某地域文明发展路径和非物质文化遗产形成、演进、蓬勃发展的过程，由此来认识各个历史发展阶段中人类艺术蓬勃发展的渊源、环境、思想等问题；最后，从非物质历史文化遗产具有的知识出发研究其人文内容、历史认识、价值体现、技术知识等各类科学知识，体现出各族群众在不同历史发展阶段的政治、经济、文化、教育、生产、生活各方面的历史状况，这些社会历史演变信息是做学术研究的素材源泉所在，它为了解更多的非物质文化遗产的人文多样性提供了全面丰富的史学信息材料。非物质文化遗产本身就包括了人文、科技、教育等各个方面的文化内涵，是大学历史文化课程的主要内容来源。同时，具有某一特定的手艺能力的老师或弟子，在其他地方为他们开展授教项目也成为学校项目的主要活动。例如，贵州蜡染就已经进入了学校的教学，而通过学校教育培养非物质文化遗产的继承人，既可以增加非遗教学的吸引力，提高非遗在社会各界中的影响力，又可以带动孩子们挖掘对非遗价值、历史、工艺等领域的浓厚兴趣，进而形成了认识、理解非物质文化遗产的积极态度。

综上所述，人类非物质文化遗产中具有丰富的科技艺术元素，是人们开展科研工作的重要内容。非物质文化遗产的科技文化资源丰富了各个民族、各个地域人们的生产力发展、思想方法、创造美的技巧等方面的历史资料，是深入了解世界科技历史和我国科技发展历史的可行途径。

3. 从未来角度出发

第二章　非物质文化遗产的保护

（1）文化共享价值

非物质文化遗产在经济全球化的时代背景下，专家们从全球视野挖掘出非物质文化遗产所蕴含文化的共同意义。尽管非物质文化遗产是由全球各族人民各自创造的，但随着人类文明发展却是全球各族群众的文化共同财产。刘魁立等专家们指出，非物质文化遗产一方面是具有不受时间约束的文化分享特征。另一方面，非物质文化遗产的文化共享性意义也表现在非物质文化遗产中包含的在时代精神、文化思想、道德素养等方面，为全球文明建设的进程创造了杰出的智慧结晶，也正是通过这种杰出的智慧结晶不仅能够破解目前中国所存在的现实困难，同时为全球各地解决问题也带来了良好的经验借鉴。但是，人类非物质文化遗产的发展却源远流长，流传范围甚广，表现形式丰富多样，基本贯穿着天人合一等文化观念，而这些思想又顺应着事物的发展变化规律，在当前国际形势复杂和存在着一定风险的大环境中，尤其凸显出了普遍意义和传统思想的重要意义。

中华民族在建设人类文明的道路上的努力丝毫没有落后其他国家和地区。我国的非物质文化遗产之所以能够在国际舞台上显示其重要功能，由于其经得起岁月检验，所蕴含的精神思想与发展理念仍在今天中国的文化事业领域具有重要的影响。这种先进文明的思想与方法不但适应自身成长的需要，同时也适应全球人类成长的需要。正如费孝通所提倡的"各美其美，美人之美，美美与共，天地大同"来阐述了中国优良传统文化的共育、互鉴、互赏价值。在中国传下来的戏曲、手工艺、传统节日等非物质文化遗产不但得到了中国广大民间观众的喜爱，同时在全球范围内也受到了许多发达国家的青睐，一些在中国历史发展进程中流传了千古的经典故事、戏曲，更能被全球民众所共享。联合国教科文组织所制定的《保护非物质文化遗产公约》中提到的维护非物质文化遗产，也就是鼓励世界各个国家、民族、地区之间，可以进行零差异的文明建设互赏与共分享：即"构建人类命运共同体"是以互赢共通的原则，鼓励世界各个国家、民族、地区一起，积极参与国际事务。这种在保护与弘扬人类非物质文化遗产上的文明互鉴、互赏，与构筑中华民族命运共同体的思想层面上是相辅相成的。

（2）文化认同价值

文化认同感是指人们对某个族群或文化的身份认知（感），又或者说是人们对自身因其所在的族群或文化影响，而对其族群或文化所形成的历史认同感，非物质文化遗产蕴藏着独特的中华民族精神根源，是我们提升中华民族的文化自信心，以及形成中华民族历史认同感的主要纽带。非物质文化遗产的精神基因与价值观念，是中华文明区分世界上其他文明的最主要内容。中国的非物质文化遗产的基因源自中华历史上悠久的文明基础，各民族的人民都承受着某一文化圈的文化指令，而这些文化指令贯穿在我们的生活中，左右着我们的言行与思想，是我国人民的民族文化与民族气节。习近平总书记在中国北京考察时指出："中华文化渗透到中国人的骨髓里，是文化的 DNA。"继承历史文化遗产才能保持中华文化基因的纯真本质。所以，认同一定文化基因的个人聚集到一起形成相同的物质文化、精神文化、体制社会文化等才能形成强大的人文认同感、归属感。各民族的文化归属感主要是以各个种族群众的文化历史认同感为核心，对非物质文化遗产的历史归属感使全国民众在灵魂深处接触、理解、接纳本民族的非物质文化遗产。贺学君指出："一个民族的非物质文化遗产，是她独有的民族精神全民性的活的记忆，是文化认同的重要标志，维系民族存在的生命线。"在现代社会中，一个民族离开中华文化就不能生存下去，民众的历史认同感往往是借助某种历史因素表现出来的。在过去，人类主要使用亲属关系或信仰的方法来维系某个族群的生产生活，但是由于现代社会文化的高速发展，由亲属关系、信仰维系的族群部落逐步解体，社会主义文化逐渐变成维持各个族群生活的主要内容。部分少数民族或地方是以非物质文化遗产作为族群或部落的文明标志，由此产生一个特殊的文化圈，让圈内的个体形成强大的族群情感寄托与人文归属感。

二、国外非物质文化遗产的保护

（一）俄罗斯非物质文化遗产保护经验

1. 塞梅斯基文化空间的保护措施

（1）国家及政府保护措施

颁布相关法律，提供资金援助。俄罗斯对非物质文化遗产资源非常重视，他们通过颁布相关法律法规、开放博物馆、提供资金等多种方式保护：《俄罗斯联邦文化基本法》确定了俄罗斯的少数民族社会文化和保证俄罗斯的文化遗产；《俄罗斯联邦民族文化自治法》，保证了俄罗斯联邦公民群众的权益，促进少数民族社会文化的保护和发展。

建立文化协会，举办民俗文化节。2007 年 11 月 14 日，塞梅斯基倡议小组在俄罗斯联邦司法部正式成立了区域公共组织"布里亚特共和国塞梅斯基文化协会"（POKC）。保护并传承塞梅斯基文化、古俄语、古斯拉夫文字，大力提倡复兴本土传统文化，促进全面发展，该小组举办了很多大型节日庆典活动。例如，2009 年 5 月 28 日，在布里亚特举办了慈善马拉松比赛，且募集到约 8 万卢布全部用于建造一座旧礼仪派的木雕教堂。2009 年 6 月 1 日至 7 日，联合国教科文组织在中国举行了第二届世界非物质文化遗产国际节，俄罗斯联邦参加了该艺术节，并带来了塞梅斯基的传统节目：音乐和舞蹈。

使用现代手段，保护宣传相结合。建有专门的民俗数据库：通过数字技术，收集、整理和保存旧礼仪派民间传说的相关资料。在运用传统的方式宣传民间传说的同时，还利用信息技术，各种网站服饰、村庄、物质文化等，文字说明与相关视频同步进行，有助于民间文化在俄罗斯乃至世界范围内的传播。

(2) 民间保护措施

除政府官方举办外，民间也举办了多届非遗活动：2009年10月21日至23日，弗拉基米尔地区举办了"保护非物质文化遗产"区域间科学实践会议。2003年7月16日至18日，在布里亚特举办了一个民俗节"响起来，王牌"，该民俗节自2006年以来，一直在全俄举办。2012年6月2日至5日，外贝加尔地区奇科村举办了塞梅斯基旧礼仪派文化节，旨在保护和宣扬塞梅斯基旧礼仪派的民间传说。

建立民族文化中心。民族文化中心"塔尔巴卡泰"是20世纪80年代中期为保护和发展塞梅斯基传统文化在布里亚特共和国建立的。该文化中心收藏了很多特别的生活用品、服饰等文化样品。

2. 特色与优势

(1) 具有民族特性、国家特性

俄罗斯联邦民族非物质文化遗产保护区的概念，和当前的俄罗斯联邦文化政策思想一脉相承。《俄罗斯联邦各民族非物质文化遗产保护和发展纲要》中提到："俄罗斯联邦是一个少数民族的大国，现在国内共生存有一百五十多种少数民族，操着不同的方言，具有不同的宗教信仰、文化与个性，生活在不同的地方，并拥有自己的生活习惯。"

俄罗斯联邦政府通过立法、设置统一的名录、进行整个俄罗斯联邦范围的展览、展示等相关举措把各民族文化融入本国社会文化当中，从俄罗斯联邦的非物质文化遗产的核心思想中我们能够发现，非物质文化遗产的被认定是有着促进中华民族历史文化的保存和传播、民族团结和共筑国家的精神空间的重大含义，在是非物质文化遗产保护环境时，俄罗斯联邦所处理的是与国家一人民、国家一地区之间的合作关系，这对当前的俄罗斯社会主义联邦国家政体而言有着重要正确性。

(2) 体系完备

俄罗斯的国家层面与民间层面相辅相成的非物质文化遗产保护措施引起了社会不少人士的关注，也取得了不少的成绩，其独特文化遗产保护体系，体现了其历史文化特征和民族自觉意识。《俄罗斯联邦各民族非物质文化遗产保护和发展纲要》上将保存非物质历史文化遗产活动确定为了联邦当局、区域自治组织以及所有民众的优先事务，与此同时，俄罗斯联邦还设立了各民族非物质历史文化遗产物品电子登记簿，该电子登记簿是一种信息系统，详尽记载了俄罗斯联邦非物质历史文化遗产的条目、有关文书、录像视频和科学研究等内容，为非物质历史文化遗产的保护与研究提供了强大的保障。联邦各个政府也积极响应国家号召，如萨哈共和国成立了欧隆克研究中心，布里亚特共和国成立了塞梅斯基传统文化协会等，进行富有区域特点的非物质历史文化遗产保存活动。公众在意识到非物质文化遗产的重大意义后也开始主动参与相关公益活动，如拍摄电影、制作工艺品、开发游戏等。俄罗斯对联邦非物质文化遗产的保护工作已经自上而下地在整个国家范围内建立起了完善的制度，随着俄罗斯联邦非物质文化遗产意识的深入人心和广大民众的普遍参与，已经成为俄罗斯联邦在非物质文化遗产保护领域中最优秀的显著成效，为俄罗斯对联邦非物质文化遗产的保护工作打下了良好的民众基础。

3. 缺点与不足

政体特性导致项目申报滞后。俄罗斯联邦在政体上是个复杂的联邦制国家，政策和法律领域的重要决策，必须由联邦与州政府商议后方可决定，所以俄罗斯联邦在提出的非物质文化遗产计划上困难重重。俄罗斯当局认为，《保护非物质文化遗产公约》不过是向人民讲解了部分民风民俗，真正的作用不大，而且有很多民风民俗是落后的，不应该被保护。不难看出，俄罗斯在保护非物质文化遗产上很有独到的看法和做法，虽然影响不了他们在其他国家的传播，但对于非物质文化遗产的保护还是有负面因素的。

缺少传承人。因为非物质遗产特点的特殊性，导致其传承人在保护非物质文化遗产中影响深远。非物质文化遗产大多由自然人所继承，这部分人多生存于民间，但随着城镇化与全球化的发展，非物质文化遗产的继承也遭遇着很多问题。如今，非物质文化遗产的继承人大多年事已高，几乎不能传授给下一代；很多人迫于生活压力和现代化的生活方式，只得放弃那一份对非物质文化遗产的坚守。

（二）法国非遗保护的现状

自 2006 年加入《公约》后，法国将《公约》纳入国家法律并予以实施。按照《公约》规定，法国先后制定、建立了数个主管机构，以保护其领土上的非遗，包括各种政府和非政府机构。十多年来，法国政府编制国家非遗清单，鼓励社区、群体和个人参与，实施非遗保护、宣传、教育、培训、研究计划。与中国的四级名录体系不同，法国仅有国家非遗名录（即国家非遗清单）和入选人类非遗名录，并没有制定代表性传承人制度，也没有非物质文化遗产补贴制度。

法国的非遗保护从国家层面便重视社区的参与：2015 年 7 月公布的《国家使命月报》中明确提出：主要目标是发挥协会部门在非遗方面的作用。国家的行动仅限于管理法国非遗清单，审查列入联合国教科文组织世界非遗名录的申请，以及提供文化部服务确保非遗事业的科学和技术把控。其次，始终强调非遗的集体属性，因此并没有设立代表性传承人或保护单位，仅在申报文本中注明项目的主要联系人。另外，政府在发布申报通知时明确告知，入选国家非遗清单并不会赋予其任何权利，入选后也没有申请补贴的权利。最后，法国存在大量全国性和地方性的文化保护机构、协会和组织，它们作为官方与市民之间的中介，起着桥梁和纽带作用，在非遗确认、立档、研究、保存、保护、宣传、弘扬、传承（特别是通过正规和非正规教育）和振兴发挥着重要作用。可以说，法国的非遗保护既是"自上而下"的，同时也是"自下而上"的，其所涉及社会群体的广度体现了法国社会各群体的话语权力，也是其政治和文化地位的反映。

三、国内非物质文化遗产的保护

（一）深圳市宝安区非物质文化遗产保护经验

遗产本身就是依托当地自然地理和历史人文所产生的，与人民的日常生活息息相关，有着经济和人文的双重属性。随着社会环境变迁，遗产项目的人文属性有所增强，将逐步形成地方群众的某种内在人文意识和地域情感记忆，给有关社会和群众带来认同感和持续感。从民众自发传承的角度来说，当遗产面临某种冲击时，部分历经者会率先出自自身基本生存需求或精神情感的多重需求而进行自发保护，这种选择的先后主要取决于遗产项目本身所具有的经济属性能否满足相关传承者的基本生存与发展需要，或是相关传承者本身所具有的经济基础能否支撑其对于精神文化需求的追求。例如，确保沙井蚝民生产习俗可持续发展的原因，可分为物质利益与精神文化需求两部分。

其一，物质利益需求与当地民众生活紧密相关，多呈现出自主探索的传承模式，而其探索结果能否使民众的物质利益需求得到满足，则是实现该遗产项目可持续发展的首要条件。具体来说，沙井地区的蚝业发展作为当地物质资料生产的主要方式之一，传承群体在面向现代化冲击与社会生产转型的背景下，出于对物质生活的客观需求，不得不主动对该遗产项目进行可持续发展的探索实践，包括养殖方式的异地转移、生产方式的品牌转化、生产工具的机械改良等。其成功的原因除了沙井蚝民将相关方式内化为一种指导生产的经验智慧外，还在于社会的飞速发展加速了地区之间的互联互通，给予了这种经验智慧摆脱单一地域概念的实践机会以及社会性质的巨大转变，促使地方政府对于项目的产业转移给予了诸多支持与帮助，从而使得沙井民众的物质需求得到满足。

其二，精神文化需求则是在基本物质需求得到满足的基础上，更加侧重于时代的发展。因此，对砂井蚝民生活传统和关于海洋气象、节气、水文、地理等的自然法则的研究与实践都有着很大的科学性，也因此，在20世纪70年代，中国水产科学研究所南海水产研究院就参照了本地蚝民的实践，定期发布最新的采苗预测，预报准确率已达到了90%以上，充分体现了沙井先民的文化创造力，有利于激发民众的创造性劳动。与此同时，这种以蚝业为基础的物质资料生产方式也使得当地产生了一定的历史空间和生态环境，并逐步浓缩成一个富有蚝民特征的地方历史文化和精神符号。

因此，传统上沙井种蚝人所自建的蚝业学校已成为当地群众主要的文化教育机构，制蚝食蚝、以蚝为名的幼儿园、街区居民、文化公园与文化景观等也已成为当地群众日常生活的重要一部分，而其中的风俗谚语和经过改编的格物艺术也在社会、群众中间广泛流传等，都有助于增强沙井群众的文化持续性意识和认同感，从而提高了当地的人文认同感和社会向心力具有重要作用。与此同时，石井蚝民也常年和中国国内的沿海蚝业地区维持着紧密互动，所涉地区还有香港、阳江、湛江、海口、新会、台山、大连以及越南等地，这种社会文化现象对建立互相尊重、彼此欣赏的海洋新生态关系和建设社会主义和谐社会有着重大作用。当然，这两种需求之间也各有侧重。结合上文沙井蚝民生产习俗的传承保护来看，其生产方面更加侧重于满足当地民众的物质利益需求，包括生产方式与生产习俗，具体涉及养殖方式、加工方式、生产工具与生产经验四个层面；生活方面更加侧重于满足民众生活和社会发展的精神文化需求。该遗产项目对于生活习俗的传承保护实则已经内化成为部分历经生产者的行为习惯与生活记忆。当遗产项目受到冲击与淡化时，这部分历经者在一定物质基础支持的前提下，出于自觉的情感认同，率先在能力范围内开展相关的传承传播工作。随着工作成果的不断显现，其余未历经者，尤其是年轻一代也会受到潜移默化的影响，这在一定程度上对于深化与丰富该遗产项目的文化内涵与表现形式，激发社区民众的文化自豪感、认同感与持续感具有积极意义。

例如，松岗木器农具原是松岗民众必不可少的生产工具，其制作技艺也因此具有一定的经济属性，以满足相关民众自身的基本生存需求。而由于工业化的飞速发展与社会经济结构的重大变化，木器耕具慢慢退出民众的生产实践，作为涤盘社会变化的历史印证和农耕时期的情感记忆，单一的物质属性也慢慢被赋予了许多人文含义。这种艺术已经不再拘泥于作品本身，而转变为一个地方的，其中所蕴含的制作经验与技巧，逐渐升华为当地居民与自然历史互动的智慧载体。部分历经农耕生活的松岗原居民在过去的生活实践中已形成一种内在的行为习惯和思维定式，在其日常生活或当遗产面临一定冲击时，会以潜意识的形式，从言语或行为等多方面选择对遗产项目本身进行自发传承或保护。当然，这种自发性的传承与保护也是基于传承者自身的基本生存需求是否得到满足。以代表性传承人文业成在该遗产项目被列入当地非遗名录前收藏维护、自费创新等传承实践为例，不仅在一定程度上赋予了该遗产项目再次投入生产的经济价值，也会对未历经者树立或加强对于松岗农耕文化及木器农具的认识，对于代际传承具有相对积极的意义。

而对于螳螂拳（华林）而言，其主要源自沙井当地传统习武防身的现实需求，与此同时，传统武馆的兴起也为历史上部分习练者提供了重要的经济来源。随着社会结构与环境的巨大转变，这种需求逐渐转变为强身健体，但其传承至今的发展路径成为展示当地社会变化的历史印记，为相关社区和群体提供认同感与持续感。以冼润长的传承实践为例，其选择自香港返回沙井开展全职传承工作的主要原因在于，在香港乃至美国等地传承推广螳螂拳（华林）过程中所引起的社会反响，使其产生强烈的文化自豪感，从而对于该遗产项目内在文化内涵与根源追溯的诉求愈加强烈。当然，不排除其中可能涉及利益需求等多方考虑，但就其传承中心成立之初的收支情况来看，冼润长对于该遗产项目的全职传承明显存在入不敷出的发展现状。据不完全统计，冼润长在沙井传承之初，每年经费投入约需15万元，而其家人也曾表示，其对于全职传承工作坚持的首要前提则来自自身在香港工作期间所具备的一定经济基础。

这些例子从某种程度上说明，遗产项目确实存在经济和人文的双重属性，而这些自发传播的模式更侧重于行为结果或利益指向，为了凸显遗产项目的经济属性，以满足传承者的基本生活需求。对于经济价值较高的遗产项目来说，遗产自身具备较强的转换性，反之则转换性较弱。这种传承方式在一定程度上有利于维系遗产的存续力与生命力，但相对缺乏对于过程与内涵的总结提炼。并且很容易受传承人本身的经济基础和传统观念等各种因素的约束，因此面临着相当大的局限和不稳定程度。

（二）陕西非物质文化遗产保护

1. 陕西现代非物质文化遗产保护时期

五四运动以后，陕西的非物质文化遗产的传播与保存步入了一个崭新阶段，也正是陕西省非物质文化遗产的春天，关于陕西省的非物质文化遗产的传播保存，主要可以从以下几个阶段：

①民国时期。

从20世纪初期的时候开始，中国的一部分人就产生了对于非物质文化遗产的保护的想法，但是他们为了这个事一直是在坚持着的，所以他们就成立了自己的一个团体，并且他们还在专门地搜集中国民间的某些文献书籍，这便是中国的非物质文化遗产的开端，特别是在五四运动期间，我国的人民群众为了维护非物质文化遗产的活动已经到达了一个高潮，而今天在陕西的非物质文化遗产也就是因为这个，而发展了下去。讲到陕西省非物质文化遗产的保存与传播，应该从1912年谈起，那年"西安易俗社"创立，这种社的成员们都是民主主义社会文化军人，他们丰富的民间艺术的各种作品，关于民间艺术的风俗资料也是搜集了不少，再把这种非物质文化遗产传播给人民，就这样发挥着移风易俗的功能。1920年毕业于北京师范大学的陕西人刘安国先生，他在世的这些时间里都专心于搜集中国民间的诗词、格言、故事以及风俗等信息，它们加起来足足有三十卷，一共有四百余万字，不过他所搜集的这些内容很可惜在"文革"时期就失传了。尽管一些知识已经失传了，可是他们关于非物质文化遗产的保存与传播的做法却非常值得后人学习，同时为了陕西的非物质文化遗产的保存，也给了子孙后代留下可贵的文化知识。

②延安时期。

延安期间，在陕西的非物质文化遗产的保护与传播的任务主要是在中共中央的统一领导下进行的，那时候正是以延安革命根据地作为当时的精神核心地区，有大批的文化人员在对非物质文化遗产加以保护与传播，而且这些人也是有组织有计划的，而整个地方的文化保护事业也已经到达了一个前所未有的高度。延安时期的陕西省，新民歌运动开始进行，这项运动是陕西省非物质文化遗产保护的工作内容之一，也是其中最主要的。20世纪在陕北建立革命根据地的时期，有不少民众迎合革命创作了不少优美的歌谣，在抗日战争时期，文学艺术也是接受了毛主席的高度重视，在此期间，陕西省的民俗诗歌、器乐、绘画、故事、曲艺、戏剧也做出了相当好的成绩，同时也收集了相当多的民俗艺术作品，这为陕西省非物质文化遗产贡献了相当多的知识。现在最有名的《陕北民歌》正是在那时期汇编的，这些歌谣大都是按照当时的国内形势和百姓内心的心声而编写的，有着十分重要的史料价值，而且还带有着浓郁的生活气息。新秧歌和新诗唱歌艺术就在这时期出现的，而民间的文艺则是由鲁艺教师自己走出学校去搜集的，在此期间，开展了数量丰富的新秧歌创作和歌咏运动。1943年，新秧歌活动在春节的时候进行，这时期产生了大量新的作品，包括《东方红》《三十里铺》等。在新秧歌的基础上，新式歌剧就出现了，这都借鉴了民间艺术的传统艺术。非物质历史文化遗产的保护，不仅仅需要理论，更需要的是每个人的实践，在延安时代对于民俗学的研究，有不少人都做出了卓越的奉献，给陕西省的非物质历史文化遗产的保护工作做出了非常大的贡献，在此期间的非物质历史文化遗产保护融入了革命氛围，也有一些思想斗争的痕迹，这就使陕西省的非物质历史文化遗产具备了现代的特征，更能体现陕西省的人文历史和思想内容。

2.国统区非物质文化遗产的保护和传承

延安革命根据地开展非遗的保护期间，国统区的非遗产保护工作也获得了进展，因为有很多有胆识的人都关注到了非遗的保护工作，这种时候陕西省咸阳人李敖仁开办了《老百姓》，里边的东西基本上是当时的民俗知识，比如说《新三字经》，它们都是为了迎合他们的，表达了那时期平民百姓们的心理和愿望，大家都集体抗日，这都是得到了当时民众的喜爱，尤其是农村民众，这种书籍唤起了民族的抗战意志，发挥了积极的影响，同时也促进了社会的进步。这种非物质文化遗产的保护工作人员对社会的贡献是非常大的，他们对非遗保护的同时也对革命的开展产生了推进作用，他们成为陕西非遗的传播与保存的一种重要的成分。

第二章 非物质文化遗产的保护

3.陕西非物质文化遗产保存与传播方面的工作特点

政府部门、民俗社团、私人保护并行。延安时期陕西省非物质历史文化遗产的保护措施是以延安革命根据地为中心向外推进的，在中央的正确引导和带动下，陕西省的非物质历史文化遗产保护与传播工作到达了一个新高度，这时候的环境保护规模是非常大的，力量也是非常大。维护非物质历史文化遗产的时候，也对身边的民众发生潜移默化的深远影响，使他们对文化风俗重新关注，对我国的情况又有了全新的了解，同样也使他们有了自觉维护非物质历史文化遗产的意识。

继承与发展并行。陕西的非物质文化遗产的保存，不仅是对最原始的民间文化、文学、历史资料的整理收集，而且在这里融合了当时那个阶段的时代特点与社会文化内容，使陕西省的非物质文化遗产具备了时代性的特点。

物质文明与非物质文化并行。在对陕西省的非物质历史文化遗产保护的过程中，也陆陆续续地产生了不少新的文学美学，这些新的文学美学也是对非物质文学物质化产生了作用，也给未来的陕西省非物质历史文化遗产的保护与传播带来了大量的有益经验。

4.陕西非物质文化遗产保护的现存模式

陕西现在大多采取以地方政府部门为主体，普通公民为辅的方式，实施对无形文化的保障。政府的角度上对非物质文化的保护也是非常具有可行性的，政府针对中国陕西的非物质文化有着综合的治理手段，也拥有法制保护，但是因为中国的非物质文化存在着多元化，在内容方面也较为复杂，多的地方政府针对这种非物质文化的保护也都相应地采取了各种措施，针对一些濒临灭绝的非物质文化，政府也都在积极开展救助，包括手抄摘录等，对带有重要社会价值的古老文化实施了全方位的保护，在保护过程中政府也鼓励了民间的力量参与其中，一起应对这些情况。设立的保护性区域，对这些区域实施了整体性的保护措施，同样也要构建起信息库，通过互联网资源来对非物质文化遗产加以保存。对于陕西现代非物质文化遗产的保护工作，我们已经构建出了比较完善的保护模式，对现代非物质文化遗产保护工作的重要性都进行了更加深入的探讨与明确，对我国所制定的相关法律也做出了规定，职责更加明晰，立法过程也是更加的精细，操作性较强。为了大量的非物质文化遗产保护的建立，我们投入了大量的经费和人员，不停地创新了保存方法和采集手段，建齐了电子化书库，在建设数据库的时候也是对非物质文化遗产的本源物质提供了保护，因为只要把这种先进的物质遗产与我们的传统文化相结合实现了有效的融合，不但能够发挥保存的功能还能够发挥文化传播的功能。

第二节 非物质文化遗产的保护与活态化传承

一、非物质文化遗产的保护现状

（一）非物质文化遗产传承保护的基本模式

1. 法律法规保护模式

法律法规保护是非物质历史文化遗产传播与保护的一个常用模式，具备三个优势：一是有法可依，充分调动非物质历史文化遗产发源地的机构、组织和个人保护自己的权利，充分行使权利。二是捍卫非物质历史文化遗产的尊严，也激发了社会大众对非物质历史文化遗产的敬意，同时也提升了全民的保护意识。三是促进濒危项目保护工作的规范化。维护非物质文化遗产是国家长远大计，通过立法方式维护非物质文化遗产就可以将其规范化。

目前，外国有两类立法保护模型：一类是以日本、韩国为典型的行政诉讼模型；另一类是以欧美、突尼斯为典型的知识产权法律模型。早在19世纪70年代，日本国政府部门已先后制定了《古器旧物保管法》《史迹名胜、自然纪念物保管法》《国宝保管法》和《文化财产保护法》等非物质历史文化保护有关的法规，由于对非物质历史文化遗产较早的立法立规，日本国政府部门是世界公认在非物质历史文化遗产保护方面最有效和最成功的发达国家。鉴于日本国政府部门通过立法防控模型在非物质历史文化遗产工作上的成功，大韩民国政府部门则选用了行政立法模式。大韩民国非物质文化遗产法律化保存于日本殖民统治时代，制定了《乡村遗产管理章程》，随后韩国政府又陆续颁布了《史迹及文物保管法规》《大韩民国宝物史迹名胜自然纪念物保管令》及《文化财产保护法》等许多政府法规。至今，得益于法律法规保护模式和日本经验，韩国非物质文化遗产保护工作已经走在了世界前列。美国在非物质文化遗产知识产权法模式重点表现在专利权和商标立法保障方面，1990年颁布了《印第安艺术和手工艺法》，为了保护非物质历史文化遗产的本真性，将相应的非物质历史文化遗产登记为证明商标，同时对伪造或盗窃商标注册的行为实施民事或刑事惩罚，专利权和商标立法为国家的非物质历史文化遗产保护提供了有力的保证。

和美国不同，突尼斯的专利立法模式主要表现在著作权法保护方面。1976年的《突尼斯版权示范法》明确定义了非物质文化遗产的概念与范畴，并将其纳入著作权法保护范畴之中。突尼斯通过法律法规模式，将非物质文化保护和传承工作上升到国家层面，取得了明显成效。我国在非物质历史文化立法保障方面相对滞后于以上各国，尽管起步晚，但从中华人民共和国建立伊始，我国政府部门十分重视文化立法保障工作，中国首部非物质历史文化法规于2011年出台，此后又陆续颁布了《中华人民共和国非物质文化遗产法》《中华人民共和国著作权法》《中华人民共和国专利法》等是非物质历史文化方面最权威和最具有重大意义的法规，为非物质历史文化遗产保护管理工作奠定了依据。所以，分析研究这些国外模式，不论是行政法模式或是知识产权法律模式，对于中国非物质文化遗产法律法规保护模式的建立与健全有着意义。

2. 政府主导保护模式

在全球范围内，主导非物质文化遗产传承和保护一般都是政府，这种模式的优势十分明显，它能解决私人和企业无力完成的大型项目。尤其是针对濒危且缺少经济利益的文化遗产，政府行政机构主导能解决文化项目最基本的生存问题。政府所倡导的传统保护模式的必然性：第一，由于项目数量庞大，而非遗传承的是一个价值重大、涉及面广而复杂的重要项目，没有任何个人或民间团体能够承担，非政府主导难以完成。第二，不能推卸责任，中华民族文明源远流长，非遗是中国文化的一部分，也是中国梦的重要组成部分，关系到民族文明的完整性，政府主导毋庸置疑。第三，他山之石。从日本、韩国、法国、英国等非遗文化传承保护比较好的国家来看，均为政府主导，我们可以学习借鉴其丰富的经验。目前我国各政府部门在非物质文化遗产继承与保护工作上的形式多样措施不一，于是，怎样"在政府主导下寻找到一条既符合当前政治经济背景，又能切实妥善传承保护非遗之路"成为当下重要课题。

3. 民间保护模式

非物质文化遗产凝聚了各民族的人民文化传统精神，所以需要加以保护和传承。非物质文化遗产来自民间，与此同时，也在民间发扬光大。民间也拥有传播非物质文化遗产的能力，此外，在传统非物质文化的保护和传承过程中，许许多多优秀的民间手工艺艺人和社会各界发挥了极大的作用。近些年，在民间以及社会各界的非物质文化遗产保护方面也做了不少工作与不懈努力。实践发现，相对于省、市、县政府及其相关部门，民间盈利和非营利团体、组织在传统非物质文化遗产保护和传承过程中发挥了极大的作用，同时也是对各种文化连接的纽带（如官方和民间文化、社会各界、上层和草根文化等），以客观审慎的眼光，系统地认识非物质文化遗产的传承与保护问题。与其他组织相比，民间组织可以更好地提出符合具体情况的战略。在非物质文化遗产保护过程中部分民间组织付出诸多努力，如公益性机构、基金会和科研机构等，有效地配合和支持政府实施的保护活动。

随着政府部门、民间组织、个人等各界对非物质历史文化遗产的逐渐了解、关心和重视，我国传统非物质历史文化遗产继承保护制度的形成和日趋完善，中央、地方政府和民间组织之间建立的国家级非物质文化遗产保护机构越来越多，自上而下，社会各界共同努力和发力，齐心协力做好传统非物质文化保护相应的组织保护工作，只有这样，我们在非物质文化保护和传承上才会越来越有效，越来越有成就感。

4. 旅游及其他产业带动保护模式

文化是旅游的灵魂，旅游是文化的载体。非物质文化遗产是一个民族历史沉淀的精华，是积淀已久的活态传承技艺。近年来，文旅结合发展已形成了旅游与文化产业共同发展的新动力，为非物质文化遗产传承保护带来新理念、新路径。从需求方面来说，由于非遗旅游已逐渐由政府部门的"输血"向自身"造血"方向发展，各领域的跨界整合与发展也将是必然趋势。而从需求端来说，一方面，随着人民群众文明与自信水平的提升，对非遗的社会认可度与吸引力也正在逐步提高；另外，非遗已经深入群众日常生活，民众日益认可并青睐富有历史意义的消费品。在市民群众生活和旅游消费水平要求不断提升的背景下，非遗旅游市场前景看好。目前国内非遗旅游融合探索出以下四种模式：

第一，非遗文化与旅游项目展示及传习融合。古代的非物质文化遗产也可以利用现代科技的能力，再现斑斓万千的颜色和生机灵动的文化魅力。因此，敦煌虚拟现实馆利用虚拟漫游、敦煌现代数字化研究演示等技术手段，重现了敦煌的艺术与人文及其现代数字化保护的成就。

第二，非遗文化与我国旅游表演和节庆融合。如果传统技艺类型的非遗服务项目多以展览和产品作为文化旅行经济增长点，那大量小型的山水实景表演、文旅表演和舞蹈类节目等无疑是对舞蹈、乐器、服装、节日、民俗等非遗文化的再发展。中国的元旦、春节、元宵节、端午节、重阳节、中秋节、"藏历新年""彝族年"等传统文化节日更为"非遗+旅行"提供了融合的基石。

第三，非遗文化与旅游文创融合。"非遗文创"指借助非遗优势，通过采用创新性和应用性的产品设计，研制出具有人文性、认知性和实用价值的文创商品，其在主要内容上包括非遗工坊、非遗美术馆、非遗文化园区、非遗主题景点等。在这方面，比较好的例子就是贵州丹寨锦绣谷。该区域主要以乡村专业合作社、村寨传统手工作坊及其系统的技艺教育活动为主要途径，重点保留和发展了苗、侗、瑶、水等少数民族的传统绣花、蜡染、编棉、纸张制作等传统工艺，同时采用实体店+电商的经营方法，着力于培育少数民族传统手工产业的新品牌影响力。

第四，非遗文化产业和其他旅游商品产业融合。一些旅游商品业态涉及旅行要素的"吃""住"等。比如非遗民宿，其伴随旅游经济异军突起是为了实现实用性以上的体验性，当中最主要的是"当地文化"的感受，而非遗和住宿的融合恰到好处，既提升了住宿游客的人文感受，同时又为非遗文化产业开拓了活化的途径。生存是艺人传承非物质文化遗产的前提，如果艺人无法以此保障生存，谈何文化传承，导致非物质文化遗产将面临逐步消失，只有在保证艺人生存的前提

第二章 非物质文化遗产的保护

下,才能做到对文化进行传承。旅游可以使人体验文化,通过市场和社会文化价值衡量非物质文化遗产,并且将非物质文化遗产作为旅游资源,使其与社会、当地习俗充分整合,带动旅游业的发展,使非物质文化遗产恢复以往的形式,使其可持续发展。

(二)非物质文化遗产的保护困境

1. 非遗的文化价值认识不足

思想是实践的先导,认识是实践的动力,只有价值认识到位,才能促进人们自觉保护与传承非物质文化遗产。全面认识非物质文化遗产价值对做好非物质文化遗产的文化传承工作具有一定的指导作用。随着时代发展的变化,不同的非物质文化遗产在不同的时代背景下具有丰富的价值,虽然近年来党中央高度重视非物质文化遗产价值,学界学者发表的有关非物质文化遗产价值研究文献也越来越多,但是在保护、传承、弘扬非物质文化遗产的过程中仍然有很多传承人或普通民众对非物质文化遗产价值认识不全面的问题,在某种程度上也是非物质文化遗产价值载体文化断流的现象,进一步影响非物质文化遗产的弘扬和传承。

从传统视角来说,继承人对非物质财产的历史价值了解还不够。继承人非物质财产的历史价值传播的基础和重点,非物质财产精神价值的主要推动者和宣传者,是培养非物质财产继承人的主要传授者。从文化历史视角来说,许多非物质财产的继承人和其他人,对非物质财产的史学社会文化经济价值、民族文化精神价值、艺术都了解还不够。例如,对芜湖铁画的部分,继承人大概只能介绍了芜湖铁画的史学文化价值、民族文化工艺经济价值,却不知道艺术文化艺术精神经济价值。非物质史学文化遗产具备活态性特征,而最大的活态性表现就是继承人自身,所以目前许多非物质史学文化遗产的继承人都存在着"懒得创新""懒得关注""懒得研究"的心理,既不重视非物质史学文化遗产自身的传统意义,又不重视新时期的非物质史学文化遗产的当代意义,认为非物质史学文化遗产存在是固有的且永恒不变的,导致传承人变成非物质文化遗产守旧价值传播的"讲解员",降低非物质文化遗产对普通民众的文化影响力和吸引力。

从现实观点分析,普通民众对非物质文化遗产价值认知有缺失。非物质文化遗产为什么可以流传下来,是因为非物质文化遗产能在不同的时代下展现不同的时代价值。然而,现如今许多普通民众仍不了解、不了解非物质文化遗产意义,或对非物质文化遗产了解不全面的现象。广大普通人民甚至不知道本民族或地区的非物质文化遗产,正因为他们接触非物质文化遗产的机会不多,政府或传承人传播非物质文化遗产价值不到位,导致很多普通人民不知道非物质文化遗产保护的意义。如对芜湖铁画现状的调查和考察后发现,许多人既不了解芜湖铁画为中国国家非物质文化遗产,也不了解非物质文化遗产意义,这表明了他们对非物质文化遗产意义的了解不够,而芜湖人对非物质文化遗产意义的了解也相对片面,只知道非物质文化遗产的历史意义、美学价值、社会经济意义等,而对非物质文化遗产的其他意义认识较低,表明传承人或组织在对非物质文化遗产意义方面的了解还不够深入,从而未能把非物质文化遗产意义推广到一般人们的日常活动中。

2. 非遗价值载体断流问题严重

"人"在非物质文化遗产保护与传承中扮演着重要的角色,"人"始终见证着非物质历史文化遗产发展的历程、现实、未来的阶段。传承者既是非物质文化遗产的继承载体,也是非物质文化遗产的诠释者和传播人。为有效地保留非物质的文化及其传承人,政府已经出台了许多的有关优惠政策,并获得了一些较好的成功案例,但是因为传承人往往在"活态"的继承与传播过程中都处于比较薄弱的地方,因此传承人也将随着时光的推移而慢慢流失,丢失的后果将不仅仅是代表某个生存个体的灭亡,甚至是代表某种文化、知识、技术,或者是代表某个地方、一个族群的精神、习俗也将因此荡然无存,从而使得许多非物质文化遗产的历史价值与传播都遇到了很大困难。载体断流一方面表现在中国非物质文化遗产传承人年龄阶段的断层。传承人的生命个体的消失会导致非物质文化遗产的历史文化价值、民族精神价值等随着时间的流逝最终无人知晓。

载体断流问题另一个方面表现在非物质文化遗产知识、技艺流失的断层。非物质文化遗产的知识包含非物质文化遗产的历史文化价值、民族精神等价值,技艺中包含非物质文化遗产的工艺美术价值等。党中央之所以重视非物质文化遗产的传承与保护,是因为非物质文化遗产代表一个地区、一个民族、一个国家的文化记忆、文化基因。随着西方文化和现代文化冲击,传统文化逐渐被人遗忘,人们虽然知道应该保护与传承非物质文化遗产,但是不具备保护与传承非物质文化遗产的理论知识,如非物质文化遗产的历史发展、文化内涵等。笔者调查、访谈芜湖铁画时发现很多人都不了解芜湖铁画的文化内涵、历史发展、价值表现等理论知识,甚至从事铁画事业大部分师傅也不是很清楚芜湖铁画的文化内涵,他们只懂其技术,而不知道其历史发展,这意味着芜湖铁画的文化知识、文化基因会在时间的流逝下逐渐被人遗忘,其传统文化便会出现断流问题。

3. 非遗价值的宣传力度不到位

非物质文化遗产的历史、现实、未来等角度蕴含的非物质文化遗产价值宣传不到位,也是非物质文化遗产后继人才稀缺等问题发生的重要原因。非物质文化遗产在信息国际化的时代背景下,其传承路径、传承方式、传播范围等有了突破性的发展。虽然,政府部门、传播机构等对非物质文化遗产的传播方式、传播内容、传播方式都进行了努力,不过,在一方面由于许多非物质文化遗产都存在

第二章　非物质文化遗产的保护

着文化断流现象，从而导致了人力资源的严重缺乏，使非物质文化遗产价值传递范围严重受限；另一方面也是因为政府部门和专业领域的人对非物质文化遗产的文化意义了解不够，政府对于非物质文化遗产的传播与普及工作宣传不到位，一般百姓对于非物质文化遗产的认可度并不高、兴趣不大等问题。

其一，宣传力度的大小决定影响力的大小。利用非物质文化遗产的历史文化意义、人类社会文化意义、自我体验价值等有利于吸引年轻人加入非物质文化遗产的保护行列。政府利用物质文化遗产的历史人文价值、自我体验价值等开展非物质文化遗产的宣传活动，是面向广大人民群众，需要得到广大人民群众的共鸣和反映，引导人民群众自觉加入非物质文化遗产的文化传承队伍中来。近年来，虽然政府部门制定有关非物质文化遗产保护与传承方面的政策越来越全面，为非物质文化遗产的发展提供了前所未有的机会，但是有一部分非物质文化遗产（如传统手工艺）没有充分利用非物质文化遗产的自我体验价值，展演活动机会很少，展演区域也局限在本地周边，演出人员偏少、受众面狭小成为阻碍非物质文化遗产宣传出去的主要因素。

其二，互联网时代下的新媒体在很大程度上提高了人们的参与感与认同感，已经成为非物质文化遗产进行宣传的重要阵地，从未来角度来看，能够充分体现出非物质文化遗产的文化共享价值、文化认同价值、文化自信价值。虽然非物质文化遗产在互联网的刺激下获取信息更为及时，渠道也更为丰富，但是非物质文化遗产承担的教化和娱乐功能却在逐渐弱化，网民在互联网平台上搜索、关注非物质文化遗产价值较少。

4. 非遗价值传播与产业发展不平衡

近年来，中国深度挖掘非物质文化遗产的经济价值或开发价值等，发展非物质文化遗产的文化产业道路，导致非物质文化遗产经济价值与其他价值发展不平衡。在文化产业和非物质文化遗产价值的互动关系中，丰富的非物质文化遗产可以为文化创新提供众多的素材与源泉，为文化产业的发展注入文化资源，文化产业也可以为非物质文化遗产价值传播扩宽渠道，促进非物质文化遗产价值的活态传承。但是，由于目前中国对非物质文化遗产的产业化研究尚处在萌芽发展阶段与摸索时期，同时在非物质文化遗产艺术价值传递与文化之间的关系上也存在着进一步发展不均衡现象，因此上述情况在一定意义上既制约非物质文化遗产的艺术意义传递，也制约了文化的开发与研究。

一方面，中国城市文化建设中存在非物质文化遗产的历史文化等价值传播和文化产业发展不平衡问题。非物质文化和都市的文明发展密切相连，非物质文化也是都市人文精神的主要标志。但是，在一些都市的文化历史发展中政府部门和有关人员，忽视非物质文化遗产的社会历史意义，盲目注重非物质文化的社会经济效益，造成了过度商品化的现象侵袭，把无形历史遗产低俗化，进而弱化了无形世界遗产的社会历史意义，最终使非物质文化遗产产品沦为单纯的商业性商品。如现在芜湖铁画产品出现过度庸俗化问题，商业化的侵袭逐渐淡化了芜湖铁画的历史文化价值，芜湖铁画的品牌价值逐渐削弱，致使芜湖铁画在芜湖城市的知名度和影响力日益下降，铁画也没有成为芜湖城市人文精神的重要标识。

另一方面，在实施"创造性转化、创新性发展"政策过程中出现非物质文化遗产价值传播和文化产业发展不平衡问题。习近平总书记在继承中国传统文化基础上，强调"创造性转化、创新性发展"的传统文化策略，并深入阐述了中国传统文化演进的客观规律，为中国开展非物质文化遗产的文化基因保护工作指明方向。非物质文化遗产在"创造性转化、创新性发展"政策指导下将非物质文化遗产的历史文化价值转化为文化产业发展的文化资源，顺应传统文化发展成文化产业的新趋势，将非物质文化遗产发展成地方特色产业，且带动起一系列关联产业（服务业、演艺业、旅游业等）的迅速发展。

然而中国非物质文化遗产的文化产业发展现状是地方特色产业较少，宣传和营销模式混乱，以中小企业、个体经营户居多，缺乏专门的政府机构监督产品质量，导致市场中多数非物质文化遗产产品粗糙，以粗放型运营模式为主等，而高质量、有特色的非物质文化遗产产品较少，以品牌价值闻名的非物质文化遗产企业不多。这些问题削弱人们对非物质文化遗产的好感，降低人们对非物质文化遗产的认同感和归属感，也对中国实施"创造性转化、创新性发展"的战略产生不利影响。

二、非物质文化遗产保护与活态化传承的策略

历经几千年的绵延发展，先辈们开创并成就了多项特殊的生存技艺，且经过传承、发展至今，也就有了现在的非遗，比较有代表性的织锦、刺绣、蜡染、剪纸等。回首历史变迁，非遗称得上散落的宝物，然而现代社会，就需要采取多种方式对其进行保护和传承，唯有如此才能使其拥有旺盛的生命力，造福人类社会。在这一过程中，需要认真思考"活态传承"的价值与做法。

具体来说，生活中对其物化形式、传播载体等加以活态保护，以活态的形式加以保护和传播物质和有关文化活动，其保护和传播对象是语言、礼仪、表演仪式、节日活动以及各种传统工艺品等文化形式，通常传承的方式为日常交往、感知与学习等，这就是非遗的活态传承。一般来说，人、团队或社区均可视为传承载体，和当地历史文化有着直接关联，无法迁移，体现出一定的地域性特点的都是活态传承。以非遗与地域、社区的创造性资源为根本性基础，彼此互动才能更好地提高价值，为此非遗的活态文化传承秉持着认知、保护、传承的内在核心价值，这种传承具备了超越现实的深层文化内涵。这种核心价值在多种参与的文化

第二章 非物质文化遗产的保护

传播和体验价值过程中得以延续,实现了传统文化和精神的持续传播。中国对非遗的传承给予高度关注,且就怎样更好、更持久地将非遗传承下去不断摸索并总结经验。在此基础上,活态传承得以诞生,和现代技术手段培育的"博物馆"式保护有着显著区别,其更体现出生活化的传承和应用,这种方式让非遗有了生命力,再次"活"起来,也能最终实现非遗保护的终极目标。

非物质文化遗产的活态传承的方式,主要包括发挥地方特色,调动民众积极性,使非物质文化遗产走入大众、对非物质文化遗产开展生产性保护,密切非遗与民众的紧密联系、建立培养培训机制,促进非遗传承人队伍的壮大、加强非遗文化的整合传播,利用新媒体扩大非遗传播范围、打造多样化的非物质文化遗产发展渠道,促进非遗"活"起来、进行非遗校园传承,让青少年更好地领略非遗的魅力,大力弘扬传统文化。

(一)发挥地方特色,调动民众积极性,使非物质文化遗产走入大众

中国有着极为庞大的人口基数,尤其农村人口占比偏大,非遗因其有着较多的民间项目,可以发挥地方特色优势,把广大地方民众作为非遗传承的主要团体。借助当地百姓与政府的共同作用,从培育非遗活态传承人视角着眼,为诸如民歌、山歌、民间乐器等古老精神文明的传承寻找坚实的基础。政府在其中要重点夯实各项基础性建设工作,从技术与资金两方面给予传承者以支持与鼓励,使当地居民维持原有的生活方式不变还能有更多的时间和精力从事活态的非遗传承活动。活态传承的重点在于"活",那活着的人就成为活态传承的关键,人类在世代相传中实现了后代的绵延不绝,倘若能让他们在这一过程中把非遗同样也实现薪火相传,就会使传承延续的文化体现更强大的生命力,其既蕴含了历史的醇厚底蕴,还体现了时代赋予的青春活力。从中国部分非遗角度看,内蒙古辽阔的草场产生了长调民歌,它具有深厚悠久的发展历史,它反映了十分强烈的民族特点,但近几年这种独特的演唱艺术却濒临边缘化,尽管和当代社会人们愈发热衷流行歌曲关系较大,然而数量缩减的长调艺术者也是不可忽视的重要因素。内蒙古地区水域宽广,草场遍布,具有十分优良的自然景观,为旅游业的开发创造了先天的自然环境条件,借助旅游热实现长效传播是不是会有更好的效果?倘若内蒙古的居民能在客人到来的欢迎仪式上献上一曲民族特色浓郁的长调,必然会让游客耳目一新,源源不断的游客到来客观上起到了传播长调的作用,进而达到了长调这一非遗传承的目的。开展活态传承的关键是把传承和传播结合起来,突破单一的静态保护和文字记录形式,有了传承者的参与,非遗的传播必然会更为顺畅而广泛。

(二)对非物质文化遗产开展生产性保护,密切非遗与民众的紧密联系

事实上,我们生活中随处可见的衣食住行很多都与非遗有着密切关联,很多

项目在今天仍表现出不朽的生命活力。以生产性保护的方式传承非遗，表现为契合保护规律的基础上，借由生产的方式让它们得到传承和发展。一方面，采取生产性保护，有利于商品市场条件下非遗项目参与其中，取得经济效益，进而使从业人员的积极性主动性调动起来，并吸引更多人参与到该项目的学习和传承活动中；另一方面，以生产的方式传承，能更快地将非遗项目产品被广大民众所熟知，进而成为人们日常生活不可或缺的构成，使非遗与广大民众产生紧密关系。由此非遗的传承和发展才会形成良性循环，构建出有着造血功能的完备体系，达到活态传承的目的。

（三）建立培养培训机制，促进非遗传承人队伍的壮大

培养培训机制的建立需要分为几步：

第一，强化传承人队伍的建设工作。形成了完整的继承人梯队，并建立了"国家、省、市、县"的四级非遗传承人名录制度；使传承人的学历水平和知识结构进一步完善升级，使更多有能力有抱负有志向的青年主动加入其中，成为新的"候补传承人"与"潜在传承人"，鼓励他们优先申报代表性传承人；使传承人队伍不断扩充，为传承人专门打造后备人才库，预先储备项目存续与发展人才。

第二，增强传承人培训力度。成立专门的代表性传承人传习所，给予一定的资金支持其收徒和传艺等各项活动；为代表性传承人参与各类文化主管单位或社会组织举办的交流、展示、宣传等活动提供帮助与支持；成立专门的代表性传承人大师工作室，将其设立在学校、景区、家庭、公共文化场所等，并开办培训班，为传习活动提供便利条件；按照既定制度做好传承人的有关培训、交流、参观活动，为其开设专门的市场营销、产品经营等课程，使其强化非遗有关的知识学习。

第三，开展传承人交流合作。为传承人和研究机构、设计人员合作牵线搭桥，由原材料、制作工艺和程序等步骤出发，帮助传承人做好遗产项目真实性、完整性的维护工作；进一步发掘各方非遗名录项目传承人群体、研究者、爱好者的主动性，举办工艺美术类传承人群体研修研习的培训活动；力邀高校或研究机构帮助传承人开展保持项目核心价值前提下的适度创新活动，使项目在当代社会得到传承时也保持发展活力。

（四）加强非遗文化的整合传播，利用新媒体扩大非遗传播范围

在新媒介语境下开展非遗的活态延续与传播，它一方面受制于非遗文化的各种保障条件，一方面受制于新媒介的传承规律。因此，非遗文化的宣传必须通过新媒介的语境来整合。操作的具体做法是将不同类别、不同层级的非遗项目及其涉及的具体文化内容进行整合式传播。第一，非遗项目分为冷热不同类。"冷"

第二章 非物质文化遗产的保护

代表那些和当代社会生活有着显著不同、展示效果欠佳的非遗项目。"热"代表那些和当代社会生活比较接近、视觉呈现效果良好的非遗项目;第二,非遗项目本身分为不同级别。中国已经建立起四级保护体系,即国家、省、市、县等。通常来说,非遗项目级别越高,其拥有的传播资源也越多;级别越低,其所分配的传播资源也越少。非遗本身就代表了优秀的传统文化,不管热度、级别如何,非遗项目均有着相同的文化和当代价值,均值得开展整合传播活动。

非遗文化牵涉传统文化的方方面面,其开展整合传播有着根本性的重要意义。非遗的形成历史、生活环境、精神内涵、发展意义、成长模式等都是非遗的精神内涵。这些思想内涵不会产生思想价值的影响。在新媒介对其进行宣传后,由于其主观性、传播范式的影响,导致非遗文化内容无法全方位彰显出来。从非遗纪录片看,创作者充分调动个人能动性发挥想象力,以个性化的镜头语言、声音等创作内容,以此将非遗公之于众。该过程中,非遗愈发表现出表层化、碎片化、元素化、物化等特征,其精神与文化特色愈发消弭。

(五)打造多样化的非物质文化遗产发展渠道,促进非遗"活"起来

目前来看,活态传承非遗仍要关注其具体形式的持续创新,要丰富非物质文化遗产传承与发展的渠道,打造多元化发展形态,尤其是可以借助新媒体(如短视频平台、微博等)对非物质文化遗产进行传播。现如今的抖音、快手、微博等新媒体呈现高速发展,覆盖用户群体多达十亿。由此,应利用这一优势,借由短视频、图文信息等媒介对非遗进行加工,进而在新媒体渠道开展广泛的推广、宣传等活动,使非遗项目获得更广泛的认同。举例来说,秦腔这一非物质文化遗产的传承过程中,可以打造多样化的非物质文化遗产发展渠道,制作秦腔表演的视频,上传到互联网、短视频平台,扩大秦腔的知名度,使更多的人了解、接触秦腔;可以打造市场化的传承方式,构建活态化的市场化、产业化经营。例如故宫为首的各种大型博物馆逐步对外推出专属的文创产品,故宫淘宝店更成为拥有几百万粉丝的淘宝大店,成交额十分可观。文创作为载体,借由非遗创新研发新产品,使文艺能够呈现出多种不同的传承与发展形势,以各种商品为媒介体现出自身的独特"活"力。

(六)进行非遗校园传承,让青少年更好地领略非遗的魅力,弘扬传统文化

活态传承的重点在于教育人,唯有让更多人领略到非遗的韵味,人们才会去传承和弘扬非遗技艺。学校非遗宣传与培训的最好平台和场地,使孩子们从小就可以近距离了解广博的非遗历史,既可以增强孩子对中华民族的理解和信心,又可以引导孩子投入非遗的怀抱,作为非遗未来的接班人。

非遗进校园要注重参与性。非遗走进学校,既将学校当成展演的场地,还要引导更多中小学生积极投入非遗的展现过程中,通过亲身实践感受非遗的多彩魅

力。非遗的精妙技艺既有着良好的观赏性，还包含着厚重的文化内涵，高超的技术，并非几场表演就能完全理解并掌握的。借由竞赛、授课、互动等多种方式，吸引学生对非遗加强体验与感知，使他们从不同视角感知非遗，进而更好地寻找人才，培养传承人，深入落实活态传承非遗的目标。

非遗进校园要体现针对性。非遗进入校园，需要参考学生的实际情况实行不同方式。就中小学生而言，非遗文化传播、非遗技艺展示为主，进而以体验式传播寻找契合非遗技艺的传承人。就大学生而言，要致力于开展更深层次的非遗活动，对其传承、演变过程加强普及宣传，使他们了解非遗的厚重文化内涵，倡导他们透过非遗对传统文化给予更多关注与研究，突破单纯宣传非遗自身的传播层面。

非遗进校园要确保持久性。非遗进入校园并非昙花一现，也不是形式主义作祟。文化浸润人性需要长期坚持，需要持之以恒的耐心，一两次表演仅仅是隔靴搔痒。具备条件的地方政府，应落实非遗进校园活动，使其成为固定学习内容，定期组织非遗文化授课、体验等活动，为孩子们了解非遗文化提供更多机会，努力营造更丰厚的非遗传承环境，使校园扛起非遗传承的大旗与重任。

第三节 非遗文化数字化发展

一、数字科技对非遗文化传播的积极影响

由于计算机、互联网、虚拟现实等信息的发展与使用，数据科技正成为推动工业变革与企业高质量成长的关键工具，体现新的增长方式。另外，数据信息的使用还改变了文化商品的制造和消费行为，促进文化表现形式与内涵的改变，对于促进非遗文化发展具有积极意义。

（一）丰富非遗文化表现手段

大数据、云计算、互联网、全息图像、3D打印等新型信息技术与非遗文化产业进行融合，能够使非遗文化创作形态与意义进行更为生动、丰富的表述，更为立体、形象地呈现非遗文化产业的面貌与内容，以此激发公众认识非遗，投身非遗保护发展的积极性。在此基础上，创新性利用数字科技，能够让群众感受得以更进一步提升，比如可利用大数据分析对用户画像进行描绘以精确传递服务信息内容，利用全息成像提升现场体验感与技术感，利用3D打印机提升非遗文化与现实的互动性。这些都将极大提升群众对非遗的理解和认识。

（二）增加内容创意深度

互联网的发展使文化传承链条从单纯的"管道模型"变成多元化的"互联网模型"，科技迭代、海量资讯，不断地给人们以更新震撼的感受。在新的数字产业生态中，大众文化消费逻辑和传统经济时代不同，更重视精神感受，更乐于为文化内涵创新买单。所以，在数字经济时代，内容才是推动文化持续健康发展的关键因素。尽管数字科技本身没有刺激大众消费行为的动机，但通过数字科技所提供的内容则是引发大众参与的关键原因。对于非遗企业而言，非遗本身蕴含的丰厚文化内容是实现内容创新的根基与灵魂。利用数字科技的创新手段整合互联网海量内容，可以使大量的文化创新内容转变为直接的消费价值，从而形成驱动非遗事业持续增长的巨大引擎。

（三）积极推动非遗传承的大众化和消费多样化

伴随数字化、智能与交互技术的蓬勃发展，文化商品制造端和社会消费端的连接将打破单纯线性，走向更为多样化。特别是伴随短录像、自新闻媒体等的流行，中国大众感知非遗、认知非遗的途径越来越多样化，积极参与非遗传承和文化内容创意产生的愿望与生命力被逐步激活。中国大众在积极参与非遗传承与文化内容创造生产的过程中，成为其所提供文化商品的主要消费者。信息技术的介入可以强力地推动非遗传承主体的大众化，消费行为更为人性化，更为注重在某一应用领域的创作内容。

（四）数字平台建设给非遗文化带来组织特色优势

数字平台大致分为两种。一是目前已经相对完善的文化展示与消费网络平台，包括抖音、快手、淘宝等。抖音公布的 2021 年《抖音 818 新潮好物节数据报告》中表明，非遗服装、非遗曲艺、非遗手工艺等非遗特色产品，深受广大用户的青睐。另一类则是需要建设的数据文化产业生态。大数据科技对非遗文化发展的最大作用就是其可以建立数据文化产业生态，有效整合文化相关信息，优化资源配置，从而增强非遗文化的市场效应。近年来，由于 5G 关键技术的开发以及 5G 商用的进一步推动，使得我们的文化生态系统与社会生态环境都产生了变化，由原已相对完善的文化消费网络向网络化方向拓展。在这样的变化情况下，搭建数字企业系统可以从根本上缓解企业发展生态结构不耦合和产出不均衡的情况，优化利用企业资源，提升资源配置效益。

（五）科技融合催生文化新业态

目前，数字技术正向金融、文化等各行业扩展，已成为新型发展格局下推动企业发展升级的力量。文化和技术的结合，也会给文化迭代转型带来新动力，从而催生出全新的文化形态和商业经营模式。而数字科技的参与，会推动跨行业、跨部门、跨行业、跨技术培养产业的文化资源与科技服务的深入整合，从而有效促进文化资源要素在生产领域中的急剧提升，为发展高新型产业提供了良好条件，并创造全新的社会经济环境。

二、关于非物质文化遗产数字化保存的问题措施

（一）数字采集与存储技术

在数字化信息技术应用非遗之前，非遗的收集和保存大多依赖传统技术手段，例如：胶卷、图书资料等；数字化信息技术的迅速发展为非遗提供了全新的收集和保存方法，为非遗完整保存提供了保证。数据拍摄和存储技术包括高精度数码摄影技术、三维扫描技术以及数据库等。

高精度数字摄像技术的应用。对非遗进行高精度的数字摄像，是目前常用的采集记录手段，对于非遗保护起着至关重要的作用。数码摄影首先必须确定目标为非遗，然后得到目标为非遗的光像，然后把光学信息通过光电感应器转变成数码信息，最后就得到了数码摄像。数码相机、摄像机作为典型的数字摄像设备，拍摄过程中的数据信息可以直接存储为数字格式，为非遗工作者采集高精度的音频、视频资料提供了便捷，也便于后期编辑、处理与使用。相较于传统的摄像方式，数字摄像技术采集的非遗信息具有准确度更高、成本更低、保存时间更长等优点。

三维扫描技术的应用。扫描仪是运用光电子技术和数码处理技术，利用扫描的方法把图片、文字页面、图表、样本等对象信号转换成数字信号的装置。三维是由一个一维和一个二维组合而成的，相较二维来说具有立体感。三维扫描仪融

合了多项技术，包括光技术、电技术和计算机技术，能够短时间内迅速获取目标对象的立体形状、图案颜色、表面反照率等信息，再利用计算机系统进行三维重建计算，从而创建出与目标对象相同的三维数字立体模型。美国斯坦福大学开展的"数字化米开朗基罗"项目就是利用三维扫描技术进行文物保存的典型案例，为三维扫描技术应用于非遗项目开拓了道路。

数据库的应用。数据库系统是以数据结构形态来组织、保存和管理数据的，其基本架构包括三个层面：物理数据层、概念数据层和应用数据层。非遗数据库建设作为数字化保护工作中最为基础且应用最为广泛的方式之一，首先需要对各种非遗资源的相关信息进行数字化采集，然后将所采集的内容作为原始数据进行加工处理并分类存储，接着对前期采集的数字资料建设有关位串、字符和数字并在数据库中形成有效链接，这样人们在计算机软件系统或者数据库前端展示平台等用户数据层可以享受数字化的搜索、浏览、下载、分享等服务。从我国十分重视非遗保护工作开始，中国以及各地都陆续建立了相关非遗数据库系统，如"国家非物质文化遗产网""云南省非物质财产保存网""嘉兴市非物质文化遗产名录数据库"等。

（二）数字修复与再现技术

非遗所具有的典型特点导致其保护与传承过程极其依附原有的生存环境，但是经济建设的快速发展以及城镇化建设的推进造成非遗所依赖的生存环境发生了根本性改变，以至于很多宝贵的非遗资源的原材料、手工技艺丢失，使其不再具备完整性，甚至完全消失，这无疑是令人痛心的。数字修复与再现技术的发展为濒临消亡以及已经消亡的非遗继续世代传承提供了支持，打破了非遗保护的时间与空间限制。

1.3D 打印技术的应用

三 D 打印机技术始于 20 世纪 90 年代，属高速成形工艺之一。是以建立数字模型为基础，采用光固化方法以及纸层叠方法，利用 3D 打印设备对其中的可黏合材料（粉末状金属材料或者 ABS 塑料等）逐层印刷，从而构建出的物品。3D 打印机的原理和现在人们常用普通打印机的操作原理毫无二致，都需要连接计算机系统才可进行打印工作，但两者的不同之处在于：普通打印机内部所用材料为纸张和墨水，打印成型的作品是二维平面的；3D 打印机内部所用材料为可黏合材料这种实打实的原材料，打印成型的作品为三维立体的。3D 打印技术在发展之初主要用于打印工业设计等行业的产品模型，随着该项数字技术的发展进步，其所应用的行业也越来越宽泛。3D 打印技术在文化遗产方面的应用越来越多，对于那些已经不具备完整性或者已经消失的文化遗产，可以通过 3D 打印技术进行修复与还原，如：重庆市大足石刻景区在千手观音主尊修复工程中首次引入 3D 打印技术，打印模型主要用于主尊像的形态修复。在非遗应用方面，2016年举办的非遗展示会上，一台 3D 打印机与皮影的结合引起人们的格外关注，此次展会上的皮影是用 PLA 塑料通过 3D 打印机打印出来的，现代科技与非遗的完美结合颠覆了人们的以往认知。

2. 虚拟现实与增强现实技术的应用

虚拟现实科技即 VR 技术（Virtual Reality），是由电脑制作的一种拥有交互性和动态性三维效应的完全虚拟世界，玩家只需要戴上虚拟现实的钢盔屏幕就可以得到"沉浸式"的感受；同时参加者可以获得视野、听力、嗅觉等多重感官感受，如同身临其境。该技术强调使用者完全沉浸于计算机所生成的信息空间中，一般需要给参与者佩戴沉浸式头盔显示器从而将参与者完全隔离于真实世界，用户可以在计算机虚拟出的环境中进行各种真实的动作。

VR 产品所具备的多感知度、沉浸感、交互式、想象性四个特征使其广泛应用于各个领域。增强现实技术即 AR 技术（Augmented Reality），是在 VR 技术基础上发展起来的数字技术。AR 科技是新兴的人机交互科技，它透过把由计算机技术产生、真实世界中不存在的虚拟现实内容，利用适当的辅助装置叠加在同现实环境、与实际情况相一致的场景或空间里，从而实现了在三维空间中加入一定的虚拟现实对象，从而起到了强化虚拟现实的作用，让使用者有了一个超现实的体验与感受，也反映出了以人为本的精神思想。典型的 AR 设备虽然不要求使用者佩戴头盔显示器，但与 VR 上的沉浸型头盔区别在于，与 AR 设备配合佩戴的透视型头盔显示屏使消费者在观察虚拟现实对象的同时还可以观察实际出现的外部环境。VR 和 AR 科技运用于非遗不但能够跨越时代界线、回溯过去，突破非遗保留区域上的限制，同时能够使非遗"走出"历史区，突破非遗保留空间上的限制。目前，这两项技术在文化遗产方面应用广泛，中国就有比较典型的案例。

20 世纪 90 年代初期，时任中国敦煌研究所主任的樊锦诗首先明确提出"数码敦煌"概念并付诸实施，内容中包含了 2014 年投资的、专门介绍中国石窟美术的高清视频电影《梦幻佛宫》。在电影放映的二十余分钟时光内，参观者只需要坐在环球式影院舒适的座位上，借助眼睛和脸部的方式就可以见到精致的造像、华丽的绘画。因为在其创作进行的过程中运用了虚拟现实、增强现实和交互虚拟现实等的手段，旅游者可以在欣赏的过程中有一个身临其境的感觉感受。就这样，旅游者在莫高窟石窟内旅游时间的缩短不但对窟内绘画、雕刻艺术的保存大有裨益，同时也使旅游者对敦煌美术有了一个更加完整、生动和深入的认识、感受。

3. 数字展示与传播技术

第二章 非物质文化遗产的保护

传承人保护这个中国历史最久远的非遗传播媒介，具有其他方法所不可相比的作用。目前，我国乃至各地方都成立了继承人名录，继承人在非遗展示和宣传方面获得了来自政府部门和群众的精神保障与经济保障。然而即便如此，年轻一代大都对非遗没有热情或是了解不够，这在相当层面上限制着他们投入其间，且当代继承人多年事已高，对非遗继承心有余而力不足，导致不少非遗的展示与传播受到了直接阻碍。另外，保护与展示作为相矛盾的两面，过分展示可能会造成无法复原的破坏，如若因为保护而不展示于人就失去非遗存在的价值。数字化技术的飞速发展可以有效解决上述存在的问题，数字化展示与传播技术成为保护非遗的重要手段。

（1）博物馆数字化的应用

博物馆数字化，是指将各种数字技术（如虚拟现实技术、自动控制技术等）应用于实体博物馆的方方面面。博物馆数字化的优势在于，一方面弥补了传统博物馆中展品不能完全展示或者即使展示出来游客也只能看到部分的缺点，博物馆中融入数字技术可以很好地解决展示中存在的问题；另一方面，传统博物馆缺乏趣味性，单调沉闷的氛围难以取悦游客，游客们走马观花式的参观模式不能使非遗得到很好的传播，这并不是博物馆开馆的初衷，数字化技术的趣味性、交互性等特点更容易吸引游客，使游客可以更加深入地了解非遗。陕西数字博物馆实体体验厅在经过近八月的开发和探索之后，已于2016年2月3日全面免费开放，分为五大区域：第一展区参观者可使用手机APP，在78英寸弧形屏上进行体验交互；第二展区参观者可通过身体活动与系统交流，并跟随陕西文物知识地图参观古村落、古民居等；第三展区有一个2×6m的触摸互动拼屏；第四展区游客可以互动留言、留影；第五展区游客可以阅读全省博物馆出版的纸质图书。

（2）人工智能的应用

人工智能（AI）一词最先是在1956年DARTMOUTH学会上明确提出的，是现代电脑科技的重要分支之一，是指探索、发展和模拟、发展和推广关于人的智力的概念、方法、技巧和运用技术的一种崭新的技术方法。简而言之，人工智能就是研究如何利用计算机去完成以往只有人类才能实施的工作。随着其理论与技术日趋成熟，应用领域与范围不断扩大，也给非遗保护带来了新的机遇。2018年9月7日首次在上海展览中心举办的"2018上海国际茶业展"上，全球首款智能茶壶茶密T-master大师壶现场展示用AI挑战非遗大师的泡茶技术。T-master产品在软硬件的研发过程中，特别邀请了茶文化大师的参与指导，融入了大师们深厚的茶学功力和泡茶技巧，故T-master可以智能还原非遗大师的泡茶技艺，让中国的传统茶文化被世界各地人们了解。

三、非物质文化遗产数字化保护策略的完善

（一）提高群众保护意识

非遗保护工作需要整个社会、全民族的共同参与，只有提高全民族的文化自觉意识，引起全社会的强烈重视，才可以使非遗保护事业更好地进行，才能实现文化自信。数字化手段非遗保护的最新技术手段，对普通群众而言已经相对陌生，所以增强社会大众对非遗数字化保护的认知，也变得十分必要。

第一，各部门必须广泛宣传非遗数字化保存的优势。数字化技术运用到非遗之前，非遗因为地域性的文化特征而被限制在遗产区，不容易被人所了解，但数字化技术的运用使得非遗被更多人所了解，因此在宣传中可以将这些数字化成果以及其中的优势用文字或者图片等进行生动详细的描述，然后通过一些宣传渠道进行大力宣传。现如今宣传方式多种多样，不仅可以通过广播电视、报纸期刊等传统的方式进行宣传，而且随着互联网时代的到来，信息更新速度极快，人人都可以成为传播者，文化宣传也理应跟随脚步，利用网络媒体宣传非遗数字化。随着各地推广力度加强和推广区域拓展，非遗数字化保护的巨大价值会越来越被民众所理解，进而促使民众自发参与非遗数字化保护队伍。

第二，各部门可举办免费的非遗数字化成果展。让非遗数字化研究成果以展现的形态进入人民的生活，使人民能够看得到、摸得着，真正感受非遗数字化所产生的巨大变化。2018年4月22日在福州市召开了第一届数位国家建设工程高峰论坛，福建博物馆的"海洋丝绸之路数字文化廊道"吸引了许多观光者的目光，电子交互屏展现了多姿多彩的文物保护研究资料，游人还能够轻触显示屏让其提供讲解相关文物信息；佰路得公司的"魔墙"可供众多游人同时实现检索、观看和下载等功能；另外还有海洋丝路文化建设资讯平台、数位文化资源、文物地理信息、文化交流合作、数码非遗体验五个业务板块综合了多个科技应用，涉及动态图文、VR/AR科技、裸眼3D大屏等，给参观者带来了与以往展览不一样的体验感，在极具趣味性、娱乐性的环境中学到了很多知识，切实感受到文化与数字化技术结合的魅力。各地政府可以借鉴已经举办成功的非遗数字化成果展，结合当地的实际情况开展相关展览，让更多的群众认识、了解、支持甚至参与到非遗数字化保护工作。

（二）加快法律制度建构

第一，加快立法进程。非遗数字化是以非遗为基础发展起来的，旨在促进非遗保护与传承的一种手段。要想有效解决非遗数字化中产生的问题，首先应解决非遗相关法律问题。目前中国现行法律制度中并没有针对非遗制定特定的法律保护模式，运用知识产权法进行保护致使很多非遗并没有纳入保护范围，且保护过程中采用何种知识产权模式也存在争议。非遗数字化是新的保护方式，其意义不

言而喻，但是对于没有司法保障护航下的非遗数字化保护的事业开展却存在着很大的困难，特别是数字化产品的著作权纠纷问题严重干扰着非遗数字化的事业发展，因此，政府必须推进非遗、非遗数字化和非遗数字化的产品及相关领域著作权纠纷的相应立法。

第二，健全司法机制。司法是处理争议的主要方式，是法制系统中至关重要的组成部分，在非遗和非遗数字化维护方面同样适用。我国在专利保护模式中形成政府保障和司法保障双管齐下的"双轨制"保护模式，为中国知识产权保护事业作出了巨大贡献，与此同时，一系列的问题随之出现。面对日益凸显的弊端，应当注重发挥司法在知识产权保护中的指导作用。非遗采用知识产权保护模式过程中同样涉及相同的问题。一方面，非遗从本质上来说是一种私权，其属性决定在行使其权力时遵循"私法自治"基本原则，司法机关在权利人受到侵害寻求救济时才发挥作用正是"私法自治"原则的体现。另一方面，对于非遗以及非遗数字化当前主要依靠行政机关的力量进行保护的弊端在于行政管理与执法融为一体，行政机关权力滥用等影响法律秩序；此时司法机制的公正性裁判、透明化执法优势明显。2011年12月20日最高人民检察院出台《有关发挥专利审查功能影响推进社会主义文化大发展大繁荣和促进经济自由和谐发展几个方面的若干意见》首次明确提出非遗司法保障政策，司法保障起步较晚，故必须完善司法制度，以各种技术手段为导向推进非遗和非遗网络更大的蓬勃发展。

（三）规范行政机关行为

目前，中国的非遗保护重点采取公权防控方式，即政府保护。非遗行政保护的主体是具备行政管辖或者执行权力的地方各级文化主管部门，而非遗行政保护的责任对象则是文化行政管理相对人及其有关权利人，因此非遗行政保护的任务重点是在遵守法律规定权限的基础上，依职责范围和原则根据有关权利人的申报，按照有关要求重新认定非遗传承人，并对有关的非遗项目作出研究、确认和登记，从而将该非遗纳入保护名单，除此之外还对违法侵权行为进行制裁。非遗以及非遗数字化的公共属性需要行政机关的适当介入，这样也可弥补非遗司法保护中存在的缺陷问题。但对于其在非遗以及非遗数字化工作中多头管理，管理与执法一体化等问题不可回避，应当规范行政机关行为，最大程度上发挥出行政机关的作用。

第一，明确行政机关在非遗行政保护过程中的原则。非遗本身所具有的知识产权属性导致其与数字化技术的结合会涉及更多的利益分配问题，而此时就需要中国非遗行政主管部门加强行政执法工作，发挥出积极作用，及时有效地制止相关侵权行为以及侵权行为所带来的严重后果。但是，在这一过程中，政府的这种干预需要坚持合理、适度原则，不能超过其职权范围。

第二，建立信息共享平台。各级文化主管部门可以联合建立非遗行政保护信息平台，该平台可以实现信息共享，将情况及时进行通报，各个部门就可以看到各非遗所在地区发生的相关案件情况，这样可以警示其他地区的相关部门规范自身的执法行为、加大自身的执法力度。

第三，建立有效的内部规制和监督机制。非遗行政机关执法部门应该明确其职责范围，明晰执法依据，落实非遗行政执法责任制以及非遗行政执法的考核制度；此外，还要加强内部监督机制，为避免内部监督只是一种形式，可以引入社会监督，广泛收集公众的意见，可以很好地监督行政机关的行为。

（四）注重人才队伍建设

中国作为非遗资源大国，非遗资源数量巨大，内涵丰富，如古老的剧种昆曲、古琴艺术、具有活化石之称的中国雕版印刷技艺等，这些非遗资源都是一代代人的智慧结晶，蕴藏着极为丰富的知识，因此对于人才队伍具有极高的要求，如果缺乏专业人士认识、熟悉、理解、传承这些非遗，必定会使它们被世人所遗忘和舍弃，慢慢地在现代社会消亡。非遗数字化维护是一个复杂工程，必须对许多知识要进行熟悉与把握，除必须对非遗有充分的认识之外，还必须了解数字化技术，使得非遗数字化对人才队伍有更多的要求。

第一，成立专业的非遗数字化维护队伍，汇聚各领域的资源。陕西的西安美术学院有一群致力于研究非遗的人员组织成了一个社会团体——"陕西省非物质文化遗产研究会"，这个研究会主要研究如何用更好的方法和措施来保护与传承非遗，其中所使用的方法就包括非遗数字化保护。政府部门非遗数字化工作的主要领导部门，也应该参考这些经验，组建专业的非遗数字化工作的领导机构，并同时招募相关领域的研究人员，或者组建专门的团队开展非遗数字化保护工作。数字化保护工作涉及多个环节，如认知非遗、数据采集、资料整理、后期管理等等环节，由此可见非遗数字化保护涉及多方面的知识内容，如非遗知识、数字化知识、管理类知识、历史知识、文学知识等，而现阶段的人才不可能同时具备所有的知识储备，所以该部门需要集结数字化保护工作开展过程中各环节各方面所需要的人才，并将他们进行合理化的分工合作，这样才能更好地推进非遗数字化。

第二，国家应增设培养非遗数字化复合型人才的培训学校，并加强师资队伍建设。中国非遗教育尚处于起步阶段，更别说既懂非遗又懂数字化技术复合型人才的教育，此项工作是否能够成功取决于各级政府是否重视以及重视程度如何。目前的非遗教学单纯依靠普通高等院校的普及性课程是远远不够的，因为非遗本身涵盖范围广阔、内涵丰厚，涉及音乐学、社会学、历史学、工学、管理学等各种学科知识；而随着数字化技术的日益发达，许多数字化手段也已经应用和正在运用非遗的项目中,如图像处理信息技术、计算机信息技术、虚拟现实信息技术等。所以说,非遗知识与数字化技术都具有较强的专业性,非遗数字化后更是需要专门的人才进行管理,因此各级政府部门可以牵头,整合各类资源建设专门研究非遗数字化保护的培训学校,将非遗知识、数字化技术和管理学等作为主要研究课程;另外,人才的培养离不开优秀的教师团队,该教师团队应该由懂非遗的传承人、懂数字化技术和懂管理的专家组成,并配备完善的教学设备,只有这样才可以将非遗数字化教育事业逐渐转变为正式的教育形式,为非遗数字化保护培养优秀复合型人才。除了培养新人外,现在在文化机构服务人员的专业素养也需要提升,可以让学校开展一些培训课程或者工作人员进入学校进行继续教育,通过不断学习提高非遗保护工作从业人员的工作能力,更好地开展非遗数字化保护工作。

第三,国家应大力扶持专业人才学习发达国家的数字化技术。在数字化技术发展方面,发达国家明显走在中国前列,针对此种情况中国有必要支持专业人才去学习并引进国外的先进技术应用于非遗保护工作,有关政府部门需要建立专门的机制配合此项工作,主要包括经费设置以及走出国门人才的选拔条件两个方面。在经费方面,可以尝试设置非遗数字化保护的专项资金,其中一部分用于支持人才走出国门学习国外的先进技术;在选拔条件方面,可以通过笔试考试与面试考试相结合的综合形式进行选拔,考试不仅应该涉及非遗相关知识、数字化技术、管理学等内容,在语言能力方面也应该有所要求。

第四,国家建立非遗数字化人才评价与激励机制。有效的评价与激励机制可以很好地激起专业人才的参与性与积极性,评价机制可以从工作能力、业绩以及思想品德几个方面进行综合考核与评价,对于达到考核标准的人才以及团体应当给予适当的奖励进行激励,可以从精神奖励与物质奖励两方面同时入手,通过这些奖励不仅可以留住优质人才作出贡献,还可以吸引优质人才的加入。

(五)引导有关机构加入数字化的行列

目前,中国非遗信息数字化维护工作是由政府部门领导的,在实施工作过程中人力、物力、财力均面临着很多挑战,要想克服上述问题仅仅凭借政府部门的能力是远远不够的,所以政府部门必须采取措施吸纳更多组织机构参与非遗信息数字化维护工作队伍,尤其是要充分发挥中小企业和高等院校的积极作用,这不但可以拓宽非遗信息数字化维护工作的资金来源途径,还能够促进非遗信息数字化维护工作的进程。

近年来,随着国家对非遗保护工作的日益重视,越来越多的企业尤其是一些实力雄厚的企业开始关注非遗的保护与发展工作,有的是出于企业所承担的社会责任,有的是借此发展企业战略,有的是为了企业的效益等。但无论出于何种目的，企业的参与是非遗保护工作的一股特殊力量，都在一定程度上对非遗保护工作的开展起到了积极作用。佳能（国内）公司（下面又称佳能）作为较早参与非遗保护工作，是较早运用数字化科技助力非遗保护的公司，早在2009年就开启了"影像公益"文化保护项目，该工程有专业人士组成的团队、先进的摄影摄像技术设备、精良的摄影摄像工艺，用了三年时光完整记载了羌族、苗族、白族、傣族、彝族等五个少数民族的15项"全国级非遗名录"工程，其中的意义不仅在于保存了完整的数据资料，更是让民众通过这些影像、图片认识和了解非遗，甚至于关注并参与非遗数字化保护工作。

为适应"一带一路"倡议的文化发展先行理念，佳能于2014年启动了"佳能摄影发现丝路之美"文化保护工程项目，其目的在于用摄影的方式对"一带一路"沿途省市的文化遗产进行记录、创作，为中国的文化交流研究事业贡献力量，并将这些影响进行宣传唤起公众的文化保护意识。佳能在2018年，被中国社会科学院企业社会责任研发管理中心评为2017年度中国"十大公益中小企业"的荣誉称号，佳能对于此称号当之无愧。然而，并不是所有的企业都如佳能一样有雄厚的实力为非遗数字化保护工作开展诸如此类公益事业，并且非遗种类繁多，针对不同的非遗类别需要采用不同的数字化技术进行保护与传承，除了鼓励企业对非遗数字化项目直接给予资金资助，募集社会资金之外，也可以采取措施鼓励更多研发数字化技术的企业参与非遗数字化保护工作，这样在开展相关非遗数字化项目时可以减少有关数字化技术的资金投入，可以说是从侧面扩大了资金来源。企业作为营利性组织，各项决策都得考虑是否能够为企业带来效益以及带来多大的效益。

首先，政府部门应当建立合理的鼓励措施，对从事非遗数字化保存项目的公司予以税费优惠政策和予以相应的财政补助；然后，政府部门可以帮助各大企业开展相关的企业宣传活动，为企业带来更多的宣传信息；最后，政府部门还需要帮助企业了解到非遗所蕴含的商业价值及其所能够给客户提供的效益，对非遗的数字化技术的研究和运用，从而起到保护与传承非遗的作用，在非遗与企业的过程中，由于非遗具有知识产权属性，因此非遗拥有者与企业合作要注重保护其知识产权，还应该在合作之初约定好利益分配问题，以免日后引起不必要的利益冲突。除了鼓励企业参与非遗数字化保护工作以外，高校作为优秀人才的聚集地，如果有更多的高校能够参与此项工作，必然能够推进非遗数字化保护工作的进程。邬阿达作为打莲湘的非遗传承人如今已有70多岁，其学徒并没有专门学习这门技艺，还从事有其他的工作，这就导致了该项技艺传承的危险性。2017年，浙江海洋大学人文学院、教育培训研究院海洋与非遗数字化建设研究团队在孙靓老师的领导下，向邬阿达了解打莲湘的历史发展，并学习了打莲湘的十四招式，这些过程被全程摄影记录下来，并通过互联网传播出去，让更多的人知道了打莲

第二章 非物质文化遗产的保护

湘。另外,该集团还提出了打造世界非遗 APP 的想法,并获得了社会各界的支持。该团队为非遗数字化保护所做出的贡献值得肯定,也为其他高校做了榜样。那么如何让更多高校老师与同学参与其中呢?各大高校应鼓励与大力支持老师与同学申请非遗数字化相关的项目,并对于参与项目人员适当发放一些补助。此外,政府部门也可与企业、院校等机构共同开展合作,联动各方力量、合理运用社会资本实施非遗数字化保护项目。例如,由九通音像出版社出资,湖北非遗保护管理中心协同九通音像出版社与华中师范大学对湖北六十多个非遗项目进行收集和记录,并最后产生了十二集纪录片——《荆楚国家级非物质文化遗产》。

（六）支持数字化资源转化为产业资源

中国非遗资源丰富,单纯依靠政府财政预算或者社会资金等进行保护是不现实的,非遗本身所具有的商品经济属性决定了对非遗资源进行生产性保护是十分必要的。所谓产品性保护,实际上是在保护非遗真实感与整体的基石上,通过制作、交易、营销等的方式,把非遗资产转换为其他商品的一种保护方式。数字化技术为非遗资源提供了全新的文化表达形式和表达途径,通过数字化技术对非遗资源进行编码存储,建立非遗数字化资源库,并将这些资源信息作为基础,以市场需求为导向,在保持非遗资源原真性的原则下对非遗知识再生产和再创造,将其转化为能够在市场上自由流通的文化产品。这样不仅能够保证非遗得到有效保护,还可以更好地实现将非遗资源的文化价值转化为产业价值。陕西丝路非遗科技有限公司,是将非遗科技投资与产品研发和生产非遗数字化产品做得非常好的一个企业,所建立的非遗文化产业传播和市场综合服务平台,极大地促进了中国非遗资本和市场资源的有效整合。

从文化旅游产业来看,旅游业与文化的融合是旅游行业的发展趋势,足不出户的网络文化旅游更是为旅游带来了极大的便利。非遗与旅游产业的结合主要体现在两个方面:一是继续推动传统意义上非遗旅游的数字化,使得旅行过程更加便利和舒适;二是利用数字化技术与非遗资源的结合,建立虚拟的旅游世界,为旅游业附加新的内涵和价值,彻底改变传统的旅游模式。从数字游戏产业来看,将文化的内容贯穿于游戏之中,对于游戏本身除了能够提升游戏的品质与内涵之外,还是游戏企业新的消费热点与商业盈利点,对于文化本身有利于其传播。网络游戏的关注人群大多为年轻一辈,而年轻人又是中华文化保存和传播的主体,所以,非遗和网络游戏的融合有助于带动年轻一辈认识非遗、了解非遗、维护非遗。非遗数字化可以与文化创意产业、文化旅游行业、数字游戏产业等产业形成有效的结合,使特有的非遗资源转化为产业资源,加快非遗数字化保护进程的同时,创造出更多的经济和社会效益。因此,政府部门应大力支持非遗数字资源转化为产业资源。

（七）建立传承人和拥有者参与制度

非遗作为中华优秀传统文化中的珍贵资源，是我们坚定文化自信的重要载体。非遗传承人和拥有者在非遗代代相传过程中心无旁骛、默默无闻地付出汗水与心血，并不断创新发展，在非遗保护中发挥着无可替代的作用。第一，他们在传播流程中起着承上启下的关键作用，掌握了非遗各门类的文化传承、技术等，非遗资源的承载者与传播者。第二，他们在不断创新发展非遗的过程中不仅能够保持非遗的活态性，更能保持非遗的原真性。随着时代的发展，非遗保护需要数字化技术的参与，而文化与技术的协调问题需要非遗传承人和拥有者的参与。但是目前在大多数非遗数字化保护项目中，传承人和拥有者在数字化创造过程中没有话语权，无法表达自己的见解，数字化技术人员对于非遗的浅显理解导致部分非遗在数字化过程中未能充分表达其内涵，原有的非遗变了味道；而且非遗数字化对于非遗传承人和拥有者来说不过是发生在社区生活的事情，他们的参与可以使数字化保护与日常生活结合起来，最终与地方所传达的文化相融合。

所以，在中国必须形成有效的非遗传承人和所有者的非遗电子化机制，我们应该把文化人类学中的"参与式发展理论"应用到非遗电子化，明确提出"积极参与式电子化保护"的概念，以赋予非遗传承人与所有者在非遗数字化生产和研究环境中，表现自己对非遗理解的能力，并全面、全过程参与发展过程。自20世纪80年代，将参与式发展应用于非遗数字化保护所形成的"参与式数字化保护"。非遗传承人与拥有者可以以主体的身份介入非遗数字化过程，将所掌握的地方性知识和文化技能融入数字化保护。

第三章 地方非遗文化育人实践研究案例

第一节 地方非遗文化进校园育人案例
第二节 地方非遗文化融入学科教学育人案例

第三章 地方非遗文化育人实践研究案例
第一节 地方非遗文化进校园育人案例
一、全国各地非遗文化进校园活动开展现状
（一）非遗进校园在各地区开展状况

2018年，无锡市教育局面向全市中小学学生发起了"心头上的乡韵"传承活动，引导孩子们发掘家乡的优秀文化传统，通过学习体验、动手制作非物质文化遗产项目和产品，争做非遗传承的"小达人"。项目包括剪纸、面塑、陶艺等。2018年4月，上海闵行区文莱实验学校化身非遗手造大市集，开展了"兴致盎然学""动手动脑做""欢天喜地玩"和"津津有味品"四大板块的100门"非遗"课程，学生可以跟随非遗手工艺人一起做皮影、学剪纸、印蓝染，切身体会非遗制作的乐趣。2018年，上海闵行区在上海闵行区文莱实验学校举办中华优秀传统文化教育推进会，70多所学校负责人、100多所学校校长和师生，共计1800多人参加活动。2018年6月，江山市重点推出"我和'非遗'有个约会"文化生态行走进校园系列活动，民间坐唱班、道情、快板书、廿八都木偶戏、唢呐独奏、二胡独奏、琴箫合奏以及学生的现场弹唱表演等丰富多彩的节目轮番上阵，通过群众喜闻乐见、参与性强的"非遗"项目展示展演，让青少年学生了解"非遗"，大力发挥非遗文化在丰富青少年文化生活和构建文明学校中的作用。该系列活动已开展2场，吸引广大学生、家长等1500多人次参与。2017年6月，北京市西城区举办非遗进校园推进会，拟定未来三年非遗进校园活动计划，旨在让优秀传统文化得到进一步传承与弘扬。2017年8月，海淀区非遗办召开"非遗进校园"相关制度建设会议，就海淀区"非遗进校园"相关制度建设和执行发展进行探讨。2018年，北京市发布了《北京市非物质文化遗产条例》，表示支持非遗传承人与各高校合作，促进文化传承。从上面各地新闻报道的资料来看，非遗文化活动在中国各地中小学中广泛地开展和进行着。

（二）校园内活动开展形式

目前，各地小学开展非遗进校园活动的主要方式包括纳入课堂教育与举办相关活动两种形式。无锡市夹城里小学有自己的校本教材《锡剧简明读本》，除了利用音乐科普及锡剧艺术外，还组建不同层次的兴趣小组，为热爱锡剧的孩子搭建更广阔的平台。2018年10月，东莞市非遗项目莞城龙形拳、莞城花灯制作技艺分别在莞城中心小学和莞城阮涌小学开启本学期首堂课程教学。其中，莞城文化服务中心积极与学校紧密合作，共同推进"非遗进校园"项目。本次"非遗进校园"项目由学校根据自己的实际需求，有针对性地将非遗项目引进学校，并与学校第二课堂相结合，由非遗传承人每周到学校对学生进行长期授课，让学生在

学习中感受非遗的独特魅力。北京多数小学把非遗文化的相关课程纳入了课后三点半课堂。以北京市丰台区东铁匠营二小为例，该校开设的非遗课程包括面塑、吉祥图案绘制、书法等，北京市西城区的外国语附属小学的课后三点半的课程开设包括讲解二十四节气，在寒食节做活动，让同学给父母献爱心、品尝食物，教学生制作中国结等。不定期利用校班会时间，到北京周边学习山东、山西等地的地方文化，让学生了解非遗文化、体会非遗文化的传承。

（三）校园外活动推动形式

在校外，各地区政府还通过举办相关展览活动，让学生亲身参与体验非遗技艺，来促进非遗进校园活动的展开。2017年12月，华东理工大学附属小学开展了"非遗进校园"为主题的游园活动，现场教学面塑、剪纸、灯彩、杨氏太极。徐汇区非遗办负责人金志红说："通过'小传人'现场当'小老师'，让非遗的文脉传承下去。"江苏无锡市教育局发起了"心头上的乡韵"传承活动。北京中关村一小、长辛店中心小学、西屯中心小学等中小学把各自学校开展的非遗文化传承活动成果进行了展览和介绍。2018年6月，中国农展馆展示了鲁绣、面塑、石影雕、京剧脸谱等非遗保护工作的相关成果，馆内设置许多供参观者体验的互动活动，很多学生对这些活动表现出了浓厚的兴趣。

二、地方非遗文化进北京校园育人案例

（一）非遗文化在北京市小学传承中存在的问题

1. 非遗文化进校园的师资问题

非遗文化在全国各地小学中开展得如火如荼，但很多学校很难自主开展非遗文化进校园活动，需要从校外聘请老师进行授课，究其原因是由于学校内部没有师资。例如，北京市丰台区的东铁匠营二小所开设的面塑课，每班需要一名面塑传承人主讲，而这个班同时需要五至六名教师进行辅导。北京的前门小学、团结湖小学及西城外国语附属小学引入非遗文化基本依靠非遗传人，校内没有自己的师资力量可以担负相关活动的教授。校内教师只擅长专业课知识，没有教授学生非遗技艺的能力，而校外外聘的非遗传承人并不擅长课堂教学。非遗项目传承人少，大多年老，难以长时间投身学校教学，没有受过专业训练，缺乏针对性。

2. 非遗文化进校园的内容选择

各地小学在非遗文化进校园中，对于非遗项目与小学生的适合度没有衡量。北京丰台区东铁匠营二小选择绘制青铜器纹饰和金文书写作为非遗教学内容。但青铜器图案及金文对于小学生来说，难认识、难理解，并且没有长远的意义和价值，对非遗文化的传承起不到有效的推动作用。有的学校把面塑、风筝制作和地域美食制作等作为教学内容，学生则表现出较高的积极性，班主任教师评述活动既开阔学生的想象力，又提高学生的动手能力，还能让学生对所接触的非遗文化进行更深入的了解，帮助学生对非遗产生兴趣，为非遗传承奠定坚实基础。

（二）非遗文化在北京市小学传承中出现的问题解决措施

1. 师资问题的解决方法

基于上述师资问题，培养出校园内部非遗相关课程的师资是解决问题的最好方法。如果学校拥有自己的师资力量，则不需要外聘传人授课，非遗进校园的方针能够在校园中持续发展下去，真正意义上对非遗文化的传承起到作用。中国一些师范类高校已开始了对师范生非遗文化的培养。如泉州师范学院于2003年就将中国民间乐种引入教学，培养学生相关音乐技能，传承地方民族文化。2014年，北京联合大学师范学院开始对师范生进行面塑技艺的课程培训。师范生掌握面塑的技巧和方法，以"高参小"的形式进入小学协助传承人授课，逐步过渡到独立授课。目前该校已经进入深度拓展，通过课程设置和学校社团等形式对学生进行专门、持续的培训。

2. 进校园的非遗文化选择的解决方法

对适宜在校园推广的非遗项目，应建立标准化、系统化的教学教案。在非遗文化课程进入校园之前，教师应对课程内容进行深入调查研究和思考，选择适合小学生学习的非遗文化。是否适合学生应从三方面进行考虑：一是学生是否能对课程内容产生兴趣；二是课程内容是否对学生的成长发展具有长远的价值意义；三是课程内容是否能够对非遗文化的传承起到一定程度上的推动作用。以画脸谱这项非遗项目为例，京剧脸谱艺术家盛华老师通过北京市高参小学项目，多次受邀进入小学进行脸谱授课，收效甚好。学生对这项活动积极性高，兴趣浓厚。对于小学生来说，画脸谱能够锻炼其集中注意力、提高动手能力、眼与手的协调配合能力，有益于学生未来的发展。

三、鄂南地区非遗文化进校园育人

鄂南位于湖北省的南端，地理位置优越，既有悠久的历史，也有创新的发展。这片土地诞生了许多优秀的文化，如嫦娥文化、古瑶文化、三国文化、茶马文化、咸宁向阳湖文化等，其中通山山歌有千年历史，嘉鱼鸣嘟发源于三国东吴时期、崇阳提琴戏形成于清代中晚期，都有着悠久的历史，是当地人民的精神家园。鄂南民间音乐舞蹈文化打造了鄂南文化的历史标识，促进当地生产力提升，提供人们情感交流载体，为当地人民茶余饭后添加了很多色彩。崇阳提琴戏、通山山鼓、山歌、神歌及嘉鱼鸣嘟、赤壁脚盆鼓等被纳入国家级或省级非物质文化遗产名录中，是湖北省及咸宁市民间音乐舞蹈文化的优秀代表。

第三章 地方非遗文化育人实践研究案例

（一）鄂南地区非遗文化概述

1. 声乐类

（1）通山山歌

通山山歌极具地方特色，其特殊的唱腔和方言展示了当地的风土人情。包括高腔、平腔、急口令、哭腔在内的唱腔总能给人留下深刻的印象。群体自发唱歌或竞赛，一般进行对歌，也叫"盘歌"，这一传统习俗至今尚存。

（2）通山神歌

通山神歌是一种流传了千年的艺术形式，遗存着宗教信仰方面的因素，如今已成为民间音乐中比较特别的形式。神歌的创编对格式要求很高，一般是在七言绝句的基础上进行编曲，因此常给人以一种欣赏诗歌的感觉。

2. 戏曲类

崇阳提琴戏形成于清代中晚期，是流行在鄂南崇阳县、通城县及周边地区的一种特色鲜明的地方性剧种。提琴戏的声腔包括：正腔、杂腔和小调三类。

3. 器乐类

（1）嘉鱼呜嘟

三国东吴时期由簰洲湾牧牛人用泥土制成鱼形泥哨，钻孔吹出"WuDou"之声，已有悠久的历史。呜嘟音色圆润，浑厚悠扬、低沉古朴，音域在3—6（11度）。

（2）通山山鼓

相传"山鼓"在春秋战国时代就广为流传。农民经常用唱山歌敲山鼓来缓解劳累，放松心情，加油打气，"一鼓催三工"指的正是山鼓对劳动生产力的促进作用。依据情形的不同可分为"挖地鼓""挖山鼓"等，在不忙时山民们坐在一起唱山鼓，叫作"山鼓坐唱"。

4. 舞蹈类

（1）通城拍打舞

拍打舞是从明朝末期开始的，在清朝初期达到鼎盛，起源于瑶族。拍打舞就是伴随着通城的俗语歌谣从明朝末期清朝初期开始流传一直到现在，它的舞蹈特点就是表现在打节拍。

（2）赤壁脚盆鼓舞

脚盆鼓形状像脚盆，鼓面通常是由牛皮蒙制，并通过绘画进行装饰，画面可分为阴阳八卦、飞禽走兽等内容。常常可以在祭祀活动、游艺活动、地方生活习俗活动中，以鼓点来跳舞。

（二）鄂南地区非遗文化的艺术特点

大众娱乐性。 鄂南地区民间音乐舞蹈起源于人们的生产、生活等"自然生态"，表现的都是日常生活、劳动场景和喜怒哀乐情感。经过历史的沉淀、博采众家之长，现在逐渐在更大范围内流行开来，成为人们喜闻乐见的文化艺术精品。鄂南地区民间音乐舞蹈戏曲文化内容来源于鄂南大地，根植于人民大众，维系着一方百姓精神寄托，因此它具有娱乐性和大众性。

即兴表演性。 鄂南地区人民敦厚质朴，情感表达或直抒胸臆，或含蓄哲理，民间音乐往往具有即兴性，舞蹈在动作上的演绎常常不会循规蹈矩，只保证舞蹈在韵律、节奏、脚步和姿势上大致相仿，表演者可对其余的部分进行自由发挥，融入自己的情感，在原来的舞蹈上进行创新。

文化价值高。 鄂南地区民间音乐舞蹈起源于民间，且它的发展依赖于这片土地，因此区域性、时代性、社会性、民族性特色鲜明。区域性主要体现在鄂南民歌、戏曲都用地方方言演唱，鄂南话属赣语系的代表方言，每个县都有自己的方言，自成一体，迥然有别，"山歌不出乡，各是各的腔"，就是说的这种特征；时代性主要体现在故事性、叙事性诗歌和戏曲，成就了鄂南"中国叙事长诗之乡"美誉；社会性表现在音乐舞蹈有知识传授，如《十字歌》传授历史知识、《十月怀胎》传授生理知识、《字谜歌》传授文学知识、《劝春》传授时令节气知识等，还有对旧社会的控诉、对新制度新时代的赞美；民族性体现在古瑶文化与汉文化长期共存、共同发展，形成了鄂南文化特色，也凸显了鄂南音乐舞蹈文化的特色价值。其中的通山山鼓、通山神歌、通山山歌、提琴戏、嘉鱼呜嘟、赤壁脚盆鼓、通城拍打舞是典型的非物质文化遗产。此类音乐舞蹈作品是中华优秀传统文化中的瑰宝，是艺术史上灿烂的明珠。

寄托情思性。 鄂南地区民间音乐舞蹈从某种程度上说是人们感情上的调节之所、栖息之地。美轮美奂的表演体现出了当地人民渴望通过自己的辛勤劳动，提高生活品质，实现幸福梦想。此外，真挚抒情的歌唱、惟妙惟肖的舞蹈也成为男女之间情感交流、互明心意的媒介。用历史故事、民间传说、婚姻生活、风土人情、生活情趣等丰富的内容来表达人们的情感。

（三）鄂南地区民间音乐舞蹈非遗文化进校园的必要性

中国特色社会主义文化，源自中华民族五千多年文明历史所孕育的中华优秀传统文化，传承和弘扬优秀传统文化已势在必行。非遗课程进校园是弘扬和传承传统文化的重要举措，是培养学生爱国主义精神、实现立德树人的有效途径，对增强学生民族自豪感、责任感，树立文化自信具有不可估量的价值和意义。

文化大国战略布局，精神家园建设不容懈怠。非遗文化有着丰富的民族精神和浓厚的民族特色，中国文化底蕴以此发源，民族精神需要更广泛的发扬，非遗文化也需要大众来传承。鄂南地区民间音乐舞蹈非遗文化不仅仅要在本地区传承光大，成为人们的精神家园、乐园，还应该担任文明的使者，不断走向全国、走向世界舞台，成为国际化文化。要通过学习借鉴国内和世界先进的理论和经验，确定正确的非遗文化保护方针，使鄂南地区民间音乐舞蹈非遗文化的保护传承工作更顺利有效。鄂南地区民间音乐舞蹈非遗文化的内涵，需要挖掘理解，再将新的精神接续传递。最重要的是挖掘非遗文化中的教化功能，明确其对校园文化发展的促进作用，将非遗文化传承下去。要正确看待鄂南地区民间音乐舞蹈非遗文化的作用，重视其对弘扬民族精神的推动能力。非遗文化进入校园，可以带动学生主动学习，对民族文化的传承保护工作有益，使每个学生了解非遗文化，提高学生非遗文化保护意识。

德育美育基础工程，地方政府与高校责无旁贷。重教化、正民风，是地方政府抓教育的重要责任，也是德育、美育的基本任务。非遗文化具有美育功能，也具有德育功能，抓非遗文化传承发展，是夯实德育和美育的基础工程，应该得到地方政府的重视。非遗文化走进校园有利于民间音乐舞蹈非遗文化的保护与传承，各级学校，特别是地方高校要高度重视非遗文化进入校园这项工作，要制定完整可靠的组织体系、工作体系、保障体系和考核体系。在工作开展中，要明确工作的目的、内容、方式、要求等，推动"非遗文化进入校园"工作顺利完成，为鄂南地区民间音乐舞蹈非遗文化的保护和传承打下强有力的基础。

非遗文化价值宝贵，保护和传承已刻不容缓。鄂南地区民间音乐舞蹈非遗文化形式丰富，包括民间文学作品、音乐作品、舞蹈作品以及传统的戏曲等，非物质文化遗产属于中华优秀传统文化范畴，这些民间艺术文化具有极高传承价值。随着时间的推移，部分非物质文化遗产濒临失传，保护和传承非遗文化已刻不容缓。学校自然成了保护和传承非遗文化的重要场所，丰富多彩的非遗文化进入校园可以给学生带来乐趣，重要的是学生可以通过日常接触，进一步深入了解非遗文化的精神内涵，明确其重要性，使鄂南地区民间音乐舞蹈非遗文化得到更好的保护和传承。

（四）鄂南地区民间音乐舞蹈非遗文化进校园的实施途径

1. 鄂南地区民间音乐舞蹈非遗文化进校园的实施措施

提高学校对非遗文化进校园的认识。学校要不断提升对保护非物质文化遗产重要性的认识，让非遗进校园工作得到有效的落实。应当认真学习和贯彻落实《中华人民共和国非物质文化遗产法》。提高对保护和传承非遗文化的意识，这是一项光荣的政治任务。教育部门应积极支持学校，让非遗文化走进课堂，让学生深入了解非遗知识。通过学校官网、公众号、广播等进行宣传，教师和学校应配合营造浓厚的非遗文化氛围，邀请鄂南地区民间音乐舞蹈传承人开展专题讲座，让学生深入了解非遗文化知识。

　　加大非遗文化传习机构和传承人的建设。现阶段，鄂南地区部分民间音乐舞蹈的传承人都进入了老年状态，因此当下最紧急的任务是分门别类设立"非遗传习所"，让非遗文化"安家"。与此同时，加快培养年轻具有活力的新一代传承人去保护和传承鄂南民族音乐舞蹈，要扭转青年人对鄂南地区民间音乐舞蹈认识不足的局面，在学校就让青少年形成传承和保护民间音乐舞蹈的意识。充分发挥学校文化传播的作用，使学校成为继承与弘扬传统文化的有效平台，学校可以邀请优秀的民间艺术表演者和具有一定资质的研究人员，让他们向学生传授传统文化和民间艺术的知识，激发年轻一代的兴趣，使学生畅游在非遗艺术的海洋中，在民间艺术家和研究人员的带领下，一步一个脚印追根溯源，在潜移默化的熏陶之中，爱上民间音乐舞蹈。

　　对教师队伍进行专业的非遗知识培训。对教师进行专业理论和实践操作的训练，可以借助各级非遗研究专家、非遗传承人、非遗中心工作人员的力量，使得教师先获得系统性的学习，进而强化学校非遗教师的教学能力，从而保证学生们接触的非遗知识具有正确性、科学性，同时还富有深刻的内涵。

　　将非遗课程列入必修课程，修订非遗教材。教师要编写非遗教材，还要将非遗课程列入学校的必修课程，让学生能系统地学习非遗知识。

　　加强对学校非遗工作的考核。文化部门要对学校非物质文化遗产工作进行考核，要和教育部门合作把非物质文化遗产走进学校的工作列入日常工作考核中，从体制方面确保这个项目成功进行。对非遗工作作出重大贡献的老师给予奖励，这样才能调动老师的积极性。

　　2. 鄂南地区民间音乐舞蹈非遗文化进校园的具体方法

　　（1）声乐方面

　　一要培养学生的歌唱兴趣。教师以音乐鉴赏的形式对鄂南地区民间音乐作品进行相关的教学，学生通过聆听民间音乐提高学习的兴趣，锻炼音乐鉴赏能力，增强对鄂南地区民间音乐的理解能力。二要提高学生的审美能力。教师可以直接把鄂南民间歌曲当教材在课堂上教唱，学生可以更好地从歌曲中感受情感内涵，接受传统文化美的熏陶。三是要有名师指导。民间歌曲有浓郁的地方特色，也有调式、结构、表达方式等方面的特点，初学者很难接受或产生兴趣。要邀请一些专家、传承人、有影响力的演员、民间艺人开展有关鄂南地区民间音乐的讲座，亲自进课堂教学，增强学生学习民间音乐兴趣。

　　（2）器乐方面

　　大多数音乐教师没有系统地学习具有鄂南地方特色的民间器乐，如呜嘟、山鼓等，无法展开详细的教学，这就需要教师要花更多时间和精力学习研究非遗乐器，同时聘请精通非遗乐器的民间艺人参与到教学活动中。为了避免教学课堂变成演奏会，教师需要辅助民间艺人以恰当的方式进行教学。教师不断完善民间器乐的各种演奏技巧，在观摩和学习中提高自己的水平，这是鄂南地区民间器乐进课堂的一种有效途径。在民间乐器演奏教学时，要注重训练学生的空间特色记忆力，由于鄂南地区民间乐器形状、演奏的形式和音色别具特色，具有自己节奏和音律特点，学生通过练习能达到熟练演奏程度。

（3）舞蹈方面

首先，教师要加深对鄂南地区非遗舞蹈文化的研究。在教学课堂上，详细阐述鄂南地区民间舞蹈的历史背景和文化内涵，让学生对非遗舞蹈文化有充分的了解。有些学生在学习鄂南地区民间舞蹈时只关注身法和舞蹈技巧，忽略了其背后的文化内涵，舞蹈缺乏灵性，没有感染力。

其次，要注重非遗舞蹈与其他民间舞蹈的融合。让非遗舞蹈"活下去""舞起来"是当地人的重要使命，以开放的视野、包容的心态、发展的眼光来将鄂南地区非遗舞蹈文化与民间舞蹈课堂教学紧密结合起来，促进鄂南地区非遗舞蹈风格与其他民间舞蹈文化的融合，让学生理解舞蹈蕴含的意义，从而抓住鄂南非遗舞蹈的精髓，成为鄂南地区民间舞蹈的传承者、发展者。

最后，教师可邀请民间音乐舞蹈艺术家或民间表演团队进校园，与学生合作交流活动，进行特殊的非遗文化体验，真切感受乡间的音乐舞蹈艺术。除此之外，教师可以组织学生参加一些活动，比如鄂南地区的节日盛会，到乡间田野去观看鄂南地区艺人的演出，通过参与活动能够强化学生对鄂南地区民间音乐功能、内涵、种类、风格和作品的认识，调动他们学习的积极性，要求学生去乡间采风、体验非遗文化，可采用视频、音频、文字等进行记录。将课外民间采风与课内传统教学相融合，能拓展学生的视野，在理论研究的基础上进行实地考察，能使学生更有效地学习。实践教学活动的开展也有利于学生了解鄂南地区的民俗文化，使学生在轻松有趣的氛围中感知非遗文化的魅力。

第二节 地方非遗文化融入学科教学育人案例

在思想政治教育的资源和要素中，中华优秀传统文化作为重要载体，一直发挥着不可替代的作用。但是，随着以其为内容的工作的常态化和传播的持久性，文化育人的鲜活性和感染力有弱化的倾向。为此，应该深入挖掘和拓展传统文化中非遗的特殊思想政治教育价值，主动利用其独特、稀缺、鲜活等特质，搭建有效平台，充分发挥其审美育人、文化认同塑造、民族情感熏陶、精神信仰培育等方面的重要功能。

一、非遗在思想政治教育中的融入

（一）非遗在思想政治教育视角的特质

现下如果从思想政治教育角度审视非遗，我们很自然地会提取出它的如下特质。

1. 独特性和代表性

在文化的整体序列中，非遗以"民间""非物质""遗产"这三个标志属性，成功占据"民族记忆的背影"和历史文化的"活化石"这两个荣誉高地，从而体现了民族文化的独特性和对历史文化的代表性，可以通过它，管窥中华文明的全貌。无论是其中的舞蹈、音乐、美术、曲艺，还是历史故事和神话传说，这些来自民间的具有浓郁民族和地域特质的文化样态，都呈现了先民文化的神韵，它所表达出来的朴素的理想、丰富的情感、美好的意愿、多元的价值、独特的精神，以及崇尚自然、悲天悯人的世界观，也都显示了民族文化的精神支柱和信仰力量。这些文化虽然是非物质的，但对中华文化而言，却恰恰是民族特性的独特彰显，代表了民族的内在生命。

2. 历史性和承袭性

非遗的本质属性表明它一定形成于特定的历史环境中，那些民间文学、传统艺术、民俗节日、礼仪礼节及传统手工技艺，无一不记录着明确的历史信息，呈现着深刻的历史痕迹，具备着特别的历史价值。非遗带着这种历史性，在漫长的历史变迁中发展和流变，以世代相传的表现形式，不断地承接和传递，既保留并沉淀原有的意蕴内涵，又丰富和创新适应新环境的形式内容，唯其如此，这种优秀文化形态才在保留了原始精神理念的基础上，更裹挟了越来越丰富的历史资源，蕴含了越来越丰满的历史信息，强化了旺盛的生命活力，突出了独特的历史价值。

3. 濒危性和稀缺性

非遗的遴选标准中，会有"处于濒危状况"或"因社会变革、缺乏保护措施而面临消失的危险"这样的表述。这就意味着非遗虽然在传承发展中会有创新，会与时俱进，来维持其生命力，但一些避免不了的客观原因，诸如高度发达的科学技术、快速发展的社会经济文化强烈挤压或破坏了非遗赖以生存和延续的原始土壤，全球视野的丰富文化消费内容普遍侵蚀和削弱了非遗赖以根植和繁育的文化信仰，极为快捷便利的现代生活节奏无可避免地改变和消解了非遗赖以依附的生产生活方式，这些都必然导致部分对存在土壤要求过于苛刻的非遗，在时间的"大浪淘沙"中逐渐边缘，甚至消失。最直观的是，那些只能依赖一代一代传承人延续下来的非遗，随着传承人的老去和离世，青年一代又缺乏对非遗的传承热情，珍贵美好的非遗自然面临失传危机。一些非遗中极具文化意蕴的仪式、集会等，已经因后继无人而断代、绝迹。

4. 紧密性与实践性

无论哪个历史时期形成的非遗，其最基本的特征，一定是产生于民间，与生活紧密相关，都是我们的先人从生产生活实践中获得的。从风俗礼仪、民俗活动、饮食习惯、体育竞技、民间艺术、制造技艺，到服饰造型、建筑风格、生活方式，再到与这些紧密相关的各类工具、服装、器皿、制品、艺术作品、环境空间等不一而足，这些各个社会历史时期、不同社会发展条件、众多区域民族创造的非物质文化遗留，哪个不是来自先人对生命体验的记录、对生存哲学的挖掘、对生活经验的总结、对生产实践的创造，无一不体现了原始而朴素的人类文明内容，包含着极为丰富的民族社会发展信息，反映了人类进步变迁的可寻路径，表达着生命个体与自然的融合、互动、共生。

5. 地域性和民族性

"非物质文化遗产是民族文化的精华、民族智慧的象征、民族精神的结晶"。非遗始终与特定地区或民族有着必然联系，一定带着明晰的地域和民族的烙印，这使其具有强烈的地域符号特征、特殊的民族识别功能。不同民族、不同地域的社会群体，会因为不同气候、水文、土壤、物种等多样的生存环境，以及各异的生产方式、生活习惯、语言体系、信仰习俗等复杂的生活状态，逐渐形成各自约定俗成的思维方式、价值取向、审美追求、心理信仰、情感表达，又经过长期的稳定的积淀和演进，从内容到形式，形成各自不同的特殊文化形态。无边辽阔的内蒙古大草原，造就了内蒙古长调的舒展嘹亮；奔腾不息的乌苏里江，造就了乌苏里船歌号子的深情激越；粗犷厚重的黄土高坡，造就了陕北花儿的悠长高亢，这就是非遗地域性与民族性表现出的多种多样、生动鲜活。

（二）非遗对思想政治教育资源的价值呈现

既然从思想政治教育视角发现了非遗的如上特质，那就表明非遗自然地承载着教育功能，具有思想政治教育资源的选取价值，并且这种价值是直观的，更是特殊、宝贵和鲜活的。

1. 审美育人

非遗是在长期社会生活实践总结中创造的，这种创造产品蕴含着进取的精神风貌、顽强的生命追求、丰富的生活情趣、朴素的生存哲学，以及浓郁的民族与地域特色，符合美的创造规律，也符合人的审美标准，得到了人的审美认同。尤其是工艺、服饰、音乐、戏曲、舞蹈、绘画等，从形态、样式到内容、表现，都包含着朴素却强烈的审美意义。这些如果能被青年学生理解和接受，必然能够提高他们的审美感受力、艺术表现力，以及美学创造力。在文化样式多元、娱乐获取简易化的当下，对于审美感受弱化的青年学生，非遗因其富有鲜活和新异的审美价值，并且具有非说教属性，一定具有特殊的吸引力和感染力，从而陶冶情操，激发对美好生活的向往，提高学生审美品位和情趣，使学生在了解美、感受美、欣赏美的基础上，学会发现美、表现美、创造美，达到春风化雨的审美育人目标。

2. 文化认同感塑造

与中国优秀的物质文化遗产一样，非遗也是代表着国家悠久、深厚历史文化的特殊符号，不仅有资格被定位为具有杰出价值的民间传统文化表现形式，还在历史、艺术、民族学、民俗学、社会学、人类学、语言学及文学等方面，在优秀传统文化中具有不可替代的重要价值，成为区别于所有外来文化的标志性表征。《国务院办公厅关于加强中国非物质文化遗产保护工作的意见》（国办发〔2005〕18号）中非常明确地指出，建立国家级非物质文化遗产代表作名录的目的，是为了"加强中华民族的文化自觉和文化认同，提高对中华文化整体性和历史连续性的认识"。正如上文指出的非遗在思想政治教育角度被发现的独特性、代表性、民族性、历史性和继承性等等这些特质，传递给青年学生，使他们在对非遗这种"活文化"的了解和认知中，感受中国元素、体味中国特质、认同中国文化，从而激活对文化地位与命运的关心，强化对语言、文明、习俗、历史、风貌等中国文化的认同和热爱，产生文化自豪感，增强理解中国文化、热爱并传播中国文化的自觉性，潜移默化地同构文化符号和文化基因。

3. 民族情感熏陶

在全球化背景下，外来文化对民族文化形成了不可估量的冲击，这时候，必须以民族情感教育，来实现"根的教育"和爱国主义教育。非遗恰恰是实现这一教育的上佳载体。各个民族的非遗，无论是怎样的艺术、风俗、礼仪，乃至历史故事和神话传说等等，也无论是形式如何各异、特色如何纷呈，经过时间的过滤、沉淀和融合，都演化并凝练成中华民族统一的群体文化，并内化为强大的民族情感，把原本散落在不同地域、不同环境并且有着清晰文化脉络的各个民族，牢固凝聚在中华民族这个统一体之下。对青年学生进行非遗教育，能够使学生清晰感受非遗所代表的中华民族可贵的价值追求、厚重的道德情感，自觉发现非遗所承载的执着的理想信念、丰富的文化蕴含，强烈认可非遗博大的古老智慧、坚强的生命活力，从而自觉凝聚民族情感，强化对中华民族历史、文化、同胞等的亲近、热爱与维护。

4. 精神信仰培育

非遗的紧密性、实践性特质告诉我们，它是自然条件恶劣、生产力落后、生产关系单一的历史时期产生的，无论耕种、游牧、渔猎等任何一种生产生活方式，都无比平淡、琐碎、艰辛。生存现实是残酷的，发展挑战是严峻的，在这种情况下产生的非遗，与当时简单、原始笨拙的生产生活方式密切相关，但也恰恰反映了当时先民与环境相适应或抗衡、与命运相妥协或抗争，不断探索、勤于实践，寻求生存、执着美好的精神信仰，展现了当时先民尊重自然、敬畏生命、坚强不屈、刚健有为的生命力，以人为本、敬老爱幼、诚实守信、用勤劳勇敢换取劳动成果的道德和价值追求，以及朴素但伟大的智慧与创造力。对青年学生进行非遗教育，这些正向元素会非常生动、鲜活而有力地传递给学生，必将对青年学生的思维方式、价值观念乃至精神信仰、理想信念，起到润物无声的积极影响，引导他们反思自我，继承和发扬优秀的民族精神，形成科学的人生观、世界观、价值观、道德观。

（三）非遗文化融入思想政治的路径

1. 建立思政课程与课程思政相协同的非遗教育机制平台

改变单一依赖思政课作为思想政治教育主渠道作用的传统观念，把其他公共课和专业课也吸收到以课程开展思想政治教育的体系中。即在思政课中通过合理设计，将非遗相关内容切入教材的各个主题中，作为思政课的主导教学内容。同时又在专业类教学中，将非遗内容或相关元素，嵌入专业课程中，使专业知识教学与相关非遗内容有机结合。这样，思政课程从道德、情感、人生观、价值观等角度，实施非遗的教育引导。课程思政则从专业拓展、人文素养、工程文化、职业精神等角度，实现非遗的融入感化。二者双管齐下，同向同行，协同效果自出。这就要重视培育教师在思政课程和课程思政协同上的非遗育人意识，促进他们主观对非遗的热爱，促成他们对非遗教育的自觉，有意识、有设计地将非遗知识融入思政课、公共课、专业课教学内容，或将相关案例有机嵌入各门课程的相关教学环节中。

2. 搭建必修课与选修课相协同的非遗教育课程平台

非遗在高校中不太可能全部进入教学体系，但是有选择地进入课程平台是完全可行的。可以根据非遗内容的重要性、教育性、贴近性等不同，分别设置在必修课与选修课的不同平台中。与音乐、美术、文学、体育、历史、伦理、医药、工艺、工程、材料等专业相关，或有特殊教育意义、重大教育价值的非遗内容，自然可以直接设置为必修课，而那些指向文化传播、普及和人文素养提升的非遗内容，则可以开发成选修课。事实上，可选取进入课程的非遗内容丰富至极，仅就黑龙江省五批省级非物质文化遗产名录就达到318项，其中包括民俗、工艺、民间美术、戏曲曲艺和音乐舞蹈五个类别，都是着眼于黑龙江民族地域特色。从少数民族传统习俗到流民文化，从饮食、礼仪、美术、建筑、工艺到体育竞技及文化活动空间，包罗万象，内容丰富，展示出黑土地深厚的文化积淀。如此巨大的教育资源，无论是在必修课还是选修课平台，一定会在青年学生中大放异彩，吸引他们关注中国文化，激发他们的民族情感，增进他们的文化自信。

3. 形成文化传承与学术研究相协同的非遗教育支撑平台

非遗在高校的传承和研究是得天独厚的。非遗在中华优秀传统文化中的符号意义，说明其被社会认知与传承同样重要。但当下对非遗的传承，更多地指向传承人的挖掘与培养，这就大大地缩小了非遗被公众认知和传播的可能性、覆盖面，对非遗的可持续保护是大为不利的。高校具有文化传承与创新的专有功能，与社会媒体传播、公众传播不同，它有固定的、稳定的，并且大范围的受众，并且可以通过专有的教育方式进行传递。高校又具有科研的功能，有各学科的专家学者可以把非遗的教学和研究成果申报各种研究项目，作为专门课题开展研究。在课题研究的设计、组织和研究各环节中，可以充分开展与地方相关文化机构、文化管理部门、非遗传承人等多方力量的合作，针对思想政治教育与文化、历史、艺术、文学以及民族学、民俗学、社会学、人类学、语言学等诸方面的融合、交叉研究，同时可以组织学术报告、研讨会等学术交流活动，拓宽师生对非遗的研究深度和广度，既促进了学校的学科建设，又从主客观两方面实现了全员、全方位、全过程"三全育人"的思想政治教育目的。传承和研究本身，就是融入思想政治教育的过程。

4. 搭建社团活动与社会实践相协同的非遗教育体验平台

对非遗的思想政治教育，理论引导和实践体验必须同步进行。校内，可以通过开展社团活动，组建与传统文化有关的学生社团或兴趣小组，由具有文化建设专业知识的教师指导，开展与非遗相关的社团活动，挖掘他们在文化艺术上的天赋，调动他们对非遗的浓厚兴趣。校外，以志愿者服务、三下乡、实地参观、社会调研考察等社会实践形式，鼓励或带领大学生走向社会，深入到历史博物馆、文化展览馆、群众艺术馆、庙会、少数民族聚居地、非遗保护地、传承教育基地等进行调研、体验和观摩，用丰富的优秀非遗作品，充分调动大学生对非遗的观察、感知，主动挖掘他们对非遗的喜爱、关切，积极激活他们的意志品质、审美品位及基因中内在的民族感情和文化认同。仅就黑龙江省来看，那些丰厚的甚至是无可替代的非遗资源，包括达斡尔族鲁日格勒舞、东北大鼓、达斡尔族乌钦、赫哲族伊玛堪、鄂伦春族摩苏昆、桦树皮制作技艺、赫哲族鱼皮制作技艺、鄂伦春族古伦木沓节等入选国家级非遗代表性项目名录的，就可以让学生在面对面的近距离接触中，获得最直观、最全面的熏陶和教育。

5.构建育人体系与文化氛围营造相协同的非遗教育功能输出平台

高校的育人功能是第一位的，也是最重要的。它与其他四个功能相协同，则直接把育人与文化建设联结成统一体。恰恰是高校完整的育人体系，为非遗的传播和教育，提供了无论硬件设施、软件环境还是人才资源上都非常得天独厚的条件。高校可以充分利用报告厅、图书馆、展览厅、大学生活动中心、阅览室、文化广场等实体活动场所，还有学校网站、论坛、微信公众号、抖音号等现代传播和教育手段，全方位、立体化地开展非遗的文化氛围建设，让学生能够在浓厚的校园文化氛围中，潜移默化地学习、感知、接受并热爱非遗。高校校园本就是"百花齐放"的文化大舞台，非遗占有一席之地自是题中应有之义。可以综合利用互联网时代发达的传播媒介，充分开展线上线下交互形式，组织各种丰富多彩、形式多样的非遗演出或展示活动、开展各种类型非遗的知识讲座、实施非遗知识竞赛、邀请非遗传承人宣讲和表演，甚至对非遗爱好者进行重点指点、传授和培养等，让大学生置身于浓厚的非遗教育氛围之下，聚焦主题，创新形式，搭建平台，以文化人，以文育人，使青年学生感受民族传统文化魅力的同时，开阔视野，启迪心智，涵养心灵，培养他们对民族传统文化的情感认同，增强文化自信，进而自觉讲好中华文化故事。这是实现立德树人根本任务的直观体现，也是办好中国特色社会主义大学的内在要求。

二、地方非遗文化在历史教育中的融入

作为中华优秀传统文化的源头之一的曲阜，其为中华文化繁荣贡献了极大的力量。在长达几千年的发展历史中，齐鲁大地上孕育的儒家文化给中华文明带来了前所未有的影响。曲阜是一个具有悠久文化底蕴的古老城市，因其深厚的历史文化底蕴，造就了风味独特的民俗文化。据不完全统计，曲阜境内共有100余项各级的非物质文化遗产，国家级非物质文化遗产有4项，即祭孔大典、曲阜楷木雕刻、鲁班传说、孔府菜烹饪技艺，其中祭孔大典被列入国家首批非物质文化遗产。山东省级非物质文化遗产名录有11项，即祭孔大典、曲阜楷木雕刻、鲁班传说、孔府菜烹饪技艺、孔子诞生传说、孟母教子传说、箫韶乐舞、曲阜大庄绢花制作技艺、曲阜尼山砚制作技艺、桑皮纸制作技艺、曲阜琉璃瓦制作技艺。济宁市级非物质文化遗产名录有20项，曲阜市级非物质文化遗产名录有108项。如此悠久的历史传承，浓厚的文化氛围，无形中为曲阜中学历史课堂教学提供了丰富的历史素材。当地的中学可以依托这些丰富的历史资源进行课堂教学，丰富教学形式，活跃课堂氛围，培养学生正确的历史价值观。

（一）曲阜"非遗"资源应用于初中历史教学中的必要性

1. 有利于激发学生学习积极性，提高历史课程教学质量

随着时代的发展，教育也应与时俱进。传统的历史教学模式已经不适合现如今的教育发展，要顺应时代的发展，进行创新性历史教学，首要的是丰富初中历史课堂教学内容。只有教学内容丰富精彩了，学生的兴趣和能力才能提升。曲阜地区非物质文化遗产的类型涉及多个领域，应该充分利用这些教学资源，与历史课堂相融合。曲阜非物质文化遗产不仅能够丰富初中历史课堂的教学内容，还能激发学生的学习积极性与主动性，培养学生的发散性思维。将中学历史课本和非物质文化遗产的内容紧密结合，可以对目前教材存在的弊端进行完善。与此同时，作为历史课程教学之外的一项重要材料，能够丰富历史课程的表现形式。当前的教学改革始终以学生作为主体，增强课堂的趣味性有助于学生加强对历史的理解，尤其是处于素质教育阶段的初中生，需要进行全方位的教育和引导。历史课本中所呈现的历史事件脱离学生生活实际，抽象化的历史概念会让学生对历史课程产生厌恶。只有将历史知识和生活相结合，课堂才会有较为活跃的互动空间。非遗进入历史课堂可以增强历史课程的趣味性，设定历史情境，学生的学习积极性将会被极大地调动。历史教材中设置的课程大多脱离实际，加上教师枯燥的课堂教授，学生逐渐对历史课程失去了信心。处于初中阶段的学生，刚实现形象思维到逻辑思维的转变，枯燥的历史理论不利于学生的身心发展，因此需要在这个方面进行彻底改革。大多数学生希望老师能够通过今日的事实和往日的历史相结合来进行授课，用身边小事来讲述国家的历史脉络。所以，教师当前的教学任务就是如何激发学生的学习热情。在历史教育研究方面，教育者一致认为让学生能够更好地接受历史教育，需要将抽象化的事物简单化。因此，在历史教学的过程中，应该由小及大，教师应该引导学生从地方或家族历史逐渐扩散到国家、世界。通过大量的教学实践，我们发现非遗历史教学资源在课堂上深受学生欢迎。非遗资源中所涉及的历史事件和学生的生活紧密相连，相关的历史人物和历史遗址都处于学生生活的区域之内。假如教师在课堂上引入一些非遗的历史资料，通过绘声绘色的讲述，让学生保持新鲜感。在多样化的课程导入之后，再引进历史教材中的内容，学生对中国历史的学习将会更加深入。在教学过程中，教师要从学生的视角出发，将教材和身边的非遗资源紧密结合，寻找学生的学习兴趣点，激发学生的认知观。

2. 有利于增强学生非物质文化遗产的保护意识

在历史课堂中，融入非物质文化遗产知识，并教育学生提高对非物质文化遗产的保护意识显得尤为重要。由于当地的非物质文化遗产与学生的生活有着密切相关的联系，在历史课堂中，将当地的非物质文化遗产融入历史教学内容中，能够吸引学生的兴趣，并激起学生的保护意愿。如曲阜剪纸、曲阜楷木雕刻、桑皮

第三章 地方非遗文化育人实践研究案例

纸制作技艺、尼山砚制作等这些非物质遗产中，曲阜地区的学生几乎都听过、见过，甚至亲身实践过。因此，曲阜地区非物质文化遗产融入曲阜地区的历史课堂中，不但能展示地方优秀传统文化，还能在积极引导中让学生形成保护和继承非物质文化遗产的意识。所以，开设中学生历史课程要结合当地的现有条件，让学生更加热爱中华优秀传统文化。地方性的非物质文化遗产是历史教学的重要内容，教师通过多样化的形式引入曲阜"非遗"，让学生更加热爱自己的家乡的文化，带领学生形成正确的历史价值观。为了实现这一目标，教师要不断地丰富课程形式，逐渐地和学生的日常生活接轨，加强对青少年学生保护当地非物质文化遗产意识的培养。

3. 有利于促进中华优秀传统文化的传承，增强文化自信

中华民族有着源远流长的传统文化，习近平总书记高度重视中华优秀传统文化的传承与发展，在地方考察调研时多次强调要大力弘扬中华优秀传统文化，习近平总书记于2013年在曲阜孔府和孔子研究院进行考察，并发表了重要讲话，他强调说："我这次来曲阜就是要发出一个信息，要大力弘扬中国传统文化。"他指出文化兴盛支撑着一个国家、一个民族的强大兴衰，关乎着中华民族的伟大复兴。对历史文化要坚持古为今用、推陈出新，有鉴别地加以对待，有扬弃地予以继承。中华文化是国家和民族发展的精神传承，因此在文化传承的过程中应该尽可能做到顺应时代发展趋势，不断推陈出新。要重视文化遗产的保护传承，更好地传承中华文明，创造中华文化新的辉煌。习近平总书记强调了弘扬中华传统优秀文化的重要性。文化兴盛能够带给一个民族和国家足够的文化自信，也是实现一个民族伟大复兴的关键所在。

对待传统的历史文化，我们需要认清过去与现实，吸收中国古代优秀的文化成果，构建中国人的精神文化家园。中华民族若要实现伟大复兴，就需要将中国传统优秀文化进行传承和发展。在非物质文化遗产中，大量的优秀中国传统文化的核心时刻和人民的精神生活联系。如果能够将非物质文化遗产的内容融入曲阜当地的中学教学中，学生的历史责任感将会在第一时间树立。由于非物质文化遗产的现实性，学生能够借助非物质文化遗产去寻找历史上的遗迹，重新演绎历史上的故事，增强学生的民族自豪感。中学历史课程教学的形式需要进行更新，非物质文化遗产的内容融入历史教学，可以让学生了解当地的文化发展概况。教师在授课之前需要对非物质文化遗产的内容进行追本溯源，通过大量的调查研究，做好及时的记录和更新。深入民间挖掘非物质文化遗产的内容，并通过系统化地整理将其呈现在课堂之中。

在中学历史课堂中，要时刻和学生强调曲阜非遗的重要性。作为课程的补充资料，曲阜非遗的作用突出。教师在新课程标准的指导下逐渐融入非物质文化遗产的内容。随着时代的发展和外来文化的冲击，新生代中国人对传统文化的认

知也表现出不足的特征。一些初中生甚至已经忘记了自己的民族传统，这对于中华民族来说是非常危险的。一旦失去了文化认同感，那么民族认同感也会产生危机。所以必须通过中学历史课堂向学生传递"非遗"的重要性。在历史教学中融合"非遗"教育可以更好地为学生创设一种文化氛围，深化学生对于民族优秀文化的认同感。作为祖国发展的未来中坚力量，初中生们必须充分意识到非物质文化遗产和自身之间的紧密联系，在教师的引导与教学之下，日益增强中学生的文化自信。

（二）曲阜"非遗"资源在初中历史教学中存在的问题

1.没有将曲阜"非遗"资源作为历史教学资源

国家给定的新课标没有给出相关的内容服务于非物质文化遗产资源的学习。因此在非遗资源的学习过程中，缺少相关的教学目标、教学方法和相应的教学资源。大多数教师也只能以尝试的心态将非遗资源运用到教学实践中去，只有经过不断的尝试，才能够得出合适的结论。目前的中考制度，让初中的历史教学缺少了地方历史教学的内容。由于社会对这一方面的认知不足，使得学校教学也会忽略非遗历史教学。社会普遍认为学习非遗历史是一种浪费学生时间和精力的行为，这种观点是不正确的。正因为如此，历史课堂教学资源中就缺少了曲阜非遗资源的内容。所以学校需要和教师进行充分的沟通，组织好相关的曲阜非遗资源的开发和利用。

从初中生的心理特点出发，选择合适的方式让非遗历史教学融入日常的历史教学中去。在非遗历史资源的开发过程中，上级教育部门应该赋予地方学校更多的自主权。但是受传统教学模式的限制，很多学校依旧以专家和教育主管部门作为指引方向。在这种保守的思想阻碍下，曲阜非遗历史资源的开发也存在着很大的阻力。一些学校领导没有认识到曲阜非遗资源的重要性，固化的思想让其无法组织开展相关的教学改革。他们一度认为教育主管部门没有相关的文件要求，地方学校无法开展相应的教学应用。所以在曲阜非遗开发过程中，历史教师面对的压力较大。虽然教师具有了很多方面的资源优势，能够积极地参与其中的课程开发，但是现实和理想并不匹配。目前历史教师的课程压力较大，很多教师的开热情和能力无法胜任相应的课程改革工作。一些教师在曲阜非遗资源的开发上，明显存在着心有余而力不足。由于缺少正规的培训，一些教师在教学过程中也缺少相应的经验。由于当前的激励体制受限，有部分教师很难在曲阜非遗资源开发运用中获得成就感，甚至一些教师出现了消极抵触的情绪。在这样的背景之下，很少有教师会愿意付出时间来进行课程的开发。

2.形式性利用曲阜"非遗"资源辅助教学

作为曲阜地区地方课程资源的重要组成部分，曲阜非遗历史资源能够给学生带来丰富的知识量。由于曲阜具有丰富的历史资源，能够将其地方资源的潜质发挥到极致。由于曲阜地区的非遗历史资源丰富且多样，这从侧面也说明了其利用形式的多样化。现如今的历史教学，有关曲阜非遗历史资源的运用也仅仅处于一个形式化的状态。在这样的情况下，需要认识到地方课程资源的发展趋势，要充分认识到历史学科的包容性和综合性，结合教学大纲和当地的非遗特色，开设具有地方性和综合性的历史课程。曲阜非遗资源开发的动力不足，没有在实践中注入全新的思想理念，也没有将新课标改革的相关规定落到实处。在实际的教学过程中，始终以教师作为课程的主体，没有认识到学生的地位。

在利用曲阜非遗资源的过程中，由于受到社会各界的忽视，历史课程教学一直保持着原有的形式。相关的活动组织形式单一老套，不能够引起学生的学习兴趣。考虑到教师、学生的知识储备和精力不足，加之财力的缺乏，中学很难开展曲阜非遗资源的相关内容。在组织学生开展对曲阜非遗资源的开发活动中，依旧遵循传统的社会调查和采访形式，使得最终呈现的教学效果表现出单一化的特征。如果在曲阜非遗资源的开发中融入一些全新的要素，综合运用现代化设备，丰富曲阜非遗资源的表现形式，结合相关的教学常识，在专家学者的指引下，相信在这个方面的学习成果也会表现出多样化的特征。

3.曲阜"非遗"资源用于历史教学的效果有待提高

因为没有受到相关的部门重视，所以曲阜非遗资源在开发的过程中形成很多的问题。尤其是在具体的实践过程中，没有按照系统化的思路进行组织，以致曲阜非遗资源的开发一直停滞不前。一些教师在授课过程中采用的是一种零散无组织的形式进行，学生不能充分地获取相关的非遗文化知识。一些教师为了满足自身课程的需要，临时性地组织相关的课程让学生进行参与。这样的课程形式比较随意、松散，没有科学的理论指导，学生所接收到的曲阜非遗历史文化知识也是仅限于"点"，不能从"面"上进行系统的把握和理解。面对这样的临时性课程开发，教师应该充分认识到自身的不足，在课余时间内通过查阅资料和实地走访来丰富自身的非遗文化知识内容。

在课程教学过程中，要遵循相应的原则，有目标地开展日常的教学活动。处于初中阶段的学生，由于年龄较小，他们的思想比较活跃。面对新鲜的事物，他们可以保持较高的热情。特别是在曲阜非遗资源的学习中，他们会以积极乐观的心态面对历史课程。但是由于其认知水平和能力的局限，无法在较短的时间内进行注意力的集中，很难形成丰富的经验。所以在曲阜非遗资源的开发过程中，教师要事先制定好相应的计划并做好及时的准备。尤其是在开发的实践活动中，要科学合理地组织和指导相应的课程开发工作。就目前的状况而言，教师的个人知识和能力有限，无法全面地做好相关的工作。如果学校和社会各界不给予一定的关注和支持，那么在曲阜非遗资源的开发过程中会出现很多潜在的问题，不利于学生的历史课程开展，也起不到弘扬中华优秀传统文化的目的。

（三）"非遗"资源应用的具体策略

1. 课堂教学

（1）导入课程

运用曲阜"非遗"资源导入环节是一堂课的开篇，一个成功的导入，能在合理的时间内有效地集中学生的注意力，激发学生学习的兴趣与动机，并为之后的各个环节的教学工作埋下伏笔。因此，如何设计一个精彩的导入是每一位教师不得不深入思考的问题。在导入环节运用曲阜非遗资源能迅速吸引学生注意力，调动学生学习积极性。再加上教师的合理引导，能使学生快速进入课堂主体的角色，从而为一堂成功的历史课打下前提基础。很多初中生的头脑中还存在着"历史离我很遥远"的想法，因此，历史教师如何拉近学生与真实历史之间的距离是教学是否成功有效的关键。教师在导入环节利用曲阜非遗中形象化、具体化的历史资源，能够使学生在身临其境感悟历史的过程中，营造特定的历史教学情景，融情于景、寓教于乐，调动学生主动学习历史的积极性与创造性，从而使得课堂教学更为高效。

如人教版七年级上册第3课《远古的传说》一课中要求学生通过对本课的学习，比较清楚地了解远古传说时代中华文明起源的基本概况，包括黄帝其人及他对华夏族的形成所做的贡献、尧舜禹的"禅让"和原始社会走向终结的有关史实，为学生进一步了解中国远古传说时代的历史发展进程、中华文明的演进奠定基础。

然而这种传说对于学生来说过于遥不可及，为了契合学生的兴趣爱好，引起共鸣，教师在课堂导入时则可以讲述曲阜非遗资源——《三皇五帝与曲阜的传说》：曲阜历史悠久，早在五六千年前，我们的祖先就在这里繁衍生息，创造了人类早期的文明。不少古籍中记载了炎帝、少昊徙都于曲阜，黄帝生于寿丘（曲阜城东8里处），舜于寿丘作什器。可见，中国远古时代最有影响的三皇五帝中就有四人在曲阜留下了踪迹。并且提问学生：怎样定义远古传说？远古传说是真实的历史吗？学生回答教师提出问题后，进一步引导提问学生知道哪些远古的传说？说出你知道的远古神话传说。最后教师总结：让我们一起走进远古时代，了解古老传说背后的故事吧。由此自然过渡到远古的传说课文讲授。

（2）重点难点教学

运用曲阜"非遗"资源没有问题意识的历史课是毫无意义与价值的，每一堂历史课，都需要有一两个精心设计的历史问题，并且是几近真实的历史问题。历史教师要明确一节历史课的"灵魂"，并围绕着"课魂"设计出有价值的重难点问题，并引导学生积极解决问题，培养学生历史思维能力。教学重点难点是指那些学生难于理解、掌握或容易引起混淆、错误的内容。教学重点和难点是课堂教学的核心，学生只有真正地弄懂了本课的重点难点问题，才能够做到举一反三、触类旁通。重点难点问题得到很好解决，有助于学生历史思维力、历史意识的发展。让学生掌握重点难点问题，仅仅依靠教师苦口婆心的文字讲述，所起作用并不显著，有些教师只善于讲解课本中基础知识点，面对一些重难点问题往往没有很好的方法，教师讲不清，学生自然更不通透，据了解，大多数学生因为难点问题的枯燥乏味深奥而丧失了兴趣与信心，因此，历史教师如果能利用曲阜非遗资源讲解重点难点问题，则大大提高教学效率。

如七年级下册第三单元第21课《清朝前期的文学艺术》主要介绍清朝前期的文学艺术成就，教学难点和重点之一则是昆曲的形成与发展，教师在讲授这个重点问题时可以适时利用曲阜非遗资源：昆曲的代表作并不仅仅有汤显祖的《牡丹亭》，我们曲阜的非物质文化遗产孔尚任的《桃花扇》也是昆曲的代表作。康熙三十八年，52岁的孔尚任三易其稿写成《桃花扇》，一时洛阳纸贵，不仅在北京频繁演出，"岁无虚日"，而且流传到偏远的地方，连"万山中，阻绝入境"的楚地容美（今湖北鹤峰县）也有演出（《桃花扇本末》）。随后顺势讲解昆曲的兴盛与衰落，这样不仅解决重点问题，同时让学生了解了曲阜的非物质文化遗产，了解地方戏剧，也加深了对明清戏剧的认识。

（3）课堂探究

运用曲阜"非遗"资源课堂教学的时间一般会在40分钟左右，如何在有限的时间内完成教学任务的同时，让学生在额外的时间内学习到曲阜非遗资源的内容，这对于大多数老师来说是非常困难的。为此我们在课堂探究中充分运用曲阜非遗资源。如人教版七年级下册第22课《中国传统节日的起源》中，我们早已了解中国传统节日春节、清明节、端午节这些耳熟能详的传统节日的起源和习俗。那么在课堂探究中我们就可以充分运用曲阜丰厚的非物质文化遗产，以"探索曲阜的民间习俗"为题，搜集资料，展开探究。在感受传统文化魅力的同时，探寻这些节日和习俗的渊源。

（4）布置课后作业

运用曲阜"非遗"资源学生如果意识不到作业对学习历史具有重要意义，就不会主动积极去学习历史，致使学生对做作业缺乏兴趣。教师在课堂教学中要利用曲阜非遗资源来激发学生的兴趣，布置课后作业也如此。在布置课后作业时教师可以精心挑选一些与家乡风俗习惯、传统工艺美术、传统节日集会等有关的内容，在学生对这些信息充分感知、了解的基础上，挑选出一些与教学内容相关联的内容，组织并指导学生进行分类、整理、优化，然后可以指导学生开辟非物质文化遗产专栏、编辑家乡非物质文化小报，或者组织学生开展相关的演讲与历史情景剧表演，促使学生进一步了解了家乡的风土人情、历史过往，又与教学内容交相呼应；促进了教学内容的掌握，促使学生提高搜集、了解、使用曲阜非遗的能力，让学生感悟家乡深厚的文化底蕴，鼓励学生积极投身到保护、传承家乡的非遗中来。

例如，学习完八年级上册第27课《考察近代历史遗迹》一课后，学生掌握了一些实地考察的基本方法和技能，积累了记录、拍摄搜集历史资料的经验，教师就可布置学生在课后考察和了解家乡的历史遗迹和非物质文化遗产，让学生运用曲阜非遗完成课后作业。这样，学生学以致用，增强了作业训练的目的性，也唤起了学生文物保护的意识和责任，他们学习历史的兴趣也会大大增加。

2. 课外延伸

（1）开设曲阜"非遗"资源课外探究课

历史探究课是历史课堂教学的必要补充。非物质文化遗产以其资源丰富和实践方便的优势，决定了它在历史探究课中的重要地位。由于曲阜具有丰厚的非遗资源，所以在课外探究课的开设上具有一定的优势，开展非物质文化遗产课外探究课时，要注意把充分鼓励学生进行自主探究活动与教师适时指导点拨相结合，既要突出学生的主体地位，让学生主动积极地动手、动脑，让学生全面参与到活动的策划、开展、总结各个环节的过程中，获得亲身体验的参与感，激发学生对历史的兴趣和积极主动的思维与探索精神，让学生获得自主全面的发展。指导学生充分利用寒暑假及其他法定假期或者周末，游览、考察当地的非物质文化遗产，赏析其中所蕴含的意义，鼓励学生展开进一步的探究活动。同样，也可以利用研学游的机会了解曲阜非遗，品味优秀传统文化，并且根据学校的活动安排，组织学生进行曲阜非遗的调查与研究。还可结合历史教学的相关内容，参观相关的非物质文化遗产馆迹，并进行资料搜集研究，从中探寻家乡历史与风俗变迁的点点滴滴，培养学生理论联系实际的实证精神，充分体会家乡的风土人情。通过历史教学与课外实践探索活动的有效结合，学生从中充分体会到历史的实用性与探究历史所带来的兴趣，并且还能在探究、调查、考证过程中逐渐养成刻苦钻研的精神。

（2）开展寻访身边"非遗"资源的课外活动

曲阜在每年的"非物质文化遗产日"，都会开展诸如非遗展示等活动，文化部门已与孔子六艺城、杏坛中学等建立了正式合作。2010年初，曲阜孔子六艺城"孔子故里园"被命名为"曲阜市非物质文化遗产展示基地"，为非遗宣传提供了规范平台，在这样的高度关注下，民间剪纸、柳子戏、面塑等一大批濒临消失的传统技艺又重回人们的视线之中。通过开展寻访身边的非遗资源这种课外活动，能让学生在实践中学习非遗技艺，感受文化经历，尝试思维创新，体验成功快乐，达到寓教于乐的效果。

(3) 开展关于曲阜"非遗"资源的专题讲座

在初中历史教学中，邀请非遗传承人开展专题讲座，可以系统性地介绍相关的非遗知识，把非遗的实物载体带进学校，学生通过传承者的讲授，对非遗的相关内容进行了解。能够从中感受到传承者身上所担负的责任，并且在无形之中受到传统文化的熏陶。学生通过近距离的观察和接触，能够带来真实的体验。在这个过程中，学生能够时刻体验到传统文化的潜在魅力。笔者所在的中学邀请山东省省级非物质文化遗产——曲阜大庄绢花制作技艺传承人张祥冬老师，为我们做了关于绢花的专题讲座——《曲阜大庄绢花的前世今生》，系统介绍了曲阜大庄绢花的历史以及制作技艺，并亲自教授学生制作过程。通过对大庄绢花的实物接触和绢花制作技艺的专题讲座的方式，诠释了历史就在我们的身边，在学生的记忆中播下保护和传承非物质文化遗产的种子。

(4) 开展曲阜"非遗"资源历史图片展

通过图片展的形式可以丰富曲阜非遗的展示形式。在教师的指导下，学生亲自动手进行创作，这些图片可以是亲自拍摄的，也可以来源于网上，以专题的方式带动非遗的宣传，通过专题的集中展示，借助历史图片展这一形式，丰富了学生学习非遗的途径，一方面可以培养学生的动手能力，另一方面也能够调动学生学习的积极性，提升学生对家乡非遗的历史认同感。非遗专题图片展进一步丰富了学生的学习生活，开发了学生潜能，使学生在耳濡目染和活动参与中感受曲阜传统文化的熏陶，提升了学生非遗保护传承的意识，培养了非遗传承后备人才。

第四章　黔西南州地方非遗文化

第一节　黔西南州非物质文化遗产概况
第二节　黔西南州部分非遗文化简介
第三节　黔西南州非遗文化育人案例
第四节　黔西南州地方非遗文化进校园开展的活动

第四章　黔西南州地方非遗文化

　　黔西南州有浓郁的民族风情,民族众多,风情独特,各民族的音乐、舞蹈、节日、风俗、民居、服饰等独具魅力。布依族音乐"八音坐唱"有"声音活化石""天籁之音"之称,享誉海内外。彝族舞蹈"阿妹戚托"质朴、纯真、自然,被称为"东方踢踏舞"。布依族的"三月三""六月六""查白歌节",苗族的"八月八"等民族节日,多姿多彩,让人流连忘返。特别是布依族的"八音坐唱"、布依铜鼓十二则、查白歌节、土法造纸、布依戏等还被列入国家级非物质文化遗产名录。这里的彝族、布依族、苗族,能歌善舞,每年的六月二十四晴隆三宝"阿妹戚托"彝族火把节,每年的六月二十一、二十二、二十三顶效布依族查白歌节,三月第一个蛇场天德卧毛杉树布依族歌节,正月十三、十四和十五新桥底西苗族采花节,少数民族同胞们跳起民族舞,喝着自家酿的酒,广场上的老幼尽情地唱啊、跳啊!唱出了祖国的繁荣富强,跳出了黔西南的美好明天。

第一节 黔西南州非物质文化遗产概况

地方非遗文化作为中华优秀传统文化的重要组成部分，蕴含着丰富的历史文化精神和艺术价值。黔西南布依族苗族自治州是一个少数民族地区，勤劳善良、心灵手巧的黔西布依族、苗族、彝族等各族人民在世代相传与发展中，在适应自然环境的进程中，缔造了许多独具特色的非遗文化，如布依族、苗族、彝族的语言，家喻户晓的山歌，有号称东方天籁之音的国家级非遗名录《八音坐唱》，有"东方踢踏舞"美誉的国家级非遗名录《阿妹戚托》，有写进国家节日志的国家级非遗名录《查白歌节》，有省级非遗名录《赶毛杉树》等。截至2024年4月19日，根据黔西南州文体广电局的数据显示，黔西南州有国家级非遗名录14项，省级非遗名录89项，州级非遗名录83项，这些非遗名录遍布黔西南州的各个地区，各个县市。其中，黔西南州兴义市有国家级非遗名录《查白歌节》，安龙县有省级非遗名录《赶毛杉树》等。

一、国家级非物质文化遗产保护名录

1. 兴义市《布依族八音坐唱》
2. 兴义市《查白歌节》
3. 兴义市《布依族高台狮灯舞》
4. 《布依族勒尤》（兴义市、贞丰县）
5. 贞丰县布依族《铜鼓十二则》
6. 贞丰县《皮纸制作技艺》
7. 布依族《"三月三"》（贞丰县、望谟县）
8. 册亨县《布依戏》
9. 晴隆县《阿妹戚托》
10. 册亨县《布依族转场舞》
11. 普安县《苗族芦笙舞》
12. 布依族服饰（兴义、册亨、望谟、贞丰、安龙）
13. 布依族刺绣（黔西南州）
14. 布依族武术（安龙县）

二、省级非物质文化遗产保护名录

1. 民间文学

《苗族古歌》兴仁市、《布依族民间故事》望谟县、《布依族叙事诗》望谟县、《布依族摩经》（贞丰县、册亨县、望谟县、兴仁市）、《亚鲁王》望谟

县、《布依族浪哨歌》册亨县

2. 传统音乐

《布依族勒尤》（兴义市、贞丰县、册亨县）、《布依族吹打乐》兴仁市、《布依族小打音乐》（普安县、晴隆县、贞丰县）、《布依勒浪》（册亨县、贞丰县）、《苗族山歌》望谟县、《布依族婚俗音乐》贞丰县、《布依铜鼓十二则》贞丰县、《布依族"谷温"》贞丰县、《布依族十二部古歌》望谟县、《苗族口弦》（晴隆县、册亨县）、《布依族民歌》望谟县、《芦笙音乐》晴隆县、《盘江小调》晴隆县、《彝族吹打乐》晴隆县

3. 传统舞蹈

《苗族烧灵舞》兴仁市、《苗族板凳舞》安龙县、《阿妹戚托》（晴隆县、兴仁市、普安县）、《彝族嗨马舞》普安县、《苗族芦笙棒舞》普安县、《围鼓舞》兴义市、《布依族转场舞》册亨县、《布依竹鼓舞》册亨县、《布依族展稍》望谟县、《布依族板凳龙舞》兴义市、《苗族回门舞》晴隆县、《金钱棍》兴义市

4. 传统体育、游艺与杂技

《布依族高台狮灯》（兴义市、贞丰县、册亨县）、《麻山绝技》望谟县、《布依族棍术》贞丰县、《民间棋艺》望谟县、《布依族武术》安龙县、《苗族手毽》贞丰县、《布依族"朵苟"》普安县、《布依族山龙》册亨县、《布依族"耍吉蓝"》望谟县

5. 传统美术

《石氏面塑》兴仁市、《布依族刺绣》（兴义市、望谟县、册亨县）

6. 传统手工技艺

《小屯白棉纸制造技艺》贞丰县、《皮纸制作技艺》安龙县、《布依族土布制作技艺》（望谟县、册亨县、普安县）、《布依族糯食制作技艺》（贞丰县、望谟县、兴义市）、《布依族蓝靛染工艺》（册亨县、贞丰县、望谟县）、《故央——传统手工水磨制香技艺》安龙县、《窑上古法制陶》贞丰县、《龙溪石砚制作技艺》普安县、《鸟笼制作技艺》贞丰县、《粮仓建造技艺》望谟县布依族、《古方红糖制作工艺》兴义市、《羊肉粉制作技艺》兴义市、《民间乐器制作技艺》（贞丰县、晴隆县）、《布依族银饰锻造技艺》普安县、《铁器制作技艺》兴义市、《制香技艺》册亨县、《苗族芦笙制作技艺》册亨县、《苗族蜡染技艺》普安县、《苗族银饰锻造技艺》贞丰县、《红糖制作技艺》册亨县、贞丰县

7. 民俗

《查白歌节》兴义市、《布依族丧葬礼俗》贞丰县、《赶毛杉树》安龙县、《布依族服饰》兴义市、贞丰县、册亨县、普安县、晴隆县、《苗族"二月二"》兴仁市、贞丰县、《布依族"三月三"》望谟县、贞丰县、册亨县、《苗族婚俗》贞丰县、《布依族"报笨"习俗》兴义市、《布依族铜鼓习俗》兴仁市、《苗族服饰》兴仁市、贞丰县、晴隆县、普安县、《布依族婚俗》册亨县、贞丰县、《庆坛》晴隆县、《布依族二月二铜鼓节》兴仁市、《布依族火箭节》兴仁市、《苗族跳花节》兴仁市、《陈氏古幡会》兴义市、《苗族"搭桥"习俗》贞丰县、《苗族"竹凭"习俗》贞丰县、《彝族服饰》普安县、《苗族采花节》普安县、《布依族"六月六"》贞丰县

8.曲艺

《布依族八音坐唱》兴义市、《布依八音》册亨县、《布依族说唱"削肖贯"》望谟县

9.传统戏剧

《布依戏》册亨县、《黔剧》安龙县、《布依族"丫面"》册亨县、《苗族武教戏》普安县、《梓潼戏》安龙县、《花灯戏》贞丰县、《傩戏》册亨县

三、州级非物质文化遗产保护名录

兴义市布依族《八音坐唱》、顶效开发区《查白歌节》、册亨县《布依戏》、贞丰县《土法造纸》、贞丰县《布依铜鼓十二则》、安龙县《赶毛杉树》、安龙县《苗族板凳舞》、贞丰县《布依族服饰》、贞丰县《窑上古法制陶》、贞丰县《靛染技艺》、贞丰县《布依摩经》、贞丰县《布依丧葬礼俗》、贞丰县龙井陈氏《花灯》、贞丰县《布依族"六月六"》、贞丰县布依族《婚俗音乐》、贞丰县《勒尤演奏及制作技术》、兴义市布依族《器乐勒尤》、兴义市布依族《高台狮灯》、兴义市《戈榜——布依傩仪》、晴隆县彝族《阿妹戚托》、兴仁市彝族《阿妹戚托》、兴仁市《苗族烧灵舞》、兴仁市《石氏面塑》、册亨县《布依族服饰》、册亨县《蓝靛制作工艺》、望谟县《麻山绝技》、安龙县《故央——布依族传统手工水磨制香技艺》、贞丰县《布依族勒尤》、兴义市《布依族勒尤》、贞丰县布依族《婚俗音乐》、望谟县布依族《语言标准音"望谟布依话"》、望谟县布依族《爱情叙事长诗六首》、望谟县布依族《经典民间系列故事四集》、望谟县布依族《谚语歇后语谜语顺口溜》、兴仁市《布依摩经》、普安县《斗弹达吟（布依族小打音乐）》、晴隆县《斗弹达吟（布依族小打音乐）》、兴仁市《布依古乐》、兴仁市《苗族二十路古歌》、贞丰县《布依族"谷温"》、贞丰县《布依族音琴》、册亨县《布依族"勒浪"》、贞丰县《布依族"勒浪"》、贞丰县《布依族婚嫁歌》、望谟县《布依族山歌》、望谟县《布依族儿歌》、望谟县《布依族古歌》、贞丰县《布

依族乌龙》、册亨县《布依族转场舞》、兴义市《鲁屯围鼓舞》、兴义市《布依族板凳龙》、普安县《彝族嗨马舞》、普安县《苗族芦笙棒舞》、安龙县《文琴戏》、望谟县《"削肖贯"——布依族说唱艺术》、贞丰县《布依族棍术》、望谟县《布依族"吉篮"》、望谟县《布依棋》、望谟县《布依族刺绣》、兴义市《布依族刺绣》、安龙县《布依族"竹纸"传统制作技艺》、兴义市《布依族织锦》、兴义市《白碗窑白陶制作技艺》、兴义市《贵州醇酒酿造技艺》、普安县《龙溪石砚传统制作技艺》、望谟县布依族《糯食制作技艺》望谟县布依族《手工盐水面》、望谟县布依族《火燎狗肉烹制技艺》、望谟县布依族《便当酒酿制技艺》、望谟县布依族《老土布制作技艺》、望谟县布依族《吊脚楼建造技艺》、望谟县布依族《粮仓建造技艺》、贞丰县布依族《鸟笼制作技艺》、兴仁市《中部方言兴仁苗族服饰》、兴仁市《布依铜鼓信仰》、贞丰县《苗族"二月二"》、兴仁市《苗族"二月二"》、望谟县《布依族"三月三"》、贞丰县《布依族"三月三"》、兴义市《鲁布革彝族风情节》、兴义市《布依族服饰》、兴义市布依族《"报笨"习俗》、望谟县布依族《丧俗》、望谟县布依族《摩文化民俗及其文化空间》、册亨县《布依戏》、贞丰县《铜鼓十二则》、贞丰县《小屯白棉造纸》、兴仁市《铜鼓十二调》、兴仁市《布依族小打音乐》。

四、第四批州级非物质文化遗产代表性名录 (83)

（一）兴义市（9项）

1.《兴义市老杠子面》

2.《苗族口弦》

3.《布依族民歌》

4.《布依族摩经》

5.《七舍古法手工制茶技艺》

6.《布依族"三粑一饭"》

7.《阴阳连环板凳拳（子午凳）》

8.《古方红糖制作工艺》

9.《布依族便当酒酿制技艺》

（二）兴仁市（9项）

1. 八月八苗族风情节

2. 苗族板凳舞

3. 跳花节

4. 火箭节

5. 布依呷卜呧（茶）

6. 布依祈雨节

7. 布依打击乐

8. 二月二铜鼓节

9. 布依丧俗家祭

（三）安龙县（10项）

1. 安龙八极拳

2. 打凼布依拳

3. 纳闹板凳拳

4. 排冗布依棍术

5. 海庄布依押枷

6. 布依族狮子锣

7. 布依族稻草编

8. 苗族手绣工艺

9. 安龙红油剪粉

10. 安龙民间医药

（四）贞丰县（14项）

1. 布依族花灯

2. 布依族婚俗

3. 布依族"浪哨"

4. 布依族狮灯

5. 布依族酒歌

6. 布依族童谣

7. 布依族干栏式民居建筑

8. 苗族婚俗

9. 苗族服饰

10. 苗族扫寨习俗

11. 苗族庆育习俗（注："庆育习俗"即：庆祝生育习俗，包括"月米酒"和"满月酒"）

12. 苗族民间传说故事

13. 贞丰糯米饭制作技艺

14. 贞丰豆豉制作技艺

（五）晴隆县（3项）

1. 《格尼角旮》

2. 《四印苗服饰制作技艺》

3. 庆坛

（六）普安县（8项）

1. 普安小花苗服饰制作技艺

2. 河阳布依族服饰制作技艺

3. 普安小花苗医药

4. 卡塘土法造纸技艺

5. 普安四球茶土法制作技艺

6. 喇叭苗武教戏

7. 苗族大歌

8. 普安牛干巴制作技艺

（七）册亨县（13项）

1. 布依族土布纺织技艺

2. 布依族摩经

3. 布依高台舞狮

4. 布依族丫面

5. 布依山龙

6. 布依竹鼓舞

7. 布依族手拉盐水面制作技艺

8. 布依族婚俗

9. 布依族刺绣

10. 布依族九月九的酒酿造技艺

11. 布依族浪哨歌

12. 布依族"勒尤"

13. 布依八音

（八）望谟县（17项）

第四章 黔西南州地方非遗文化

1. 望谟布依族蓝靛染技艺
2. 布依族麒麟舞"耍吉蓝"
3. 布依族过大年"更象劳"
4. 布依族铙钹舞"展稍"
5. 布依族高跷"麻刚"
6. 望谟麻山"亚鲁王"（扩展名）
7. 布依族童谣"温涅"
8. 望谟麻山苗族山歌
9. 望谟布依族摩经
10. 布依族语言地名
11. 布依族"七月半"
12. 望谟麻山苗族服饰
13. 布依族语言物种名录及其分类习俗
14. 望谟布依族服饰（格子花服饰）
15. 布依族板陈糕制作技艺"谷告"
16. 布依族红糖制作技艺"谷甸维"
17. 布依族菜系

五、黔西南州第五批州级非物质文化遗产代表性项目名录（共72项）

（一）传统舞蹈（2项）

金钱棍舞（兴义市）、阿妹戚托（普安县）。

（二）民间文学（2项）

布依山歌（安龙县）、苗族山歌（晴隆县）。

（三）传统音乐（10项）

布依族"狮子锣"（兴仁市）、布依唢呐调（安龙县）、布依"十八河"（安龙县）、苗族口弦（普安县）、彝族唢呐调（晴隆县）、苗族小调（晴隆县）、苗族芦笙调（晴隆县）、盘江小调（晴隆县）、苗族口弦（晴隆县）、苗族口弦（册亨县）。

（四）传统戏剧（2项）

梓潼戏（安龙县）、傩愿戏（册亨县）。

（五）传统体育（2项）

苗族手毽（贞丰县）、布依族"朵苟"（普安县）。

（六）传统美术（1项）

布依族剪纸（兴仁市）。

（七）传统技艺（35项）

原生红糖传统手工制作技艺（兴义市）、青瓦制作技艺（兴义市）、重油蛋糕制作技艺（兴义市）、冲冲糕制作技艺（兴义市）、布依族打铁技艺（兴义市）、布依族竹器制作技艺（兴义市）、兴义羊肉粉制作技艺（兴义市）、布依族刺梨酒（兴仁市）、布依靛染工艺（安龙县）、饵块粑传统手工制作技艺（安龙县）、布依族马脚杆粑粑制作技艺（贞丰县）、苗族银饰锻造工艺（贞丰县）、布依族长号及其制作技艺（贞丰县）、小锅糯米酒酿造技艺（贞丰县）、布依族灰粽制作技艺（贞丰县）、苗家细酸菜制作技艺（贞丰县）、布依族五色糯米饭制作技艺（贞丰县）、苗族古法制酒（贞丰县）、苗族儿童瓦房帽（贞丰县）、苗族刺绣制作技艺（贞丰县）、五色糯米糕粑制作技艺（贞丰县）、布依族褡裢粑制作技艺（贞丰县）、麻糖制作技艺（普安县）、布依族银饰锻造工艺（普安县）、布依族土布制作技艺（普安县）、布依福娘茶制作技艺（普安县）、苗族蜡染（普安县）、土法造酒（晴隆县）、月琴制作技艺（晴隆县）、苗族芦笙（册亨县）、葫芦胡制作技艺（册亨县）、苗族蜡染（册亨县）、提香制作技艺（册亨县）、牛骨（角）胡制作技艺（册亨县）、布依族便当酒酿造技艺（册亨县）。

（八）民俗（18项）

陈氏古幡习俗（兴义市）、布依族糠包（兴仁市）、青苗口述家谱（安龙县）、布依"三月三"（安龙县）、布依"仙姑田"歌会（安龙县）、苗族葬礼（安龙县）、布依族打糍粑习俗（贞丰县）、苗族"搭桥"（贞丰县）、苗族葬礼（贞丰县）、苗族"打花脸"习俗（贞丰县）、苗族"竹凭"（贞丰县）、布依族服饰（普安县）、苗族采花节（普安县）、彝族服饰（普安县）、布依族服饰（晴隆县）、苗族"唔奢帮"习俗（晴隆县）、布依族"推鸡头"酒礼习俗（册亨县）、布依族糠包（册亨县）。

六、黔西南州第六批州级非物质文化遗产代表性项目名录

（一）新增项目55项（58处）

1. 民间文学2项（2处）

兴仁童谣（兴仁市）、布依族古歌（兴仁市）。

2. 传统音乐5项（5处）

大山石工号子（兴仁市）、布依族铜鼓九首（兴仁市）、苗族四眼箫（兴

第四章　黔西南州地方非遗文化

仁市）、布依族八仙古乐（册亨县）、布依族唢呐（册亨县）。

3. 传统舞蹈 1 项（1 处）

苗族铜鼓芦笙舞（贞丰县）。

4. 传统戏剧 1 项（1 处）

阳戏（册亨县）。

5. 传统体育、游艺与杂技 2 项（2 处）

苗族射弩（普安县）、布依族独竹漂（望谟县）。

6. 传统美术 4 项（6 处）

苗绣（兴仁市、普安县、册亨县）、苗族剪纸（兴仁市）、册亨根雕（册亨县）、核雕（安龙县）。

7. 传统技艺 23 项（24 处）盗汗鸡制作技艺（兴义市）、丝娃娃制作技艺（兴义市）、刷把头制作技艺（兴义市）、荸荠粉制作技艺（兴仁市）、回族牛干巴制作技艺（兴仁市）、苗族芦笙制作技艺（兴仁市）、苗族蚕丝织造技艺（兴仁市）、酒曲制作技艺（安龙县、望谟县）、瓦饵糕制作技艺（安龙县）、沙糕制作技艺（安龙县）、坡柳"孃孃"茶制作技艺（贞丰县）、布依族竹编技艺（贞丰县）、布依族箫笛制作技艺（普安县）、布依族米酒酿造技艺（普安县）、蜡染技艺（普安县）、"红苗秘窖"酿造技艺（普安县）、苗族芦笙制作技艺（晴隆县）、砂陶制作技艺（晴隆县）、铁器制作技艺（晴隆县）、布依拉乃清明粑（册亨县）、丫他布依狗肉（册亨县）、布依褡裢粑（册亨县）、红糖制作技艺（册亨县）。

8. 传统医药 7 项（7 处）

苗浴（兴义市）、岑氏布依骨科祖传秘方湿敷膏药（兴义市）、李氏传统中草药贴敷技艺（兴义市）、刘氏传统理疗康养法（兴义市）、刘氏正骨祛痛扶正术（兴义市）、温氏医养（兴仁市）、苗族弩药膏针刺疗法（晴隆县）。

9. 民俗 10 项（10 处）

布依族官亭习俗（兴仁市）、薏仁米种植习俗（兴仁市）、布依族稻作习俗（兴仁市）、彝族婚俗（兴仁市）、布依族过年（安龙县）、布依族"四月八"牛王节（贞丰县）、苗族嫁女"答谢"（嘎呛吧 - 略嗒）习俗（贞丰县）、普安婚俗（普安县）、苗族跳坡节（普安县）、彝族火把节（晴隆县）。

（二）扩展项目 6 项（6 处）

1. 传统舞蹈 1 项（1 处）

苗族板凳舞（贞丰县）。

2.传统戏剧1项（1处）

梓潼戏（册亨县）。

3.传统体育、游艺与杂技1项（1处）

布依族棍术（册亨县）。

4.传统美术1项（1处）

布依族刺绣（贞丰县）。

5.传统技艺1项（1处）

月琴制作技艺（贞丰县）。

6.民俗1项（1处）

布依族糠包（望谟县）。

第二节 黔西南州部分地方非遗文化简介

一、布依族查白歌节

每年农历六月二十一日至二十三日，兴义市及附近各县的布依族青年以及周边云南、广西的各族歌手聚居到兴义市顶效镇一个布依族山村查白赶歌会，人数达四五万人，称为"赶查白"，久而久之形成节日，查白歌节是黔西南州布依族人民隆重而重大的节日。

关于查白歌节的来源，布依村寨流传着一个凄美的爱情传说：相传明朝洪武年间，查白一带原叫虎场坪，是一片虎狼成群的山林。一天，有个樵夫的女儿白妹上山砍柴时遭到猛虎袭击，在这紧急关头，青年猎手查郎一箭将猛虎射死，搭救了白妹，从此以后，白妹对查郎产生爱慕之情。后来，他们通过对唱情歌定下终身。但好景不长，当地恶霸李山官要强娶白妹为第九个小妾，白妹誓死不从。查郎知道后便决定立刻与白妹结婚，第二天就当白家的上门女婿。李山官知道后派人抢走白妹，又将查郎关进牢房。当夜，查郎逃出牢房，救出白妹，但自己却因寡不敌众昏倒被擒，被李山官押往虎场坪处死。白妹知道后伤心欲绝，跑到莲花坡连哭七天七夜。第七天晚上，白妹趁夜深人静时放火烧李山官的家，为查郎报仇，自己也纵身跳入火海为查郎殉情。莲花蓬莱岛上的碧云歌仙被查郎与白妹的真挚爱情所感动，将他们变成一对白鹤，比翼双飞永不分离。歌仙又向布依村寨洒下甘露，甘露迅速变成清泉流向各村各寨。从此以后，布依村寨所在地山清水秀、五谷丰登，喝了清泉水的布依人个个都是开口能唱的歌手。后来，人们为纪念查郎和白妹，将虎场坪改名为"查白场"，并将白妹殉情的农历六月二十一日定为场区。以后每年的这一天，布依族男女青年穿着节日的盛装汇聚查白场，举行一系列盛大活动，歌颂查郎白妹坚贞的爱情，称为"赶查白"，查白歌节便从此形成，一年比一年兴旺，渐渐成布依族的一个重大节日。2006年，查白歌节被列入第一批国家级非物质文化遗产名录。

二、赶毛杉树

毛杉树歌节，是居住在贵州省黔西南布依族人民的传统节日，也叫"赶毛杉树"。在安龙县德卧镇田坝村纳拿和者棉之间，有一块十亩见方的小土丘，当地称它为"毛杉树"。每年从农历三月初三以后的第一个"蛇场天"开始，聚集了盘江两岸的布依族、苗族和其他民族的青年男女赶三天歌会。

"毛杉树歌节"2005年12月被贵州省人民政府选入"贵州省首批非物质文化遗产保护名录"。

关于"毛杉树节"有这样一个故事：南盘江边有一布依族村寨，寨子里有一叫杉郎的后生，邻寨有一姑娘叫村妹，两人在劳动中相识，在劳动中相爱。正当他们要成亲之际，山上的魔狼抢走了树妹。杉郎大战魔狼，终于救出了树妹。但是魔狼变成了许许多多的"蚂蚱"（蝗虫）来糟蹋庄稼。树妹为保护庄稼，一连唱了二十七天的歌，害虫随着歌声消失了。但村妹累病了，在三月初三"蛇场天"离开人间。第三天杉郎也因悲伤去世了。不久在杉郎和树妹的坟上长出了杉树。当地的人们称这些树为"毛杉树"。每逢农历三月初三布依族人民便举行歌会纪念他们。

关于"毛杉树节"还有一个传说，源于一个悲壮感人的英雄故事。相传东汉时期，德卧地方有一恶霸叫乃支，仗着兵多势众，横行乡里，欺压百姓，当地布依族群众苦不堪言。

当时奉命镇守在广西隆林的两名汉朝大将岑鼓、马武，率兵前来征讨，为民除害。岑鼓、马武在激战中身亡。当地百姓将他们葬于坝子西面山脚下，为防遭破坏，不垒坟，只栽杉树两棵作记号。树栽下后，长势神奇，仅三个月就长成九丈高的合抱大树，且枝叶繁茂，针叶细如毛发，当地人称"毛杉树"。

据说两位英雄牺牲的时间正是农历三月的蛇（巳）日，以后每年三月间的第一个蛇场天（初一初二除外），把他们供为寨神，当地布依族要杀猪宰鸡、烧香敬酒，四十八寨布依村寨都要放下农活，杀猪宰鸡，举行三天神圣庄重的祭祀英雄、祭山扫寨、祭水扫田活动。

在祭祀期间，所有村民都要放下农活，叫"闲三"，穿上节日盛装，相约来到毛杉树，借机访亲会友，或在家备酒菜、打糍粑、染花糯米招待远方来的客人，与成千上万来自南北盘江的各族青年男女，举行规模宏大的对山歌、舞龙狮和民间传统体育竞技活动。未婚青年男女则通过对歌、浪哨等结识异性朋友，寻找意中人。

三、晴隆阿妹戚托

阿妹戚托，贵州省晴隆县传统民间舞蹈，国家级非物质文化遗产之一。

阿妹戚托为彝语音译，意为姑娘出嫁舞，俗称跳脚舞，是彝族姑娘出嫁前夕举行的传统群体性舞蹈。关于它产生的时期，没有文献有准确记载。随着时间的流逝，人们的迁徙流传到贵州省晴隆县三宝彝族乡境内，逐渐形成了当地特有的民间舞蹈。舞蹈表现形式以脚为主要载体，踏地为节，节奏欢快、气氛热烈，表达了对新娘的美好祝福。2007年5月29日，阿妹戚托经贵州省人民政府批准列入贵州省第二批省级非物质文化遗产代表作名录。2014年11月11日，阿妹戚托经国务院批准列入第四批国家级非物质文化遗产代表性项目名录，遗产编号：Ⅲ-124。

四、兴义市布依族八音坐唱

八音坐唱又称"布依八音",是布依族世代相传的一种民间说唱形式。因其由八种民族乐器组成乐队,且采取坐唱演奏的形式而得名。

"八音"由牛胡(又称牛角胡)、葫芦琴(又称飘儿琴)、箫筒(又称无笛膜)、月琴、包包锣、钗、刺鼓(又称竹鼓)、小马锣(又称丁丁锣)八种乐器合奏称为"奏八音"或"唱八音",主要流行于兴义的巴结镇。八音坐唱的曲调、歌词均无文字记载,全凭民间艺人的记忆,代代口传身授,因年代久远和古朴,被誉为"声音的活化石"与"纳西古乐"相媲美。1991年,巴结布依族八音文艺队赴北京参加"首届中华民族文化博览会",以《布依婚俗》的精彩表演得到好评,被誉为"东方的文化明珠"获特别展示奖;是年应邀参加"中国昆明东方文化艺术节"开幕典礼被誉为"盘江艺术奇葩"。1992年应邀参加在意大利举行的"国际民间艺术节"获得"凡间绝唱、天籁之音"的盛誉,从此登上国际艺术舞台。

2006年,以兴义市为中心的"八音坐唱"被列入第一批国家级非物质文化遗产名录。2008年,兴义市的"八音坐唱"艺人梁秀江、吴天玉被国家文化部认定为国家级非物质文化遗产项目代表性传承人。

五、苗族芦笙舞

苗族芦笙舞(苗语称为"惹捱德亘")是一种依存于"蒙洒"苗人(苗族川滇黔方言区中的一支苗族)丧祭仪式中的传统祭祀性舞蹈。其历史渊源久远,主要流传于普安县境内的龙吟、白沙新店等乡镇的苗族村寨。该舞蹈原始古朴、粗犷剽悍、热情奔放,集中表现了"蒙洒"苗人先民在远古时期迁徙时围猎、搏杀、披荆斩棘开拓道路、开疆种地等历史族群记忆。该舞蹈是乐舞一体的表演,在保持一系列文化功能性的同时,极具审美和观赏价值,文化内涵丰富,对于舞蹈学、民俗学、民族学、历史学、文化人类学等学科研究具有很高的学术价值。

普安县苗族芦笙舞是国家级非物质文化遗产。

中国大地上，只要有苗族人的地方，就有芦笙。在贵州各地少数民族居住的村寨，素有"芦笙之乡"的称誉。芦笙，是少数民族特别喜爱的一种古老乐器之一，逢年过节，他们都要举行各式各样、丰富多彩的芦笙会，吹起芦笙跳起舞，庆祝自己的民族节日。

原新桥中学施明兰老师根据苗族板凳舞动作，结合学生的实际，改编成了易教易学的新桥中学苗族板凳舞进行传承，提升学校文化育人质量。

预备动作（4拍）

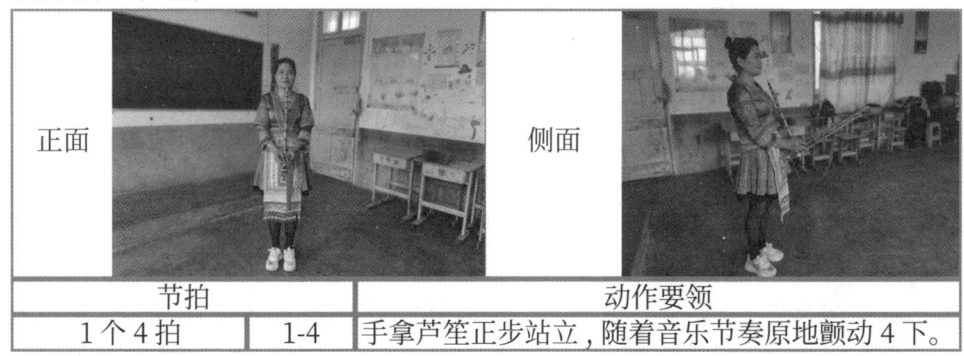

节拍		动作要领
1个4拍	1-4	手拿芦笙正步站立，随着音乐节奏原地颤动4下。

动作一（2×8拍）

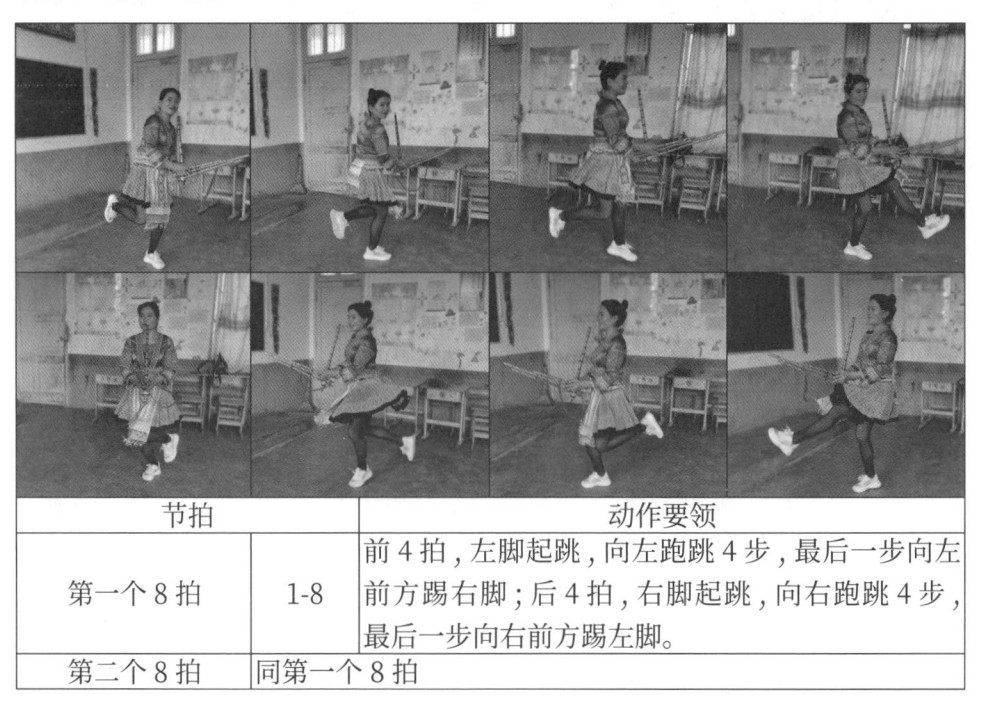

节拍		动作要领
第一个8拍	1-8	前4拍，左脚起跳，向左跑跳4步，最后一步向左前方踢右脚；后4拍，右脚起跳，向右跑跳4步，最后一步向右前方踢左脚。
第二个8拍		同第一个8拍

第四章 黔西南州地方非遗文化

动作二（2×8拍）

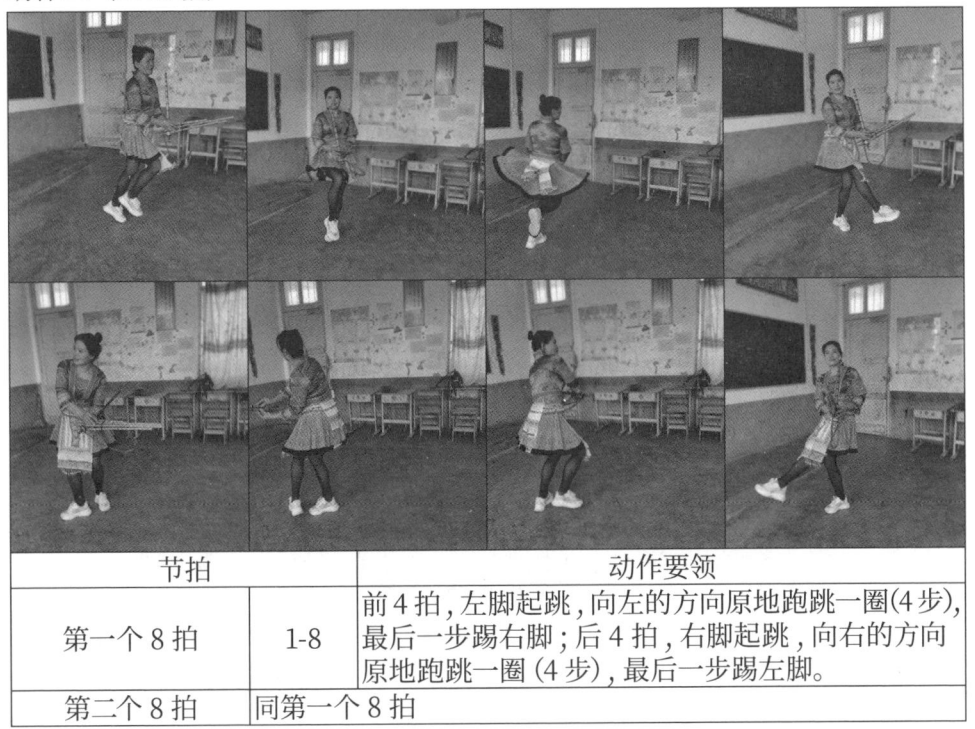

节拍		动作要领
第一个8拍	1-8	前4拍，左脚起跳，向左的方向原地跑跳一圈（4步），最后一步踢右脚；后4拍，右脚起跳，向右的方向原地跑跳一圈（4步），最后一步踢左脚。
第二个8拍		同第一个8拍

动作三（2×8拍）

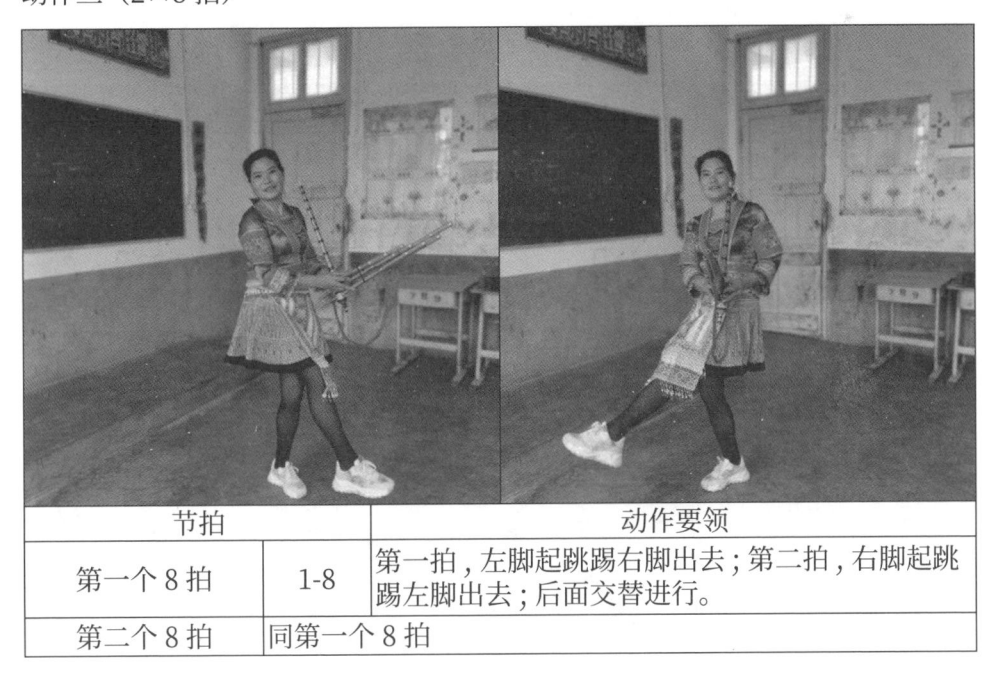

节拍		动作要领
第一个8拍	1-8	第一拍，左脚起跳踢右脚出去；第二拍，右脚起跳踢左脚出去；后面交替进行。
第二个8拍		同第一个8拍

动作四（4×8拍）

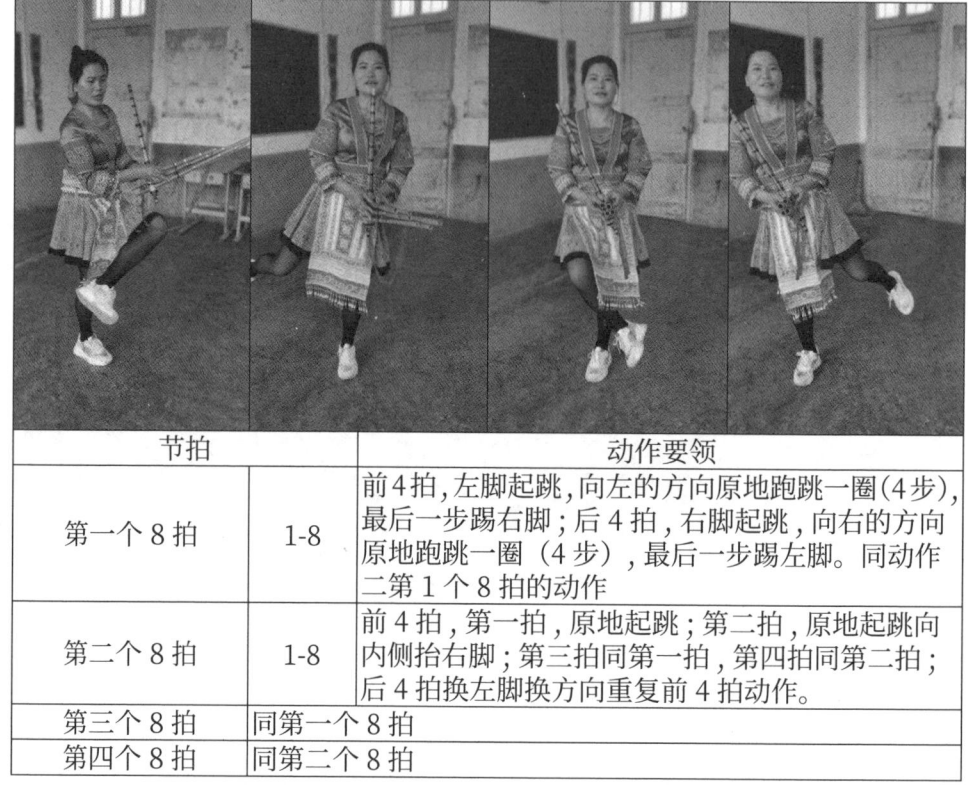

节拍		动作要领
第一个8拍	1-8	前4拍，左脚起跳，向左的方向原地跑跳一圈（4步），最后一步踢右脚；后4拍，右脚起跳，向右的方向原地跑跳一圈（4步），最后一步踢左脚。同动作二第1个8拍的动作
第二个8拍	1-8	前4拍，第一拍，原地起跳；第二拍，原地起跳向内侧抬右脚；第三拍同第一拍，第四拍同第二拍；后4拍换左脚换方向重复前4拍动作。
第三个8拍		同第一个8拍
第四个8拍		同第二个8拍

动作五（1×8拍）

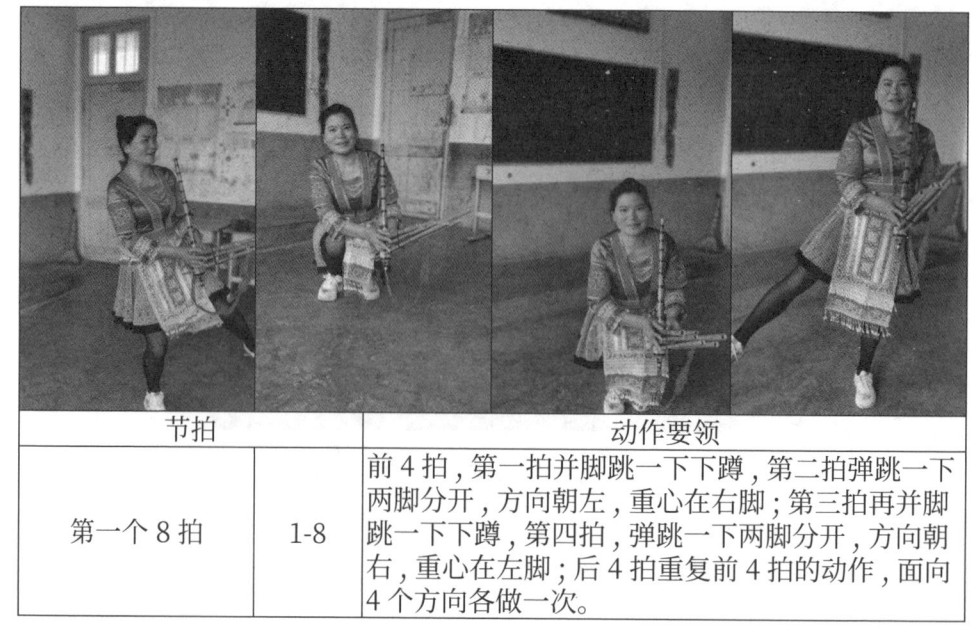

节拍		动作要领
第一个8拍	1-8	前4拍，第一拍并脚跳一下下蹲，第二拍弹跳一下两脚分开，方向朝左，重心在右脚；第三拍再并脚跳一下下蹲，第四拍，弹跳一下两脚分开，方向朝右，重心在左脚；后4拍重复前4拍的动作，面向4个方向各做一次。

第四章 黔西南州地方非遗文化

动作六（4×8拍）

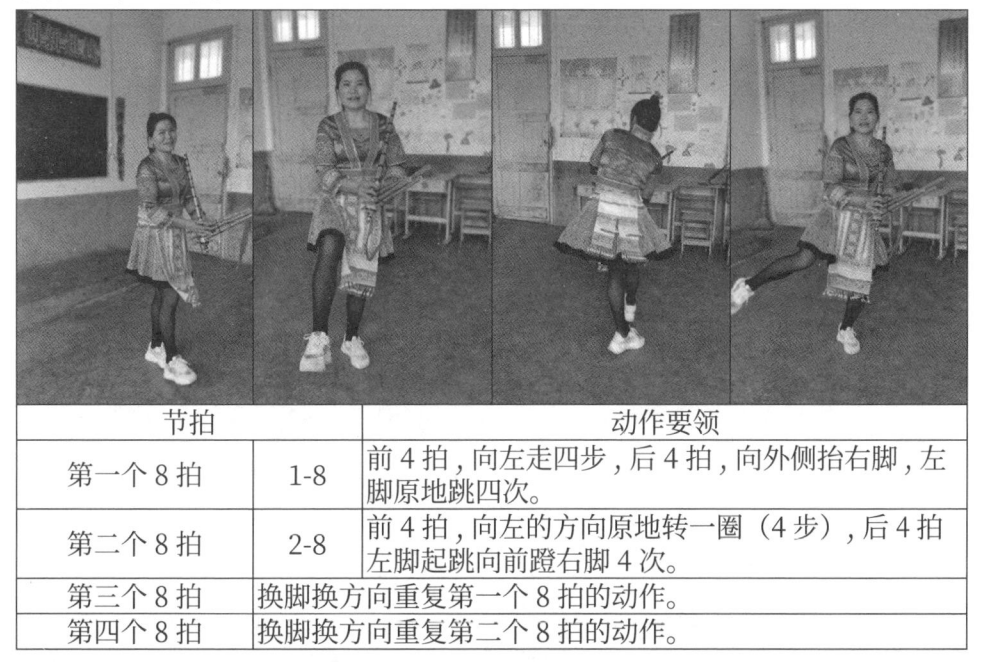

节拍		动作要领
第一个8拍	1-8	前4拍，向左走四步，后4拍，向外侧抬右脚，左脚原地跳四次。
第二个8拍	2-8	前4拍，向左的方向原地转一圈（4步），后4拍左脚起跳向前蹬右脚4次。
第三个8拍		换脚换方向重复第一个8拍的动作。
第四个8拍		换脚换方向重复第二个8拍的动作。

动作七（2×8拍）

节拍		动作要领
第一个8拍	1-8	第一拍，迈左脚；第二拍，并右脚；后面交替进行，此动作可以用来变换队形。
第二个8拍		同第一个8拍

动作八（4×8拍）

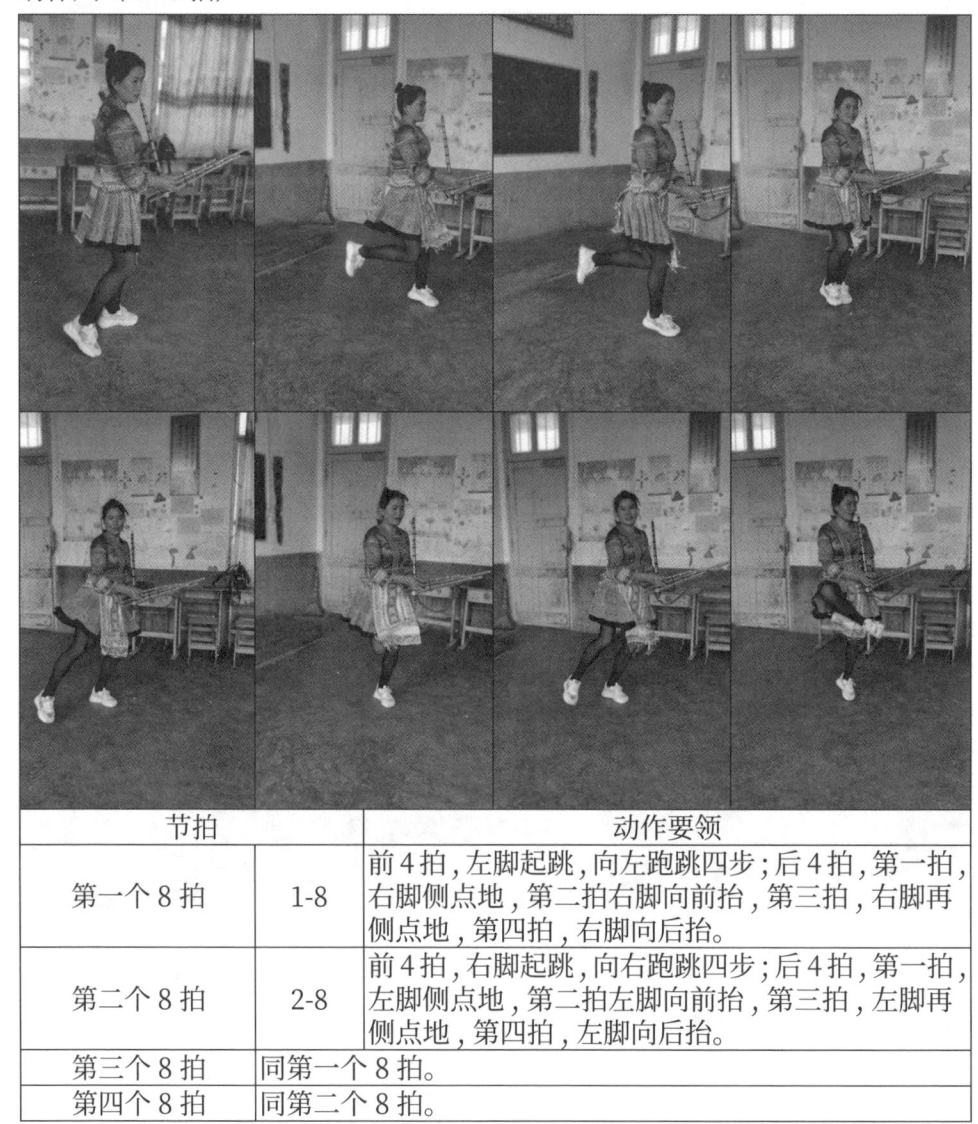

节拍		动作要领
第一个8拍	1-8	前4拍，左脚起跳，向左跑跳四步；后4拍，第一拍，右脚侧点地，第二拍右脚向前抬，第三拍，右脚再侧点地，第四拍，右脚向后抬。
第二个8拍	2-8	前4拍，右脚起跳，向右跑跳四步；后4拍，第一拍，左脚侧点地，第二拍左脚向前抬，第三拍，左脚再侧点地，第四拍，左脚向后抬。
第三个8拍	同第一个8拍。	
第四个8拍	同第二个8拍。	

动作九（4×8拍）

第四章　黔西南州地方非遗文化

节拍		动作要领
第一个8拍	1-8	前4拍,第一拍,左右脚后踢跳,左脚在前右脚在后,重心跳在左脚落地,第二拍,左右脚后踢跳,同样左脚在前右脚在后重心跳在右脚落地,第三拍,重复第一拍的动作,第四拍,左脚跳前踢右脚。后4拍,第一拍,左右脚后踢跳,右脚在前左脚在后,重心跳在右脚落地,第二拍,左右脚后踢跳,同样右脚在前左脚在后重心跳在左脚落地,第三拍,重复第一拍的动作,第四拍,右脚跳前踢左脚。
第二个8拍		同第一个8拍,跳的时候换方向朝前。
第三个8拍		同第一个8拍,跳的时候换方向朝后。
第四个8拍		同第一个8拍,跳的时候换方向朝后。

动作十（2×8拍）

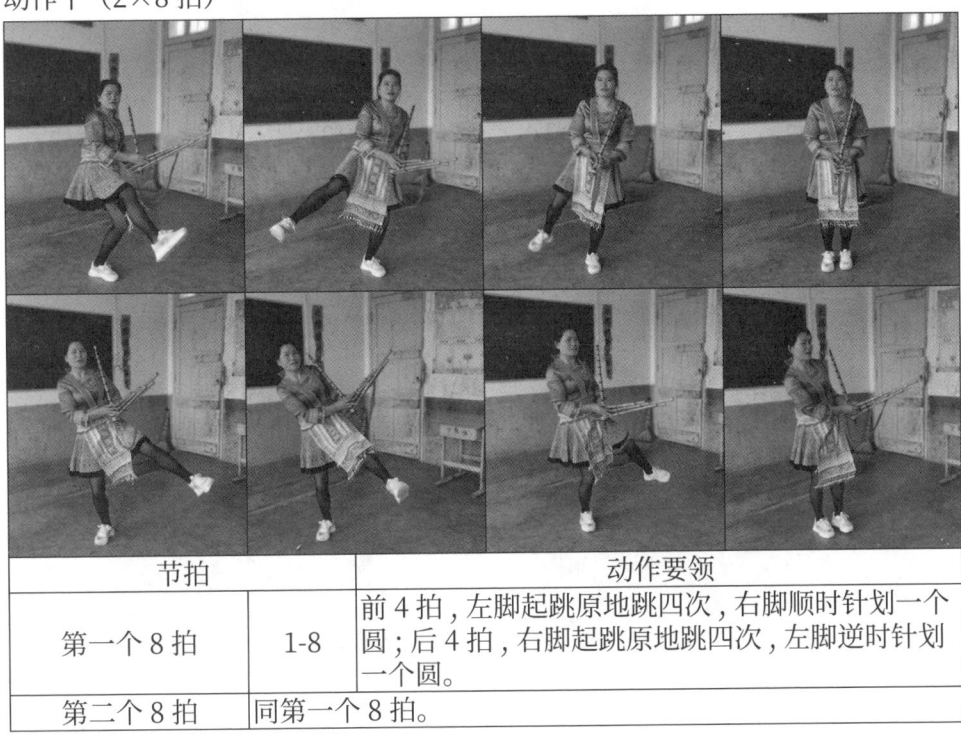

节拍		动作要领
第一个8拍	1-8	前4拍,左脚起跳原地跳四次,右脚顺时针划一个圆;后4拍,右脚起跳原地跳四次,左脚逆时针划一个圆。
第二个8拍		同第一个8拍。

-103-

六、苗族板凳舞

黔西南州安龙县苗族板凳舞是在中部方言区苗族中广泛流传的一种舞蹈。以板凳为道具,击节而歌,表达欢快和喜悦的心情。板凳舞源于生活,相传为秋收时节,寨邻换工撕苞谷,在晒场上的即兴而舞,后推广到所有的节日、喜庆场合,用以表达祝贺、庆贺。表演地点、人数不限,板凳舞节奏鲜明、热情奔放,所以苗族板凳舞易懂易学,可称为苗族的狂欢舞。

原新桥中学施明兰老师根据苗族板凳舞动作,结合学生的实际,改编成了易教易学的新桥中学苗族板凳舞进行传承,提升学校文化育人质量。

(一)如何拿小板凳

双手各拿一个小板凳,掌心相对,手腕用力击打板凳,小板凳就能发出"沓沓沓"的清脆响声,注意:双手拿小板凳击打时不能拳头相对,否则会伤到手。

动作学习

动作一(2×8 拍)

节拍		动作要领
第一个 8 拍	1-8	左脚侧点地,小板凳举到身前左上方,双手随着音乐的律动在左上方击打小板凳。
第二个 8 拍	同第一个 8 拍	

第四章　黔西南州地方非遗文化

动作二（4×8拍）

节拍	动作要领		
第一个8拍	1-8	前4拍，第一拍跳右脚踢左脚，小板凳在身前的左侧击打一下；第二拍跳左脚踢右脚，小板凳在身前的右侧击打一下，第三拍同第一拍，第四拍同第二拍，后4拍重复前4拍的动	
第二个8拍	同第一个8拍		
第三个8拍	同第一个8拍		
第四个8拍	同第一个8拍		

动作三（2×8拍）

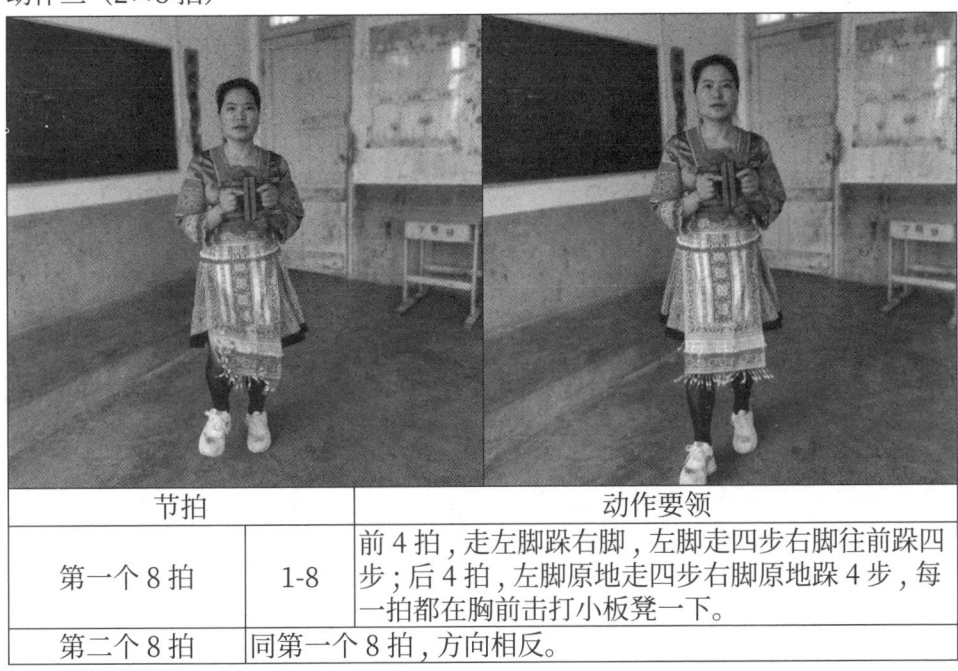

节拍	动作要领		
第一个8拍	1-8	前4拍，走左脚跺右脚，左脚走四步右脚往前跺四步；后4拍，左脚原地走四步右脚原地跺4步，每一拍都在胸前击打小板凳一下。	
第二个8拍	同第一个8拍，方向相反。		

-105-

动作四（4×8拍）

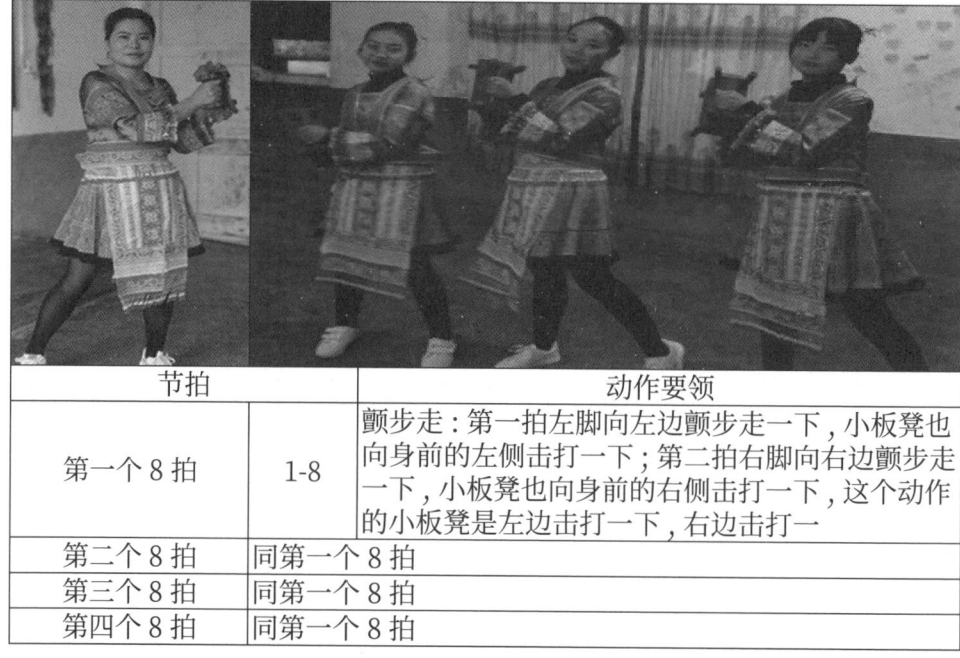

节拍		动作要领
第一个8拍	1-8	颤步走：第一拍左脚向左边颤步走一下，小板凳也向身前的左侧击打一下；第二拍右脚向右边颤步走一下，小板凳也向身前的右侧击打一下，这个动作的小板凳是左边击打一下，右边击打一
第二个8拍		同第一个8拍
第三个8拍		同第一个8拍
第四个8拍		同第一个8拍

动作五（1×8拍）

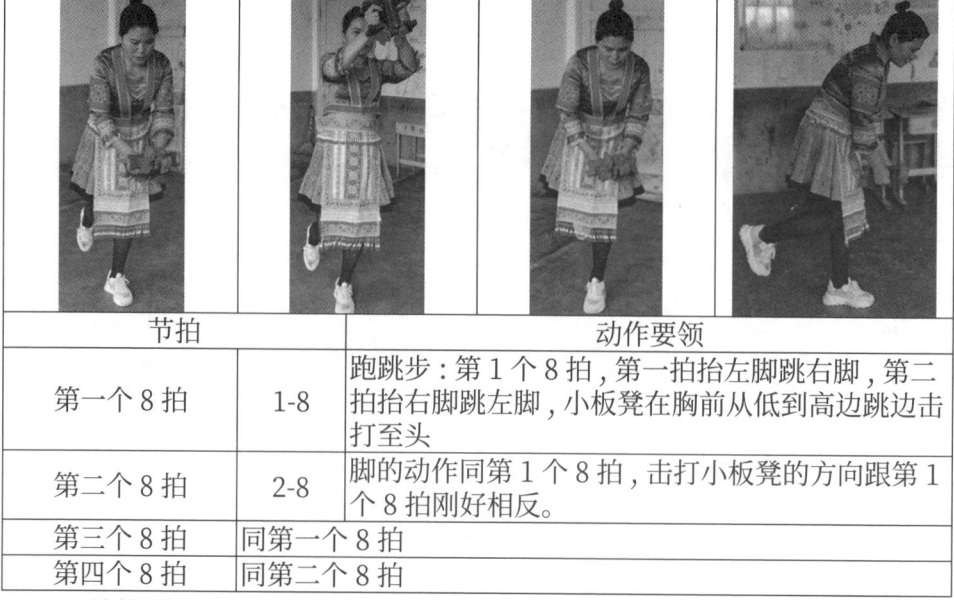

节拍		动作要领
第一个8拍	1-8	跑跳步：第1个8拍，第一拍抬左脚跳右脚，第二拍抬右脚跳左脚，小板凳在胸前从低到高边跳边击打至头
第二个8拍	2-8	脚的动作同第1个8拍，击打小板凳的方向跟第1个8拍刚好相反。
第三个8拍		同第一个8拍
第四个8拍		同第二个8拍

3. 编排《苗族板凳舞》

(1) 分组编排练习

全班按双数分组（8人一组10人一组或12人一组），请大胆的同学担任组长全班按双数分组（8人一组10人一组或12人一组），请大胆的同学担任组长负责每一组的练习，先喊口令练习以上动作，等以上动作都熟悉之后上场表演，跳得好的组及时给予表扬。

（2）队形编排练习

队形一：每个小组分成相同人数的两个纵队，紧挨站在舞台中央的后方，面对观众，前奏统一站在原地随着音乐节奏点左脚在身前左上方击小板凳，前奏结束的前面6个8拍都跳动作一，依次交叉往前跳，交叉跳到舞台中央，再用4个8拍相互跳窜到对方的位置，始终保持两个纵队，后面2个8拍跳动作二。

队形二：用4个8拍把前面的两个纵队绕着每一队的中间各旋转成两个横队，然后重复队形一的动作。

队形三：随着音乐节奏用2个8拍把队形二的两个横队用动作三围成一个大圆，再用1个8拍全部往里走，围成一个小圆，原地跺脚1个8拍后，又用1个8拍全部往后退成一个大圆，再1个8拍调整好队形后，每两人一对交叉做动作二4个8拍。接着4个8拍用动作一把大圆形变成队形一，然后把前面的队形重复完成一遍。

队形四：最后的音乐节奏变换成一个梯形或三角形结束。

表演的时候可根据需要创编队形。

4.播放音乐，每组随着音乐表演《苗族板凳舞》。

5.结束活动，鼓励孩子们创编板凳舞的动作。

七、布依族"三月三"

"三月三"布依语为"象善"，布依三月三是布依族众多节日活动中最盛大的古老传统节日之一。在每年的农历初一至初三节日期间举行隆重祭社神、扫寨、祭山、扫墓挂青、打同娘、浪哨对歌等节日活动。祭社神、扫寨以扫除寨中的邪魔，祈求寨内平安；祭山以祈求山神保佑、风调雨顺、五谷丰登；扫墓挂青以祭奠祖先，做五色花糯米饭以供祭逝去的亲人；女性"打同娘"以结交亲密同性朋友；"浪哨"以歌为媒，以歌定情。布依族过完这个节日，还意味着农忙季节已经到来，须开始投入农事活动了。

布依族"三月三"祭拜祖先的习俗千百年来世代相传，以这种形式传递自己的民族感情。"三月三"体现的祖先崇拜和社祭文化，承载着布依族许多重大历史文化信息和原始记忆，具有广泛的文化空间。

布依族"三月三"与布依族青年男女"浪哨"紧密地交融在一起，对研究布依族婚恋习俗具有重要的学术价值，2008年被国家文化部列入第二批非物质文化遗产名录。

第三节 黔西南州地方非遗文化育人案例

一、黔西南州非遗文化主题学习活动育人案例

【教学案例1】

《布依查白歌节》——地方非物质文化遗产资源

新桥中学 姜昌文

【案例背景】

传承中华优秀传统文化，树立社会主义文化自信。非遗文化进校园是弘扬和传承中华优秀传统文化的重要形式。非遗文化进校园已经成为一种趋势，对学校和学生意义重大。非物质文化遗产属于中华优秀传统文化范畴，随着时间的推移，部分非物质文化遗产濒临失传，保护和传承非遗文化已刻不容缓。学校自然成了保护和传承非遗文化的重要场所，"布依查白歌节"非遗文化进校园是弘扬和传承传统文化的重要举措，是实现立德树人的有效途径，是培养学生爱国主义精神，对增强学生民族自豪感、责任感，树立文化自信具有不可估量的价值和意义。

2022年12月1日，姜昌文老师在新桥中学七（6）班上了《布依查白歌节》一课。查白歌节是贵州省黔西南兴义一带布依族一个纪念性的节日。每年农历六月二十一日在兴义市顶效镇（现义龙新区顶效镇）的查白场举行。该节是为纪念古时当地一对为民除害与抗暴殉情的男女青年查郎、白妹而得名。每逢农历六月二十一这天，贵州、广西、云南三省区边界的布依族青年男女就从四面八方聚集在顶效镇的查白场，举行盛大的歌会. 查白歌会规模极大，参加者多达数万之众，这也是布依男女进行社交的一种重要方式。1982年兴义市人民政府将查白集会定为"布依族查白歌节"；2006年5月20日，布依族查白歌节经国务院批准列入第一批国家级非物质文化遗产名录。这一课的内容是本课旨在帮助初中生将生活中的情感体验与道德学习、价值观学习相联系，引导学生在觉察、认识情感的基础上，了解地方非遗文化，懂得学习查白歌节对于了解地方非遗文化方面所起的作用；理解中华民族传统文化；激发学生对地方非遗文化保护意识，通过学习布依查白歌节，培养学生维护国家统一和促进民族团结，铸牢中华民族共同体意识。

一、案例描述

片段一：开门见山，直奔主题。

1. 引入：

师：同学们，你们知道今年的农历六月二十一是什么节日吗？

师：对，那天是我们一年一度的布依查白歌节。布依查白歌节是贵州省黔西

第四章 黔西南州地方非遗文化

南兴义一带布依族一个纪念性的节日。

板书课题——布依查白歌节

2. 出示主题一——布依查白歌节的介绍

查白歌节源于布依族口传民间故事《查郎与白妹》。相传很早以前，在南盘江畔有一个叫虎场坝的大土坡。坝上有一个猎户的儿子查郎和一户人家的女儿白妹从小在一起玩耍，他们形影不离，亲如兄妹。长大后，两人心中互相爱慕，于是互赠信物，私定终身。就在这时，寨中出现了虎怪，它叼走牲畜、抢走娃娃，一时间人人谈虎色变。勇敢的查郎组织起全寨的后生，将虎怪杀死，第二天是农历六月二十一，请全寨的老少吃虎肉、喝虎汤。寨中有个财主李山猫看上了年轻貌美的白妹，让媒人到白家提亲，白妹一口回绝。可财主并不死心，派人留话说不管白妹从或不从，都要在七月二十八把她娶回家。面对财主的逼婚，白妹与查郎商量好要赶在那天之前抢先成亲。财主得知后想了一条毒计，在查郎和白妹下田的时候，派家丁把查郎用箭射伤后把白妹抢回家。查郎回到家中后邀约众兄弟商量对策，决定由查郎到财主庄上骗家丁和自己打斗，其余的人趁庄中空虚救出白妹。白妹被救出来了，查郎却因箭伤未愈被财主捉到，捆在一棵大糖梨树上被杀害了。白妹得知消息后痛不欲生，回家拜别父母趁着天黑重新返到财主大院，在柴堆上放了一把火，火越烧越旺，财主闻讯赶来捉拿白妹。看到整个庄子将要化成灰烬，白妹纵身跃入火中，为查郎殉了情。最后查郎与白妹灵魂飞向天空，并将吉祥洒向查白布依村寨。后来，人们为纪念查部为民除害，忠贞爱情，不畏强暴的精神和气节，每年农历六月二十一自发到虎场坝（后改为查白场）。

同学们肯定知道很多少数民族故事，请大家来说说。

师总结：今天，在《布依查白歌节》的学习中，我们同学既了解了布依查白歌节的一些知识，又知道了今天学习布依查白歌节故事，就是为传承少数民族传统文化，弘扬民族精神，弘扬他们不畏强暴，英勇献身的精神，从而更好地维护国家统一和促进民族团结，铸牢中华民族共同体意识。

希望你们能发扬他们不畏强暴、英勇献身的精神，在今后的学习和生活中做一个努力学习，天天向上，热爱劳动，投身环保，拥有一颗感恩的心，正直无私的人，长大为祖国做贡献。

同学们，除了布依查白歌节是我们的地方非遗文化外，还有哪些节日是我们的地方非遗文化呢？除了布依查白歌节是我们的地方非遗文化外，还有端午节、中秋节和春节等是我们的地方非遗文化。除了地方非遗节日文化外，又还有布依毛杉树歌节、苗族板凳舞、苗族采花节、苗族芦笙舞、布依族竹竿舞、苗歌、苗语、布依语、名人故居、红色文化、历史遗迹、风景名胜、民间文学、传统音乐、传统舞蹈、传统戏剧、传统技艺、民俗等地方非遗文化。学习、了解和走近一些地方非遗文化,就是为了促进民族团结,铸牢中华民族共同体意识。

【评析】

姜老师以一个引导者的身份在组织课堂学习,先问学生是否知道农历六月二十一是什么节日的基础上,直接介绍六月二十一是我们一年一度的布依查白歌节。布依查白歌节是为纪念古时当地一对为民除害与抗暴殉情的男女青年查郎、白妹而得名的节日。然后导出今天这节课的要学的内容——布依查白歌节,从而引出课题。心理学研究表明,青少年学生在上课开始的10~15分钟的注意力是最集中的,所以导入这个环节要尽量简化,开门见山,但又明确了学习目标,直入课题。再以情境呈现任务—呈现知识点,让学生找答案,探索答案。利用班上学生已有的对布依查白歌节时了解的知识,让学生在这些知识的基础上,带领同学学习。使布依查白歌节是知识的易学,从熟悉的布依查白歌节是引起了学生强烈的信心同时也激发了他们学习新知的兴趣。原本不太了解的布依查白歌节是知识和生活中的关于布依查白歌节的相关知识紧密地联系起来,不仅仅加深了对布依查白歌节的认识,更深刻地认识到布依查白歌节是源于生活,用于生活。

【教学案例2】

毛杉树歌节——地方非物质文化遗产资源
德卧中学初中部杨正美

【教学目标】

知识与能力目标:通过讲述,让学生了解毛杉树歌节的时间、地点;毛杉树歌节的来历及传说;毛杉树歌节的意义及活动方式。

过程与方法:通过视频播放、图片展示、故事讲解及分析、学生讨论等方法对本课时知识点进行引导学习。

情感态度价值观:通过本课时教学活动让学生体会美丽富饶的黔西南本土民族风情文化,培养学生重视并宣传保护非物质文化遗产的人生观与价值观。

【教学重难点】

重点:毛杉树歌节的民族风情、时间、地点。

难点:通过讲述知识引导学生重视并宣传非物质文化遗产。

【教学过程】

导入:

师:同学们,你们了解布依族这个民族吗?播放布依族简介视频,引出黔西南布依族苗族自治州,进一步引出布依族的文化之一毛杉树歌节。

通过播放"布依族简介"视频让学生简单了解布依族音乐文化并引入毛杉

第四章　黔西南州地方非遗文化

树歌节。

一、毛杉树歌节简介：（板书）

毛杉树歌节，是居住在贵州省黔西南布依族人民的传统节日，也叫"赶毛杉树"。在义龙新区德卧镇田坝村纳拿和者棉之间，有一块十亩见方的小土丘，当地称它为"毛杉树"。每年从农历三月初三以后的第一个"蛇场天"开始，聚集了盘江两岸的布依族、苗族和其他民族的青年男女赶三天歌会。

"毛杉树歌节"2005年12月被贵州省人民政府选入"贵州省首批非物质文化遗产保护名录"。

活动一：请同学们根据故事找出毛杉树歌节的时间、地点，并说一说规模、地位。

通过引导学生回答并板书：

1.时间：农历三月初三"蛇场天"。

2.地点：现义龙新区德卧镇的田坝村。

3.规模：三天三夜、较大，波及面约达16804平方公里。学科渗透法治教育《中华人民共和国非物质文化遗产法》。

第八条　县级以上人民政府应当加强对非物质文化遗产保护工作的宣传，提高全社会保护非物质文化遗产的意识。

第九条　国家鼓励和支持公民、法人和其他组织参与非物质文化遗产保护工作。

第十条　对在非物质文化遗产保护工作中做出显著贡献的组织和个人，按照国家有关规定予以表彰、奖励。

第三十四条　学校应当按照国务院教育主管部门的规定，开展相关的非物质文化遗产教育。

二、毛杉树歌节来历（板书）

布依族是南北盘江流域的土著民族，居住地大多是坝子，水源好，土地肥沃，据《贵州民间故事集成·安龙卷》记载，东汉末年，一外来部落意欲攻占龙广四十八（布依）寨（包括田坝村），当时驻守广西的汉将岑彭、马武率兵与布依人民一同抗击来敌，战斗中不幸牺牲，时为农历三月初三蛇场天。人们把这两位英雄埋葬在田坝村纳拿与者棉寨之间的土丘上，为他们立碑，修祠堂，并把农历三月初三后第一个蛇场天定为纪念的日子。之后每年时值纪念的日子，远近闻名的人们都到这里来祭奠，参加的年轻人就借机在寨子杉树林中对歌"浪哨"（谈恋爱）。在历史的演进中，现田坝村布依族人民已把二位英雄供为寨神，每年举行一次隆重的祭祀活动，从农历三月初三后第一个蛇场天开始，历时三天，但祭祀活动已经不是大家关注的主要内容,而到田坝"赶毛杉树"对歌才是远近闻名的,即已演变成布依族传统的音乐民俗节日了。

三、活动内容、节日意义(板书)

1. 活动内容

第一天"蛇场天",祭奠寨神——岑彭、马武二位汉族英雄,家家食五色糯米饭。(故事穿插五色糯米饭的由来)

第二天是"马场天",天一亮人们就赶到毛杉树进行各种传统的文娱活动(舞狮、舞龙、跳板凳舞等),青年男女对歌"浪哨"(谈恋爱)。

(展示毛杉树歌节的视频)

第三天是"羊场天",远方的客人要上路,客人向主人道别,互相祝愿。

2. 节日意义

①节日祭祀是为布依族安居乐业而牺牲的汉族英雄,并视其为寨神,充分体现了布依族浓厚的民族感情,教育后辈要同其他民族和睦相处,共同发展。

②各民族青年男女齐欢乐,对唱山歌,体现了在新中国,全国各族人民是一家,通过对唱山歌认识朋友,拉近了民族之间的距离。透过山歌内容,反映了布依儿女在封建社会父母包办婚姻的陋习下,不屈不挠抗争到底的决心和对自由恋爱婚姻的无限向往与追求。

③山歌歌词结构与唐代七言诗在押韵上是一致的,在对歌中很严格,若押错韵就算输。据考证,山歌很有可能是唐宋文化流传到布依族地区的一种遗风。山歌调子与四句歌词(一首)融为一体,朗朗上口,好学易记,属中国传统民歌起承转合的曲式结构,五声性徵调式。

综上所述,布依族毛杉树歌节对于民俗学、民族学、人类文化学、文学、民族音乐学等的研究,具有极高的学术研究价值。对于传承布依族优秀传统文化有重要价值。

结束语:布依族的山歌比星星还多,布依族的米酒又醇又香,布依族的糍粑吃了忘不了,布依族的天性豪爽,布依族的美酒斟满祝福,布依族的红鸡蛋送来吉祥如意。民族文化需要我们传承与发扬!

【教学案例3】

苗族板凳舞——地方非物质文化遗产资源

鲁础营中学 李列平

一、案例背景

少数民族传统体育进校园是建设体育强国中的重要一环,学校作为传承发展少数民族传统体育的重要阵地，有必要推动少数民族传统体育的传承、发展和创新。首先，少数民族传统体育在学校教学中可实现对学生的健身功能，增进学生的情感交流。其次，少数民族传统体育都有其丰富的民族文化内涵，少数民族传统体育是民族文化的重要载体，通过广泛开展少数民族传统体育，可促进对民族文化的传承保护。最后，通过对少数民族文化的学习交流，增强学生的民族自信心，培养学生的文化自信。苗族板凳舞在初中学生中开展教学活动，能充分体现出少数民族体育进校园的锻炼价值和传承意义。

二、案例描述

近期，本人通过对我所在的贵州省黔西南州非物质文化的了解学习，知道黔西南州安龙县的苗族板凳舞列入了贵州省第一批省级非物质文化遗产名录，于是开始对苗族板凳舞进行深入的了解和学习，根据板凳舞的文化内涵创编了一套板凳舞，并在我校七年级开展了教学活动。教学活动中首先介绍安龙县苗族板凳舞列入贵州省第一批非物质文化遗产名录，板凳舞的文化价值让我们具有学习的需要，再说明板凳舞的锻炼价值让我们更有学习的必要，板凳舞对训练我们身体的灵敏性及上下肢的协调性具有重要的促进作用。指出中华文化是我们的根本，崇洋媚外就是对中华文化的不自信，我们应该继承和发扬我们中华文化，少数民族体育是中华文化的重要组成部分，因此我们更应该了解、学习、继承和发扬我们身边的少数民族文化。接下来做好热身活动，他们都表现出了学习板凳舞的欲望，随着热身活动的结束，板凳舞的音乐响起，老师则伴随音乐激情起舞，同时提醒学生找找音乐节奏。音乐停下，学生更是充满了学习的欲望，跃跃欲试。此时，老师便开始了板凳舞的教学活动，近30分钟的学练过程中，学生始终保持着高度的激情练习，在学生交流创新环节，出现了很多新动作、新节奏的跳法。课堂小结时，平时不爱说话的苗族小姑娘都开了口："老师，下节开再教我们学习哈！"课间休息，很多学生不肯离去，特别是女学生围着我问这问那，学习的激情久久不能褪去。更特别的是民族村的那个苗族女学生，平时上课很少言语，但这次课，她很主动地找我交流，并当着很多同学展示了一段苗族舞蹈，还表示只要老师组织，她愿意教给大家。

三、点评与分析

苗族板凳舞是人们感情交流的一种方式，学习板凳舞能促进同学之间的交流与沟通能力，在练习中，学生的灵敏素质得到了很好的锻炼，比枯燥乏味的练习更能吸引学生的练习热情，激发学生的学习激情。同时，让学生了解苗族的文化习俗，对少数民族产生认同感，促进民族团结，增强民族自豪感和民族文化自信。

苗族板凳舞符合中小学生的身心特点，适合在中小学开展教学活动。苗族板凳舞的韵律感容易激发女生的学习兴趣，男生次之，在教学组织上，可采用女生先学先练、女生先学后教等方法教学，男生可采用与女生交流学习的方法教学，女生教男生甚至是女生教男生一对一地学习或者练习，更好地激发男生的学习兴趣。教学设计上导入部分尤为重要，要说明非遗文化传承的价值和意义以及苗族板凳舞的非遗地位和锻炼价值。教学有法，但教无定法，教学中可采用先看后教，先让学生观看苗族板凳舞的展演视频，让好的舞台视频效果激发学生的学习兴趣，视频的选择上尽量采用当地人的舞蹈展演视频，这样更有利于激发学生的自信心和自尊心，对地方文化产生自豪感。

由于苗族板凳舞它首先是苗族人民酒后助兴的一种舞蹈，它的动作粗犷，表情热情奔放，跳舞过程中，嘴随心动，情感激烈时，伴随着有节奏的吆喝、叫喊声，声音的融合，动作的一致，使人们达到心灵的相通、交流，因此这种民间舞蹈极具娱乐身心，加强苗族人民情感交流的功能。我们在教学中要引导学生，特别是中小学生不得饮酒作乐，而是重在文化的传承意义和舞蹈对人们的锻炼价值。

【教学案例4】

鲁屯围鼓舞——地方非物质文化遗产资源
鲁屯镇初级中学 鲁先英

学情分析：初中生正处在世界观、人生观、价值观形成的关键时期，使学生打牢中华文化底色，传承中华美德，弘扬民族精神，自觉践行社会主义核心价值观，对学生的健康成长具有重要意义。随着年龄的增长以及学科知识的积累，九年级学生对中华文化有了一定的认知，但是随着经济全球化和信息技术发展，历史的和现实的、本土的和外来的、先进的和腐朽的各种各样的文化相互激荡。九年级学生受其心理发展水平、认知能力及辨别是非能力的限制，在一定程度上会淡漠对非物质文化遗产的认知，从而忽视对优秀非物质文化遗产的继承和发展。

教学目标：

情感态度价值观目标：通过学习认识鲁屯围鼓舞的艺术价值及发展历程，感受民族文化的魅力，激发学生对民族文化的热爱，对优秀传统文化的继承和发扬。

能力目标：利用图片、视频的展示引导学生认识这一非物质文化遗产，感受这特有的民族风韵。

知识目标：知道鲁屯围鼓舞是一种世代传承的民间舞蹈，属于群体舞，了解它的发展历程及文化艺术价值。

教学重点：注意鲁屯围鼓舞的发展。

教学难点：如何继承和发扬鲁屯围鼓舞。

第四章 黔西南州地方非遗文化

教学过程：新课导入中，采用情景导入，让学生列举自己所了解的围鼓，引入本地方的民族文化——鲁屯围鼓舞。教师介绍鲁屯"军屯文化"值得一提的当属鲁屯围鼓舞，它源于明朝洪武年间，清朝乾隆年间得到进一步提升，最初只在军屯中使用，后来逐渐流传到民间成为一种表演形式，至今鲁屯依然保留着表演围鼓舞的习俗。

设计过程中主要是让在众多围鼓舞中感知鲁屯围鼓舞历史悠久，在军屯文化渲染下的鲁屯围鼓舞，更具有文化的魅力，从而激发学生学习的探知欲。

新知识的讲解上主要从三个方面着手：识围鼓、赏围鼓、学围鼓，展现鲁屯围鼓舞的民族文化特色。首先在识围鼓中以展示围鼓舞表演图片，结合学生对鲁屯围鼓舞的了解讲述鲁屯围鼓舞的概况。学生知道鲁屯围鼓是一种传统民间鼓舞。围鼓，通俗点说就是围着大鼓跳舞，鲁屯围鼓的核心就是这个"鼓"字，舞蹈中一切打击乐具、舞蹈动作都要围绕着大鼓鼓师的鼓点来行动。其敲法有单手敲、双手敲、敲边鼓、敲鼓心、点放、双点放、急速放、连珠放、重放、轻放等。那些手执乐器的乐师们就根据鼓点来演奏、跳打、蹬打、翻身打等。鼓在鲁屯围鼓中的地位就像西方交响乐的指挥，是整个乐队的精神支柱，围鼓中的鼓师所扮演的角色更为多变，舞者的每一个步伐，或退或进或旋或转或跳或蹲，都要依托于鼓师的鼓点，他们时而碎步，时而方步、弓步。学生通过情景感知围鼓舞古朴的原生态美，感受一种炫目灵动的艺术美。接着教师介绍围鼓舞的由来，让学生知道鲁屯围鼓舞是流传在兴义市鲁屯镇一种世代传承的民间舞蹈，属群体舞，鲁屯围鼓舞的历史源远流长，经过几百年提炼，围鼓舞在鲁屯独树一帜，并成为当地庆典、祭祀、礼仪等活动的文艺表演。"鲁屯围鼓是明朝洪武年间随明军带来鲁屯的"。最早就是《幺二三》《猛虎下山》《鸟归林》形成一种有板有眼的有地方特色的打击乐器的围鼓。后来又以鼓点的节奏配上舞蹈，就形成了鲁屯的围鼓舞。设计上主要让学生认识到鲁屯围鼓舞的历史源远流长，具有丰厚的历史底蕴，进一步激发学生的探知欲。再次引导学生认识鲁屯围鼓舞的发展，知道在晚清同治年间，鲁屯修了戏楼，鲁屯围鼓舞的艺人们与请来鲁屯唱川戏的戏班子切磋锣鼓音响韵律，从而吸引了川戏锣鼓的精华，并逐渐改进舞蹈的动作与鼓点声乐协调配合，经过几百年的提炼，逐渐演变成今天鲁屯特有的具有原生态韵味有板有眼的乐声与舞蹈动作协调统一的围鼓舞。围鼓舞与八音坐唱是黔西南州、兴义市两朵奇异的具有民族特色的奇花。八音坐唱具有布依族的民族特色、鲁屯围鼓舞则具有大明遗风军屯风韵的屯堡人的特色。注重引导学生谈发展的过程中，认识到围鼓舞的艺术价值，激发学生对民族文化的热爱。

在赏围鼓中首先引导学生利用围鼓舞节拍，欣赏着独特的民间艺术。这一环节先介绍围鼓舞的拍子分别是：三蝶（庆贺喜事用）、龙飞凤舞（喜庆用）、凤点头（喜庆用）、月牙五更（丧葬用）、观星星（祝寿用）、上京殿、架桥（婚礼用）、上金殿，他们师徒俩共收集了19个围鼓曲调拍子，围鼓的曲调拍子即曲谱。用一种原始的古老象形符号来表示。学生尝试节拍，感知围鼓韵味，学生的参与度高，但练习的时间较短，效果不佳。接着介绍鲁屯围鼓舞在政府的支持下，取得的优异成绩。列举出鲁屯围鼓舞在2008年被贵州省列为省级非物质文化遗产保护名单，2009年鲁屯围鼓舞走上了多彩贵州的舞台，2010年在陕西省韩城举行的首届中国锣鼓大赛中，由汤宏亮编导的《猛虎下山》获得优秀等次，2018年走进了央视七台乡村大世界的银幕。主要是让学生感知围鼓的魅力，更加坚定学生对优秀的民族文化认同感。最后以展示"文化遗产日"纪念邮票，介绍《中华人民共和国非物质文化遗产法》第四条规定："保护非物质文化遗产，应当注重其真实性、整体性和传承性，有利于增强中华民族的文化认同，有利于维护国家统一和民族团结，有利于促进社会和谐和可持续发展。"渗透法制教育，加强学生对非物质文化遗产的继承和保护。

在学围鼓舞中运用民族文化进校园这一点，倡导学生继承和发扬优秀的传统文化。首先展现鲁屯中学学生练习围鼓舞图片，领略围鼓舞的魅力；其次出示围鼓舞进校园后师生学习的场景图片；再次播放2014年由鲁屯中学的学生和老师共同表演的围鼓舞视频，让学生感受围鼓舞恢宏的气势；最后展示师生向各路来宾表演情景。本次设计主要激发学生对优秀民族文化的继承和发展。最后对本课的学习进行小结，给学生布置学习任务，写一篇学习心得体会。

通过本课学习主要让学生了解非物质文化遗产是民族文化的宝贵财富，学习中从识围鼓、赏围鼓、学围鼓三个方面逐层地将鲁屯围鼓舞展现在学生面前。学生面对这种课本外的民族文化知识感到很新奇，积极性高涨，课堂氛围活跃，达到预期的教学效果。但课堂中教学资源欠丰富，以至于教学过程欠生动性。

【教学案例5】

苗族板凳舞——地方非物质文化遗产资源
新桥中学 施明兰

一、案例背景及设计理念

我们的家乡黔西南是一个多民族的地区，有着丰富多彩的民族文化。苗族板凳舞就是其中的一种，它也是本地少数民族最喜爱、分布最广泛的一种民间舞蹈，但在经济全球化和现代化的冲击下，当地的民族文化已得不到很好的继承和发扬。因此，怎样去传承和推广家乡的民族文化，怎样有效保护家乡非物质文化，成为我们奋战在一线学校的老师们应该思考的问题。刚好，民族文化进校园，我有幸接触并学会了本地苗族《板凳舞》舞蹈，特编成了课堂教学设计。

本课教学设计选用了本地苗族舞蹈《板凳舞》。以体验舞蹈动作—聆听音乐节奏—编排舞蹈动作为主线，通过教学及编排板凳舞舞蹈动作的实践活动，为学生提供了一个色彩斑斓的艺术世界，使学生充分感受到了少数民族舞蹈艺术的魅力。进而激发了他们爱好舞蹈的兴趣以及主动参与舞蹈表演的热情。

二、案例描述

2022年6月14日在安龙县普坪镇戈塘初级中学七（1）上了一节地方非物质文化遗产资源课例《苗族板凳舞》课，听说本学校的板凳舞是做得比较有名望的，所以上课之前，我内心比较忐忑，生怕自己上不好，生怕学生对我教学的板凳舞舞蹈动作不感兴趣，所以在上课之前，我做了两手准备，一套简单基础的动作，一套稍有难度的有一些舞蹈基础的动作，不过，经对本班学生调查了解，大多数学生都没有舞蹈基础，也没有参加板凳舞蹈的课后延时服务课，最后上课决定还是采用简单基础的板凳舞蹈动作学起，铃声一响，随着组织教学、师生问好常规课堂行为的结束，我问学生："同学们，老师穿的哪个民族的服装你们知道吗？"（老师穿苗族服装上课）学生异口同声回答："苗族。"学生果断的回答让老师心情比较愉快，达到了引入民族文化的目的，接下来向学生介绍了我们家乡的民族文化——以苗族板凳舞为例，设计的目的是既进入了本节课学习的主题又让学生有了民族自豪感，然后问他们："想不想学我们家乡的民族舞—苗族板凳舞？"学生又异口同声地回答："想！"学生的回答给了我信心和鼓励。考虑到学生的水平参差不齐，为了兼顾没有舞蹈基础的学生，我这节课还是从最基本的舞蹈动作开始教学，基于以往教学的经验，教学完基本的五个基本动作之后，就选出基础好的学得快的当组长，分组进行练习，练习差不多熟练之后，播放板凳舞音乐，全班完成一遍教学的舞蹈动作，就这样一节课就在轻松愉快的教学中结束。

三、案例反思

现在的初中生普遍喜爱流行舞蹈，崇拜偶像，追求时尚。同时，处在青春期的他们心理又异常敏感、怕羞。如何让追求时尚的他们对少数民族舞蹈艺术产生兴趣，并能积极地参与表现，是我设计这节课的初衷。

该课上过后，我个人认为做得比较成功的是：

一是为学生营造出了一个宽松、和谐融洽的学习氛围，充分调动了学生的学习兴趣。

二是这节课能以学生为主体，创造生动活泼、灵活多样的教学形式，让学生亲身感受、体验、表现、创造舞蹈动作。积极地参与到实践活动中，让教学过程变成了一种师生交往、共同发展的互动过程。在对几个方面自我肯定的同时，也提出几个问题与老师共同探究。

1."台上一分钟，台下十年功。"要学会一个舞蹈，不是一节课就能解决的，那这一节课应该怎么上才能达到理想的教学效果。

2. 舞蹈没有音乐就没有灵魂，对于一点基础都没有的同学是先教学听舞蹈音乐还是先教学舞蹈动作。

【教学案例6】

望谟县布依族"三月三"教学案例
新桥中学 韦贞殿

【教材分析】

教学重点：让学生了解和认识地方非遗文化遗产，望谟县布依族"三月三"。

教学难点：让学生认识到望谟县布依族"三月三"的核心文化价值是祭祀和感恩。

【学生分析】

作为七年级学生，他们对本地方的非物质文化遗产了解比较少，所以，通过这一节课的学习，让七年级了解我们本地方的非物质文化遗产望谟县布依族"三月三"和一些的地方非物质文化遗产。

【教学过程】

一、新课导入

播放望谟2021年举行"三月三"的视频导入新课，望谟的三月三是当地布依族居民们每年热烈庆祝的盛大节日。三月三，俗称向善，是布依族以祭祀社神和给自己祖先扫墓为主要形式的传统节日。望谟的三月三是布依族文化集中展示的核心活动。望谟有中国传统纺织文化之乡之美誉，据资料显示，该县目前已知的传统纺织、蜡染、刺绣技艺等非物质文化遗产超过600个，其中布依族传承下来的就占80%以上。

活动期间，既有丰富多彩的同昂央文艺汇演、民族风情展演、三月三主题演出，又有精彩绝伦的千人同唱原生态布依歌曲以及同跳糠包舞等活动，更有滋有味的布依美食大赛。此外，游客还可观看三月三诗词书法展、绘画摄影展、奇石沉香展等展览。

通过视频的这种方式导入新课，让学生了解和认识了望谟的三月三，适当激发了他们学习地方非物质文化遗产的浓厚兴趣。

二、课堂展开

（一）布依族"三月三"简介

布依族"三月三"，俗称"向善"，是布依同胞在农历三月初三举办的以祭祀社神和给自己祖先扫墓为主要形式的传统节日，其前后持续的时间可达三十天

第四章 黔西南州地方非遗文化

之久。布依族"三月三"渊源与其原始宗教"摩教"和"扫墓挂青"（挂青有"挂亲"之意）有关，其流传已经有一千多年的历史。布依族"三月三"是一个跨境的民俗圈，主要分布于贵州省南北盘江红水河两岸，即贵州、云南和广西三省区二十多个县市，面积大约有四万多平方公里。其中，以贵州望谟县的布依族"三月三"的表现最为浓重，最具有鲜明的民族特色，其真实性可以达到"全城空巷，满城尽插枫香叶"，其品牌的美誉度得到周边各地的认可。"三月三"其实是中国多个少数民族都过的节日，过该节的民族有壮族、黎族、畲族、侗族、苗族等，总的人口超过2500万人。教师介绍布依族"三月三"情况。

（二）望谟"三月三"介绍

望谟"三月三"，一有宗教文化的特征，有祭祀社神、祭祀春耕、祭祀农田、祭祀祖宗和制定村规民约等活动；二有感恩文化的特征，通过"扫墓挂青"来报恩祖先和社会；三有"枫香文化"的特征，一到"三月三"，布依山乡遍地充满枫香味，家家户户的房屋四周插有枫香枝，人人头上插上枫叶，孩子穿上枫香衣，每家都做五彩的花米饭来祭祀社神和先祖；四是年轻人的"三月三"，人们通过山歌对唱、糠包对甩、谈情说爱；五是孩子的"三月三"；六是民族团结友爱的"三月三"，人们通过上坟宴会朋友、山上娱乐、打猎和下棋；七是经贸活动的"三月三"。教师介绍望谟布依族"三月三"情况。

（三）望谟布依族"三月三"的核心文化价值是祭祀和感恩

该民俗是布依族传统生活中集中又充分的体现，从中可以发现布依族的价值观、文化方式、社会关系结构、审美情趣等方面的文化原型。历史渊源：望谟县有布依族文化的多样性，布依族"三月三"是布依族最为普遍的传统节日，其节日来源与活动内容，随居住地区不同有所区别。布依族"三月三"的渊源与祭祀和感恩有关。汉字文献有记录的布依族"三月三"，其宗教仪式最为庄严。布依族先民，"其俗畏鬼神，尤尚淫祀"；1854年的《兴义府志》记载有布依族"三月三"民俗，即是南北盘江红水河的"城乡皆以三月初三、六月初六、九月初九祀土地神"。"每岁三月初三宰猪牛祭山，各寨分肉，男妇饮酒，食黄米饭。苗语以是日为'更将'，犹汉语'过小年'也。三、四两日，各寨不通来往，误者罚之。"然后在"清明祭墓，以纸钱挂墓上，谓之'挂青'"。清朝道光贡生黄晋明描述望谟"三月三"的民俗状况是"桃李花开三月三，箫声吹暖碧云涵。女寻男去男寻女，一曲蛮歌意态憨"。清朝道光副贡生张国华也证实望谟布依族的祭祀状况，"闻道旱年群祷雨，屠牛人上后山头"，食牛毕，即雨。而《布依族祭歌》中的《布依先民阿永学礼仪》是祭祀父母的发端；布依族的经典民间文学《囊荷斑》也讲到囊荷斑卖粮仓卖家来埋葬父母；布依戏也有卖身葬父母的剧本。如果按照布依族的祭祀传说来推断"三月三"的渊源，该民俗就有几千年的历史。教师向学生讲解望谟布依族"三月三"的核心文化价值是祭祀和感恩。

（四）望谟县、罗甸县红水河江岸一带的"三月三"的渊源与"上坟挂青"的民俗有关

布依人家或宗族集体到祖坟墓地挂青，杀猪宰羊，摆设酒菜和花糯米饭祭奠。扫墓后，人们在坟山上娱乐、打猎和野餐。节日这天，人们到山野踏青游春，儿童们摘嫩枫叶做成圆球抛打或着装枫香树叶子衣，妇女们则摘几匹嫩枫叶插在头髻上，并顺便采集枫香树的枝丫，拿到家里插在房子四周的墙壁里。此外，家家把糯米染成五颜六色，做成花糯米饭吃。青年们到山坡上吹木叶、唱山歌。如遇上称心如意的对手，晚上便相邀到布依村寨，通宵达旦地对歌。临别时，主人家用芭蕉叶包着花糯米饭和鸡腿肉分送孩子，作为节日的礼物。教师讲解望谟、罗甸县红水河江岸一带的"三月三"的渊源与"上坟挂青"的民俗有关。

（五）望谟三月三的布依族文化节

望谟的三月三是当地布依族居民们每年热烈庆祝的盛大节日。三月三，俗称向善，是布依族以祭祀社神和给自己祖先扫墓为主要形式的传统节日。望谟的三月三是布依族文化集中展示的核心活动。望谟有中国传统纺织文化之乡之美誉，据资料显示，该县目前已知的传统纺织、蜡染、刺绣技艺等非物质文化遗产超过600个，其中布依族传承下来的就占80%以上。活动期间，既有丰富多彩的同昂央文艺汇演、民族风情展演、三月三主题演出，又有精彩绝伦的千人同唱原生态布依歌曲以及同跳糠包舞等活动，更有滋有味的布依美食大赛。此外，游客还可观看三月三诗词书法展、绘画摄影展、奇石沉香展等展览。

（六）望谟三月三庆祝的程序

望谟三月三最有程序性，首先是三月初二祭山神，祈求山神保佑全年风调雨顺、五谷丰登、人民安康、六畜兴旺等；三月初三上午蒸五色糯米饭，杀鸡及烹制各种特色菜肴祭祖，然后阖家共进午餐；下午，大人们则到儿女亲家互送五色花糯米饭，青年男女则会友，共享五色花糯米饭和交心谈心，对山歌和即兴小调等；三月初四开始由各户长子一家召集儿女亲家、外嫁姑娘及女婿、家族中的堂兄弟姐妹等男女老少到山上的各自家族共同坟地祭祖，家家户户都务必带上一座坟一套祭品即一包五色糯米饭、一对香烛、一沓纸钱、一串爆竹、一只大红公鸡、一挂腊肉、一坛自烤土酒、一挂剪纸纸标和一人一套碗筷，向列祖列宗表示感恩，教育子女不忘本和不断发扬祖宗的传统美德，立志成才和脱贫致富等等；除了卧病在床和远在天涯海角之外，人人都要参加祭祖活动，否则被视为不肖子孙而受人耻笑。现在已与时俱进成为在三月初三前后一个月之内都可以上坟祭祖，这是为了方便外出工作和务工人员回家参与祭祖活动。在祭祖的过程中，摩公和家族长者都要向年轻人一一介绍各位祖宗的光辉业绩与过人之处及重大成就，以教育子女立志成才，别让祖宗丢脸等等，当然也有祈求祖宗保佑平安顺利

等内容，但并非主要目的，其中的迷信成分很少。特别是望谟县桑郎镇在三月三这天，全镇布依族群众万人空巷全部上山祭坟，极为壮观。在望谟过三月三，也是当地布依族群众之间交流思想、增进友谊、互通有无和展示成就的大好机会，实际上三月三已成为民族友谊之桥、文化传承之桥，其文化价值非同一般。

（七）望谟"三月三"布依族文化节隆重举行

望谟"三月三"布依族文化节，每年都会在新屯布依寨景区隆重举行，来自四面八方的布依族男男女女们相聚在一起，共同庆祝传统节日"三月三"。

在寨门口，首先感受到的是布依族的热情好客。布依族同胞们用拦寨酒给每一位来参与祭祀的客人倒上米酒，随后他们通过歌声、舞蹈、乐器等方式展示了布依族的文化和民俗，绚丽的服饰、热情洋溢的舞蹈让人赏心悦目。

新屯布依寨景区2021年"三月三"布依族文化节活动，旨在提振新屯干部群众精神，树立全面小康信心，持续完善县乡村三级公共文化服务体系建设，继续延续望谟县"中国布依族古歌之都""中国传统纺织文化之乡""中国布依族语言与文字培训基地"品牌，营造新屯"中国少数民族特色村寨""全国文明村""布依说唱艺术之乡"的浓厚氛围，打造民族特色文化、非物质文化遗产品牌，传承优秀文化、发展旅游产业、巩固拓展脱贫攻坚成果和乡村振兴的有效衔接。

2021年望谟新屯布依寨景区三月三活动有，"好客布依"进寨迎宾仪式，"溯本思源，神秘布依"感恩祭祀大典，"古韵传承，天籁布依"古歌展唱，"多彩布依"打五色糍粑比赛等活动，为三月三增添了更加丰富的色彩。

三、课堂归纳

通过上面这几个方面的教学，让学生了解和认识了望谟布依族"三月三"，"三月三"的核心文化价值是祭祀和感恩，望谟三月三的布依族文化节等内容，增强了他们学习地方非物质文化遗产的兴趣。

四、结束

布置本节课的课后作业：谈谈你对望谟"三月三"的认识。

【教学案例7】

《兴仁苗族"二月二"》教学案例
鲁础营中心小学杨孝敏

贵州省兴仁市苗族"二月二"迎亲节是苗族习俗中独特的民风民俗，结婚的礼仪较为复杂，但又极富礼教性，是苗族人民在长期的历史发展过程中，在生产和生活的历史实践中产生的独特婚俗节日，是我国宝贵的民族文化遗产。

一、谈话导入：引出传统节日

同学们，你是什么民族？你的民族有些什么风俗？（指几名少数民族学生分享，其他民族学生充满着好奇，同时也纷纷说起自己听说的或经历过的少数民族习俗活动，起到了充分调动学生学习积极性的作用。）

教师再做引导：长期以来，生活在我们兴仁市这片热土上的各少数民族创造了光辉灿烂的非物质文化遗产，苗族"二月二"迎亲节正是苗族古老传统婚俗文化的生动体现，鲜活地展现出苗族悠久的历史。如苗族相当于结婚证的"竹刻字符"中的象形文字和苗族服饰、银饰中的蝴蝶、龙衣、姜央头像等，充分说明了"二月二"迎亲节的远古；新娘到夫家所背十二个红蛋，与苗族古歌中蝴蝶妈妈生下十二个蛋有着密切的联系。今天让我们一起去了解兴仁苗族"二月二"迎亲节的特殊风俗吧。

二、了解苗族"二月二"迎亲节的习俗

兴仁市苗族"二月二"迎亲节，内容广泛、内涵丰富，主要分为限制择偶、缔结和礼仪结婚、"二月二"迎亲三个部分。限制择偶包含宗族、民族、服饰、亲戚、迷信限制等五个方面。缔结和礼仪结婚包括择偶、说亲、定亲、交礼金、接亲、发亲、寻红蛋、开柜、新娘挑水、回门、吃猪肚等十二个方面。"二月二"迎亲，即正式迎媳妇进门，意味着结婚仪式的圆满完成。

（一）说亲

即说媳妇，男女双方中意后，由男方请媒带4包糖，到女方家提亲，女方家同意，就收下糖。不久，男方备办糖果、米、酒、雄鸡等，择定吉日由媒人背纸伞到女方家说亲，女方主人将杂糖送到家族中，表明"姑娘已喜配，连亲算说成"。

（二）定亲

在双方择定吉日后，女方通知亲友寨邻与男方的来客汇集一堂，男方备办酒、米、猪肉、雄鸡、雄鸭等到女方家，女方家将男方带来食品做成熟食祭供祖宗后，在长辈的主持下互唱祝福酒歌，这种形式译意叫"吃鸡酒"。男方家待到古历八月中旬逢子日，仍请媒人带上糖、酒、公鸡到女方家，确定结婚时间。

（三）交礼金

男女双方在结婚前须交收礼金，男方或女方家进行，由双方事先确定，礼仪都是一致的。交礼金前，女方家要到舅父家请相当于现在结婚证的"竹刻字符"，亦称"豆符"。是用一根约二尺长的竹管，整理圆滑后，刻制者用刀一头刻金银一头刻鸡鸭，代表不同的礼金数目后，并将竹管从刻纹正中一头剖为两瓣，另一头竹管不破，红丝线捆住破的那头，就算刻制"豆符"完成。交礼金仪式为：祭祖毕，设宴于中堂，女方舅父和媒人坐上首，迎亲长者陪坐，酒过三巡，新娘的舅父出示"豆符"给席上人传看。礼金的基本标准为青布九丈，银饰品一套，及鸡鸭酒肉米等。礼金中银饰品是必须的，否则便结不成婚。

（四）接亲

苗族结婚多在秋收后举行，结婚日双方都办酒席，女方家为前一天，男方家第二天。接亲时，男方家备公鸡、公鸭和红蛋12个请3个男青年作为接亲客提前一天到女方家接亲。晚上举行宴席，送亲姑娘、妇女们站在宴席后面与接亲小伙对歌，直到接亲小伙拿出一条带去捆衣服用的青手帕，当姑娘索要的青手帕、网袋到手时，乘机用锅烟涂抹给接亲客打花脸猫，并口称"洗脸了哥哥"，围观众人欢呼雀跃。席后，三位青年被引至异姓人家住宿，姑娘们尾追服务端来的洗脚水里渗入染料，青年的脚被染得乌黑，逗得众人大笑，取乐几番，才换洗脚水。

（五）发亲

次日早上发亲，出门时，由两位老太太站立大门两侧斟酒敬茶送行。新娘出门时，若寨子有立房子的要停止劳作，遇办丧事的就绕道而行，遇着撞亲，新娘交换手巾。新娘到男家门口时，由"接亲客"领先，男方家请两位福好命好的老年人立于大门两侧斟酒敬茶迎进全部接亲、送亲队伍，新娘则由一位中年妇女指点，先跨左脚进屋，进屋后，坐在中柱位置，表示从今日起当家立志。

（六）寻红蛋

这时请一老妇铺新床，并把4个红蛋藏于床角，铺好后由四个小孩进去找红蛋，意为祝福早生贵子。

（七）新娘挑水

饭后，几个迎亲姑娘陪新娘到井边挑半挑水，挑近大门时，新娘上前走三步，自有姑娘接担子进屋，表示开始在夫家做家务。

（八）回门

挑水后，新娘与送亲姑娘返回娘家，苗族新婚时，男女不同房，路程近的，当天就回娘家，路远的新娘由伴娘陪宿一至二夜后方回娘家，苗族称此为"回门"。

回门后，男方备公鸡、公鸭、肉、米等规定的物品仍由先前去接亲的三个小伙陪送新娘和送亲姑娘回娘家。在回娘家的第二天清晨，姑娘们催促三青年起床煮饭做菜。煮饭时，姑娘们有意揭开甑盖，拆火，让饭难以煮熟，乘机讥笑等刁难之事。在煮饭做菜的过程中，小伙子顾此失彼，洋相百出，被姑娘取笑。饭菜做好后，举行祭祖仪式。迎亲时挑糯米饭的青年站在供桌旁吟唱长篇叙事诗《霞略答》，姑娘站在旁边监督，若错了，可用小竹棒打，若监督不严，桌上的肉被小孩偷吃一片，就可结束朗诵。进餐结束，小伙子用红丝线向姑娘赎回腰带，姑娘将丝线分给众人。中午饭后，女方家拿出一个酒瓶盛两斤酒，加上一对小酒杯送给小伙们供在途中饮用。青年走后，女方家备一块三至五斤重的猪肉，一只鸭、一壶酒，请人挑着护送舅父回家，一桩婚事就此结束。

（九）迎亲

在婚后次年农历二月初二的迎亲节举行。二月二，万物复苏，春暖花开之时，是龙的日子，是吉祥、好运的象征。当日新媳妇背上十二个红蛋，由母亲、叔母或哥、弟等内亲带一只鸡、一块肉、糖果等送新媳妇到丈夫家去。送新媳妇的人必为5人或7人等单数。红蛋象征圆满、祥和，分给小孩预示着望早生贵子。此时，男方家宾客盈门，对送亲者厚礼相待，家庭叔伯弟兄也轮流请去做客，款待数日，大家唱起动人的飞歌和苗族古歌，跳起欢快的板凳舞以示庆贺，节庆活动要持续三天，寨中热闹非凡，全部沉浸于过节的热烈气氛中，把节日活动推向高潮。

（让学生了解苗族"二月二"迎亲节的习俗是本节课的重点，采用图文结合的方法让学生先做了解，再找班上的苗族或参加过苗族"二月二"迎亲节的孩子进行交流拓展。）

三、拓展其他地方"二月二"习俗

图文结合给学生介绍山西、西北、北京三地二月二习俗。

（一）山西

二月二在山西，农村早起有挑龙蛋的风俗，天还没有亮的时候，男主人用水桶从村里的水井里打水，相传二月二的水井里会有龙蛋，挑回家里以求风调雨顺，取吉祥之意。

（二）西北

二月二在西北，甘肃岷县等地有吃炒豆子的习惯，表示每年春天的开始，岷县的二月二会，前来浪会的人们买大黄梨拿回家孝敬老人，故"二月二"庙会又称"黄梨会"。

（三）北京

二月二日既然是"龙抬头"之时，许多食品就与龙牵扯在一起。北京一带，这天多食用春饼，叫作"吃龙鳞"，比较讲究的还在食用时搭配"合菜"。合菜是将瘦肉丝与菠菜、豆芽菜、蒜黄等菜蔬合炒而成，吃时将春饼一分为二，抹上甜面酱，配上大葱，再夹上合菜，卷成筒状而食。此外，北方地区还时兴食用面条、水饺等，而且各地都有一个特别的说法，如食用面条叫"吃龙须"（吉林）、"挑龙头"（河北），吃水饺叫"吃龙耳"（吉林）、"吃龙角"（河北）、"按龙眼"（内蒙古）、"吃龙牙"（北京）等。

四、习俗现状

由于现代文明的注入和现代生活方式的冲击，近年来，苗族二月二迎亲节的传承已出现淡化的现象，该节日的一些传统精髓文化已存在渐趋消失的危险，急需进行抢救。

五、课堂总结

农谚中有二月二，龙抬头，家家户户使耕牛的说法。根据气候规律，老百姓从这天起就开始了新年的劳作，为祝贺新春的到来，预祝新年喜获大丰收，苗家人便借此载歌载舞，尽情狂欢。兴仁市苗族"二月二"迎亲节是苗族习俗中独特的民风民俗，结婚的礼仪较为复杂，但又极富礼教性，是苗族人民在长期的历史发展过程中，在生产和生活的历史实践中产生的独特婚俗节日，是我国宝贵的民族文化遗产。

【案例反思】

本节课以下部分我认为我做得比较好：

在本课教学设计中，通过谈话从学生熟悉的民族习俗导入，利用有趣的民风习俗为抓手，充分调动学生学习的兴趣。

教师发挥主导的作用，充分体现了学生的自主地位。引导学生运用学生已有的生活经验展开讨论，教师借机进行信息的整合。

教师通过不同形式、有层次递进性的引导，最终达到教学目标。在课前准备时，我搜集了大量的图片，在课堂上展示给学生看，更加直观、形象地表现节日的快乐气氛，让学生了解兴仁苗族"二月二"迎亲节的习俗，有效地调动学生的学习兴趣，丰富学生的知识，满足学生的好奇心，并将民族传统文化根植学生心里。

二、学科融合黔西南州非遗文化主题学习活动

【教学案例1】

道德与法治和历史跨学科融合地方非遗文化主题学习活动

——《自由平等的追求》

兴义第四中学 杜荣静　新桥中学 姜昌文

【案例背景】

为进一步发展学生核心素养，促进学生道德与法治学习方式的转变，加强学生运用多学科技能进行综合探究的能力；为增强学生对国家非物质文化遗产的认识，传承中华优秀传统文化，增强学生的政治认同、文化自信；为使学生具备一定的道德与法治学科知识储备，真正发挥课程教材培根铸魂、启智增慧的作用。本次课程设计了道德与法治和历史跨学科主题学习活动，引导学生围绕"自由平

等的追求"主题，将本次所学的道德与法治课程与历史课程《五四运动》中的知识、技能、方法及课题研究等结合起来，开展深入探究、解决问题的综合实践活动。

【案例描述】

本次课的跨学科主题学习设计以道德与法治课程为主，历史课程为辅，旨在循序渐进、潜移默化地践行跨学科，培养学生举一反三、知识迁移、融会贯通的能力。根据2022年版义务教育《道德与法治课程标准》《历史课程标准》理念，本案例从教材分析、学情分析、教学目标、教学重难点、教学资源、教学理念、教学方法、教学过程和设计意图8个方面进行描述。

一、教材分析

《自由平等的追求》是八年级下册第四单元第七课《尊重自由平等》的第2框题。本框题主要引导学生从内心深处体会社会主义法治理念，增强珍视自由、践行平等意识，把自由平等原则落实到日常的生活、学习和工作中，共同构建平等有序和谐的社会制度。

二、学情分析

八年级学生思维活跃，经过前期的学习，已具备一定的知识储备和分析、解决问题的能力。学生在前面框题的学习中，已基本掌握宪法的基本知识，理解自由平等的真谛，体悟自由平等是法治价值的追求。本课在前一框题的基础上侧重实际生活中如何落实的问题，为了让学生更好地理解珍视自由、践行平等理念，并把珍视自由、践行平等落实到日常生活中，本课采用了4个典型案例来进行探讨说明。

三、教学目标

知识与能力：知道如何珍视自由和践行平等，理解依法行使权利的意义，能够自觉在社会生活中践行平等。

过程与方法：通过4个案例的探讨学习，提高学生对自由、平等的认识水平，珍视自由、追求相对平等，敢于反对特权，能平等地承担起法律规定的义务，在现实生活中敢于抵制不平等行为，面对不平等现象能够依法维权。

情感、态度与价值观：正确认识自由和平等，树立正确的权利观和平等观，增强平等交往合作的意识，树立依法办事的法治观念，努力践行平等，共同构建平等有序和谐的社会制度。

核心素养目标：通过了解"查白歌节"非遗文化，培养学生热爱中华文化的政治认同；通过践行平等的学习和落实，提高学生的道德修养；通过对珍视自由，必须依法行使权利的学习，增强学生的法治观念；通过竞争性小组合作探究学习，培养学生的健全人格和责任意识；通过置身情景剧《五四运动抵特权》增强学生以实现中华民族伟大复兴为己任的家国情怀。

四、教学重点、难点

教学重点：珍视自由，必须依法行使权利。

教学难点：践行平等，就要敢于抵制不平等的行为。

五、教学资源

教科书、教参、资料、多媒体。

六、教学理念

立德树人；遵循育人规律和学生成长规律，强化课程一体化设计；以社会发展和生活为基础，构建综合性课程；坚持教师价值引导和学生主体建构相统一；综合运用多种评价方式，促进知行合一。

七、教学方法

小组合作探究法、讨论法、讲授法相结合。

八、教学过程

（一）课前划分小组，宣读加分规则，视频暖课

（设计意图：实行小组竞争性学习，增强学生的课堂参与性，培养学生的集体荣誉感；采用时下流行元素、学生关注度高、感兴趣且切合本课主题的视频暖课，拉近与学生的距离，同时让学生明确本课主题，规范学习态度。）

（二）导入新课

杜：同学们，班上有布依族同学吗？

生：有。

杜：请问你知道布依族有哪些节日吗？

生：三月三、六月六……

杜：哇，布依族的节日好多，老师今天也给同学们带来一个与布依族节日有关的视频，请同学们观看视频，告诉老师，视频里是布依族历史中的什么歌节？

生：布依族"查白歌节"。

杜："查白歌节"为的是纪念布依族历史中的查郎和白妹，他们不畏压迫，为自由平等而献身的精神值得我们学习。

姜：自由平等不光是布依族人的历史追求，也是我们所有人永恒不变的追求。今天，我们一起来走近第七课第2框题《自由平等的追求》。

（设计意图：通过国家非物质文化遗产"查白歌节"相关视频导入新课，加

上教师的引导,增强学生对国家非物质文化遗产的认识,传承中华优秀传统文化,增强学生的政治认同、文化自信。)

(三)新课教学

1. 目标导学

姜:老师将本课目标导学归纳为"一二三":

(1) 一珍视:提高珍视自由的意识;

(2) 二践行:树立践行平等的理念;

(3) 三反对:反对特权,敢于同不平等行为作斗争。

(设计意图:对知识点进行归纳梳理,高度概括本课知识点,让学生清晰了解本课所学知识。)

2. 自主学习

姜:请同学们阅读教材第103—107页,完成我们课件上的选词填空,找到了的同学就可以举手上来填写。(填写完后,其他同学有不一样的吗?)

生:没有,说明同学们的自主预习都完成得非常好。

(设计意图:先学后教,培养学生的自主学习能力。)

3. 进入新课

姜:请同学们回顾一下之前所学的内容,什么是自由?

生:自由主要指人们在法律规定的范围内,依照自己的意志活动的权利。

姜:知道了自由的内涵,那我们该如何珍视自由呢?让我们进入第一子目的学习——珍视自由。

(课件出示:案例1)《世界人权宣言》第一条:人人生而自由,在尊严和权利上一律平等。

"自由"是我国宪法中出现次数比较多的词汇,《中华人民共和国宪法》有纲领性的"自由清单"。

第三十五条 中华人民共和国公民有言论、出版、集会、结社、游行、示威的自由。

第三十六条 中华人民共和国公民有宗教信仰自由。

第三十七条 中华人民共和国公民的人身自由不受侵犯。

第四十条 中华人民共和国公民的通信自由和通信秘密受法律的保护。

第四十七条 中华人民共和国公民有进行科学研究、文学艺术创作和其他文化活动的自由。

第四章 黔西南州地方非遗文化

姜：由以上法律规定，我们可以得到什么结论？珍视自由，我们又应该怎么做呢？

生：自由是宪法赋予我们的权利。珍视自由，就要珍惜宪法和法律赋予我们的权利。

（设计意图：通过《世界人权宣言》和《中华人民共和国宪法》的相关规定，让学生归纳出"自由"是法律和宪法赋予我们的权利，得出珍视自由就要珍惜宪法和法律赋予我们的权利。既完成了知识点的学习，又培养了学生的归纳总结能力和法治意识。）

我们要知晓自己的权利，正确认识权利的价值，积极行使和维护自己的正当权利。在知晓了自己权利后，我们应如何行使呢？请同学们看这段《高铁直播》视频并小组讨论完成以下问题（案例3）：

（1）高铁直播女有乘车和直播的自由吗？

（2）请你对该女士的言行进行评价。

（3）该女士应该怎么做？

（4）你认为应该怎样珍视自由？

给同学们3分钟的时间，完成了的组就可以举手示意老师。基本上都完成了，请问同学们，今天是多少号？

生：27号。

姜：27除以9，有请我们第3组的同学来作答，其他组同学可以补充。

生：（1）有。

（2）该女士行使自己自由的同时侵犯了别人的权利。

（3）如果该女士要直播，应在自己家里或专门直播的场所，不能影响到他人，不能侵犯他人的权益。

（4）珍视自由，必须依法行使权利。

姜：其他组觉得该组同学回答得怎么样？

生：和我们小组得出的结论一样。

姜：感谢咱们同学的回答，同学们的归纳表达能力让老师震惊，也让老师感受到了强大的青年力量。通过同学们的学习和回答，我们知道，自由是宪法和法律赋予我们的权利，珍视自由，就应该珍惜宪法和法律赋予我们的权利，必须依法行使权利。作为公民，应自觉守法、遇事找法、解决问题靠法，树立守法光荣、违法可耻的意识。

（设计意图：采用时下学生比较关注的现实问题"黔西南州敬南疫情"和

直播热点,引导学生分析开展自主探究与合作探究,让学生在关注现实引起共鸣时认识社会,同时也掌握了知识点;采用不同的方式点名回答问题,增强课堂的趣味性和集中学生的注意力;教师及时对学生做出客观恰当和有高度的评价,激励学生。)

姜:维护自己合法权益,我们不仅需要珍视自由,还应该践行平等。

(设计意图:用该过渡语过渡到第二个知识点,既上承了珍视自由子目,又下启践行平等子目。)

姜:请同学们思考并回答,我们该如何践行平等呢?

生:践行平等,就要反对特权,平等对待他人合法权益,敢于抵制不平等行为。

(设计意图:进一步检测学生的自主学习情况,培养学生自主学习能力和语言表达能力。)

姜:践行平等的案例,在历史上也有很多,我们一起来了解一下。

(设计意图:由此引出杜老师的历史案例,与历史老师进行恰当的衔接。)

杜:践行平等,也是历史不变的追求,我们以五四运动为例,感受一下当时的学生是如何敢于反对特权,争取权利,抵制不平等的。现在需要9位同学来扮演我们的历史情景剧。请进入我们的情景剧,感受当时的情景,感知历史,感悟历史。在置身历史情景剧的同时,也请同学们思考以下问题:

(1)哪些国家在搞特权?

(2)面对不平等的特权行径,中国人民是怎样做的?

(3)这个事件的结果怎样?

(4)此情景剧给我们什么启示?

杜:请同学们用热烈的掌声有请我们的临时剧组。

生:热烈鼓掌!

【情景剧】

五四运动抵特权

旁白(生1):一百多年前的1919年的5月4日是极为不平凡的一天,北京13所大学的青年学生在天安门聚会,展开了彻底的反帝国主义在华特权和封建主义的斗争,口号声、演讲声犹如响彻云霄的春雷,划破了沉闷的北京上空,这就是伟大的五四运动。

邵飘萍(生2):同学们,不好了,国家出大事了!

邓中夏(生3):怎么啦?

第四章 黔西南州地方非遗文化

邵飘萍（生2）：美、英、法三国操纵了巴黎和会，在《凡尔赛和约》上，这三个特权国家将德国在山东的权利转送给日本，同样作为战胜国的中国不能捍卫自己领土，遭到了如此不平等对待。而北洋政府屈服于他们的压力，准备在合约上签字，中国外交失败了，（哭）同学们！同学们！青岛亡了、山东亡了！

谢绍敏（生4）：（哭）中国也要亡了，怎么办啊？

邓中夏（生3）：同学们，快集中起来，召开学生大会，我们要向徐大总统请愿，要向国务总理请愿，我们要抵制这样的特权行径，要争取平等！

匡互生（生5）：对，我们要抵制这样的特权行径，要争取平等！

所有同学：我们要抵制这样的特权行径，要争取平等！

蔡元培（生6）：同学们，请听我说，你们还是学生，有什么要求，我可以代大家向政府提出来。同学们，课还是要上的嘛！

邓中夏（生3）：（演讲）列强在巴黎出卖了我们，出卖了中国、出卖了四万万同胞，出卖了公理和正义，如此赤裸裸的羞辱，北洋政府居然可以忍受，他们根本不是我们的政府，他们是列强的帮凶、倭寇的走狗！无论是谁，要是敢亡我国家、灭我种族，我们就跟他们血战到底！

谢绍敏（生4）：还我青岛！

邵飘萍（生2）：国亡了，同胞们，起来啊！

匡互生（生5）：国家有难、匹夫有责！我们要抵制这样的特权行径，要抵制这样的不平等！

所有同学：（喊口号）"誓死力争，还我青岛""拒绝在巴黎和约上签字""废除二十一条""外争主权，内除国贼"！

邓中夏（生3）：大家冲啊！

市民甲（生7）：激动！激动！这样的爱国护国，抵制特权和不平等的精神，两千年以来仅见啊！

市民乙（生8）：我们也一起游行去！

匡互生（生5）：前面就是交通总长曹汝霖曹贼的家，我们找他算账去！

旁白（生1）：在爱国学生和社会各界的努力下，中国代表拒绝了在巴黎和会《凡尔赛和约》上的签字，五四运动拒绝特权，争取平等取得了初步胜利！

（情景剧完）

杜：请同学们用热烈的掌声感谢我们的临时剧组！

生：掌声非常热烈！

杜：感谢同学们慷慨激昂的表演，在同学们刚才的表演中，老师感受到了强烈的爱国热情和高度的爱国情怀！（掌声）如果我们能在"所有同学呼号"这全班同学的声音再大一点，情感再热烈一点，我们的情景剧会更完美！谢谢同学们！感受了我们的历史情景剧，我们来看一下思考的问题。

生1：美国、英国和法国。

生2：游行、示威、反抗，敢于抵制特权行径，要争取平等。

生3：中国代表拒绝在《凡尔赛和约》上签字，五四运动取得初步胜利。

生4：面对特权行径，我们要敢于反对，敢于抵制不平等行为。

（设计意图：通过《五四运动抵特权》情景剧，让学生置身于历史情景之中，让学生感受历史的同时激发学生的爱国意识，认识到道德与法治和历史两个学科之间是有关联的。学会运用道德与法治知识分析历史事件，同时又增强学生对历史知识的掌握。在学生表演完情景剧后，对学生的表现给予恰当的评价，评语简练、中肯，有针对性，使学生准确了解自己的表现和结果，并知道今后的努力方向。发挥了以评促教、以评促学、以评育人的功能。）

杜：中国遭受的不平等，不仅仅是巴黎和会上中国外交的失败，还有中国近代史上的诸多不平等条约，诸多被侵略……同学们学了中国近代史，都知道是一部屈辱的历史。同时，中国近代史也是中国人民敢于同特权、不平等作斗争的抗争史。今天，中国已然是世界大国、世界强国，我们各族人民也过上了幸福美好、自由平等的生活。这一切，都要感恩中国共产党。作为当代中学生，要增强中国人的志气、骨气、底气，以实现中华民族伟大复兴为己任，不负青春，不负韶华，不负党和人民的殷切希望！

（设计意图：对情景剧的升华总结，培养学生的责任意识和家国情怀。）

姜：（展示社会主义核心价值观图片）社会主义核心价值观在八年级上学期习近平新时代中国特色社会主义思想学生读本中专门进行了学习，从社会层面要求我们要做一个追求自由平等的人。

教师由社会主义核心价值观引导学生归纳得出：实现人与人之间的平等，是人类的美好梦想，需要每个公民把平等原则落实到日常的生活、学习和工作中。我们要增强平等意识，努力践行平等，共同构建平等有序的社会制度。

（设计意图：将自由平等与社会主义核心价值观联系起来，树立正确的权利观和平等观，增强平等交往合作的意识，树立依法办事的法治观念，努力践行平等，共同构建平等有序和谐的社会制度。）

4. 课堂小结

我们一起来小结一下本堂课，通过这节课的学习，我们知道了如何珍视自由，一是要珍视宪法和法律赋予我们的权利，二是要依法行使权利；知道了如何践行平等,一是要反对特权,二是要平等对待他人的合法权利,三是要敢于抵制不平等的行为。

(设计意图:带学生对本节课进行小结,让学生重温本课知识点,更加牢固地掌握本课知识点。)

5. 学有所练

(1) 珍视自由,必须依法行使权利。作为公民应该(A)

①依照宪法和法律的规定行使权利

②不得超越法定范围和界限

③不得损害国家、社会、集体的利益和其他公民的合法权利

④为满足自己的需要不择手段

A. ①②③ B. ①③④ C. ②③④ D. ①②③④

(2) "王子犯法,与庶民同罪",要做到平等,就要(A)

①反对特权②查看家庭出身

③反对歧视④敢于抵制不平等的行为

A. ①③④ B. ①②④ C. ②③④ D. ①②③

(3) 顶效镇查白村查郎、白妹二人为了追求(B)而献出了年轻的生命。

A. 金钱 B. 自由平等 C. 财产 D. 品德

(设置意图:通过题目检测学生对本课知识点的掌握情况,及时查缺补漏。同时,培养学生分析问题,解决问题的能力。)

6. 作业布置

(1) 如何珍视自由?如何践行平等?(必做)

(2) 判断与分析:珍视自由,可以不遵守宪法和法律。(选做)

(3) 试从我们所学的所有学科中查找一下关于自由平等的学习内容,并列举出来。(选做)

(设计意图:题目设置有层次,有针对性,能够很好地起到训练和巩固新知的作用。)

7. 抽奖

杜:请教师助理核算本次课得分最高的组是哪一组?

教师助理:第5组。

杜:同学们掌声有请我们第5组的同学派代表上来抽奖!

全班同学:掌声热烈!

生（第5组代表，小组长）：抽奖。

杜：抽到的是珍视自由。请问，我们该如何珍视自由呢？

生（第5组代表，小组长）：珍视自由，就要珍惜宪法和法律赋予我们的权利，并依法行使权利。

杜：同学们，请问她回答对了吗？

其他同学：全对了。

杜：抽奖的"珍视自由"所对应的是一个本子，希望你用这个本子书写你美丽的人生。（掌声）本组其他同学的奖品我们将会在课后兑现。当然不止咱们这组同学表现好，其他组的同学也表现得很积极。很优秀，让我们把热烈的掌声送给自己！（掌声非常热烈！）

（设计意图：对学生整堂课的表现做出总结性评价，采用转盘抽奖的方式，增加课堂的趣味性，也更能提高学生的学习兴趣；在抽奖中加入知识点，让学生体会抽奖的刺激同时更加强了对本次课所学知识点的掌握。）

8.总结语

（杜）星光不问赶路人，亲爱的同学们，（姜）让我们怀着对自由平等的美好追求，（杜）铭记历史，以史为鉴。（姜）为实现中华民族伟大复兴，贡献自己的力量！（合）谢谢。

（设计意图：高度总结本课内容，再一次凸显跨学科学习理念。）

板书设计：

一、珍视自由：（一）要珍惜宪法和法律赋予我们的权利；（二）必须依法行使权利。二、践行平等：（一）就要反对特权；（二）就要平等对待他人的合法权利；（三）就要敢于抵制不平等的行为。

【教学案例2】

竹竿舞融入安龙苗族板凳舞教学案例
鲁础营中学 李列平

【案例背景】

2006年，《安龙苗族板凳舞》被列入贵州省第一批非物质文化遗产名录，在国家大力弘扬中华传统文化的背景之下，把地方非遗文化融入体育教学非常可取，少数民族传统文化进校园是建设校园特色文化的重要组成部分，学校本就是传承发展民族文化的重要阵地，推动地方非遗文化传承、发展和创新本就是一件很有意义的事情。首先，安龙苗族板凳舞与体育学科中的板凳舞具有对学生健身功能，增进学生的情感交流。其次，少数民族传统体育都有其丰富的民族文化内涵，少数民族传统体育是民族文化的重要载体，通过广泛开展少数民族传统体育，可促进对民族文化的传承保护。通过对少数民族文化的学习交流，增强学生的民族自信心，培养学生的文化自信。苗族板凳舞在初中学生中开展教学活动，能充分体现出少数民族体育进校园的锻炼价值和传承意义。

【案例描述】

一、教学目标

1. 通过本次教学，使学生基本掌握安龙苗族板凳舞和竹竿舞基本跳法和两种舞蹈的融合简单跳法。

2. 通过练习锻炼学生的灵敏、协调、平衡、反应能力。

3. 通过课堂教学，使学生主动学习，乐于学习，大胆展示，促进学生的心理健康。

4. 认知地方非遗文化，对地方非遗文化产生学习兴趣，同时具有传承和创新意识。

二、教学重难点

教学重点：掌握板凳舞与苗族板凳舞融合跳法。

教学难点：舞板凳与跳竿的协调配合。

三、教学方法

讲解、示范、练习。

四、教学过程

（一）导入热身部分 8′

1. 体育委员集合整队，清点人数，向老师报告。集合队形：四列横队。

2. 师生问好。

3. 宣布教学内容、目标及要求。

导入：非物质文化遗产，是指各族人民世代相传，并视为其文化遗产组成部分的各种传统文化表现形式，以及与传统文化表现形式相关的实物和场所。非物质文化遗产是一个国家和民族历史文化成就的重要标志，是优秀传统文化的重要组成部分。黔西南州安龙县的苗族板凳舞是贵州省政府公布的第一批非物质文化遗产。苗族板凳舞能很好地锻炼我们的灵敏素质，特别四肢的协调性。

4. 检查服装，安排见习生。

5. 慢跑 400 米。队形：四路纵队。要求：队形整齐。

6. 徒手操 2×8 拍。队形：四列纵队。要求：动作规范。教法：示范、口令指挥。

（二）学习与体验部分 31'

1. 竹竿舞学习

（1）开并竿

队形：四列横队。

节奏：开开合合开开合。

教法：示范、讲解。

（2）跳竿

队形：四人小组。

要领：开竿进，并竿出。

教法：示范、讲解。

（3）竹竿舞

队形：四人小组。

方法：四人组合，两人跳竿，两人跳舞。

要领：开进并出。

教法：讲解示范、口令指挥、领做。

2. 安龙苗族板凳舞学习

（1）简介安龙苗族板凳舞

安龙苗族板凳舞溯源地是安龙县洒雨镇科香组苗寨，苗寨从黔东南迁到科香的时候，途中弄丢了苗族最喜欢的乐器芦笙和铜鼓，由于他们居住在深山老林，豺狼虎豹横行。那时，青壮年都要出门行财求生，家里的妇女老少为了驱赶野兽，就用板凳击打发出响声的办法来驱赶野兽，逐渐发展成具有鲜明特色的苗族板凳舞，现安龙苗族板凳舞被列入贵州省第一批非物质文化遗产名录。

（2）安龙苗族板凳舞基本击法队形：四列横队

方法：根据竹竿舞节奏练习，合竿拍击凳。教法：讲解、示范、口令指挥、领做。

要求：节奏感强，富于舞蹈韵律感。

3. 安龙苗族板凳舞融入竹竿舞教学

队形：四列横队

要领：竹竿舞并竿时击板凳，开竿时板凳的舞动方向限。

教法：示范、培优辅差。要求：富于舞蹈韵律感。

4. 安龙苗族板凳舞融入竹竿舞交流创新

第四章　黔西南州地方非遗文化

队形：相邻小组组合。

教法：巡回指导、成果展示。

（三）放松小结部分 6′

1. 放松：拍打四肢。队形：四列横队。教法：口令指挥。

2. 课堂小结：鼓励学生表现。引导学生了解和学习民族文化并认同少数民族文化，传承和发扬非遗文化，做非遗文化的传承者。

五、点评与分析

本课全面遵行体育与健康新课程标准的指导思想，把两种少数民族体育进行融合教学，让学生认识到少数民族体育虽有不同的表现形式，但表现的文化内涵也有共性，都是利用随手可取的生产工具或者是生活用具进行体育娱乐活动，同时感受到少数民族民间文化是勤劳智慧的劳动人民在生产生活中创造的，体现了中华五千年文化的源远流长，更能在两种文化交融中激发学生的思维和思考，明白少数民族文化是组成中华民族文化的根本，培养学生对少数民族文化产生认同感，对促进民族团结具有重要的意义。同时在教学活动中，学生通过合作交流学习，培养学生良好的合作能力。

竹竿舞是体育教学中的民族体育项目，运动特点与苗族板凳舞具有相似的节奏，舞蹈动作也有相似性，都有脚步的运动和手臂的舞动，两项舞蹈同属民族传统体育，舞蹈表现都充满青春活力，欢快与鲜明的节奏都适合初中的心理、生理特点，对学生具有较强的吸引力。两项舞蹈的练习对学生身体的灵敏性、协调性和节奏感锻炼都有很好的效果，同时能培养学生交流合作学习的能力。开展少数民族传统体育项目的教学，让学生体验少数民族体育文化，加深学生对少数民族文化的了解和认知，增强学生对少数民族文化的认同感，有利于促进民族互信和团结。将地方非遗文化《安龙苗族板凳舞》融入体育教学中，更有利于通过学生对地方非遗文化进行学习，传承和发扬。

就竹竿舞和苗族板凳舞本身具有的节奏感和热情奔放的表现形式来看，很适合初中学生的心理和生理特点，很容易激发学生的学习兴趣，两项舞蹈均没有较为复杂的舞蹈动作要求，多数学生通过短时间的学习均能掌握舞蹈的基本动作要领，容易消除学生的畏难心理，一般通过一节课的学习，能让学生掌握两项舞蹈的基本跳法，通过两项舞蹈的融合学习，更容易激发学生对民族体育的求知欲，对民族体育的继承与创新产生新的认知，在合作交流中敢于展示。

安龙县苗族板凳舞列入贵州省第一批非物质文化遗产名录，板凳舞的文化价值让我们具有学习的需要，再说明板凳舞的锻炼价值让我们更有学习的必要，板凳舞与竹竿舞的融合教学，更好地训练学生的灵敏、协调素质，有利于激发学生的创新思维，更容易让学生了解和理解舞蹈来源于生产生活，是人们对美好生活的向往和体现,也是人们在生产生活之余对精神财富的追求。从学生在课堂上活跃的表现也能体现出本课对学生具有重要的锻炼价值和教学意义,本课具有一定的推广价值。

【教学案例3】

《延续文化血脉》教学案例

鲁屯镇初级中学 鲁先英

一、教材分析

本框题包括"中华文化根"和"美德万年长"两目内容,主要阐述了中华优秀传统文化是中华民族的根,中华传统美德是中华文化的精髓。第一目侧重从中华文化的丰富与发展角度,讲述中华民族在五千多年文明发展中孕育、创造的源远流长、博大精深的中华文化,重点落在"中国特色社会主义文化积淀着中华民族最深层的精神追求,代表着中华民族独特的精神标识,为中华民族伟大复兴提供精神动力",我们要坚定文化自信。第二目侧重从代代传承的中华美德角度,阐释中华传统美德的丰富内涵和重要价值,重点落在"中华传统美德是中华文化的精髓,蕴含着丰富的道德资源,是建设富强民主文明和谐美丽的社会主义现代化强国的精神力量"。

二、课标分析

本课所依据的课程标准的相应部分是"我与国家和社会"中的"积极适应社会的发展"和"认识国情,爱我中华"。具体对应的内容标准是:"感受个人成长与民族文化和国家命运之间的联系,提高文化认同感、民族自豪感,以及构建社会主义和谐社会的责任意识";"学习和了解中华文化传统,增强与世界文明交流、对话的意识"。

三、学情分析

初中生正处在世界观、人生观、价值观形成的关键时期,使学生打牢中华文化底色,传承中华美德,弘扬民族精神,自觉践行社会主义核心价值观,对学生的健康成长具有重要意义。随着年龄的增长以及学科知识的积累,九年级学生对中华文化有了一定的认知,但是随着经济全球化和信息技术的发展,历史的和现实的、本土的和外来的、先进的和腐朽的各种各样的文化相互激荡。九年级学生受其心理发展水平、认知能力及辨别是非能力的限制,在一定程度上会淡漠对中华优秀传统文化价值的认知,从而忽视对中华优秀传统文化的继承和发展。

教学重点:中华优秀传统文化的作用;中华传统美德的重要性。

教学难点:正确看待文化自信,传承中华传统美德。

四、教学过程

第四章 黔西南州地方非遗文化

新课导入中利用学校文化墙，引导学生认识文化是民族之"根"，中华民族的伟大复兴离不开中华文化的发展，文化就在我们身边，让我们一起去感受中华文化的魅力。利用学生身边能够触碰的实例，激发学生的求知欲。

在上新课之前通过展示自主学习任务，学生自主阅读课本思考问题，初步感知本课的基本知识点。通过检查大部分的学生完成情况较好，一部分学生的预习不容乐观。教学中主要围绕寻中华文化、析中华文化、扬文化自信、行传统美德四个方面进行。首先利用导入中提到的学校文化墙所展示的文化，引导学生发现身边的中华文化。设置活动——中华文化知多少，学生说出你所知道的一个中华文化，其他同学负责总结并回答。引入地方特色非物质文化遗产——鲁屯围鼓。展示图片，讲解鲁屯围鼓舞的发展历程及艺术价值，进一步感受地方民族文化特色。接着利用多媒体展示甲骨文、儒家著作、戏曲、太极拳、四大发明等图片。学生根据展示的内容进行归类，在分类的基础上分析中华文化的内容、特点、产生。这一过程列举身边的中华文化并根据展示的内容进行归纳，引导学生进一步认识中华文化。并在探讨过程中让学生亲身感知本地方的民族文化，激发学生对文化的认同感。学生在此过程中积极融入课堂，课堂氛围较好。

第二部分析中华文化中用《义勇军进行曲》、国歌法的图片，学生进行自主探究：国歌对革命战争年代的中国有什么作用？国歌对今天的中国有什么作用？通过小组展示认识到中华优秀传统文化是中华民族的"根"，积淀着中华民族最深沉的精神追求，是中华儿女共同的精神基因，是中华民族独特的精神标识，为中华民族生生不息、发展壮大提供了丰厚滋养。从四大文明古国的文明发展状况认识中华文化历经沧桑却又薪火相传、一脉相承的原因。这一过程学生要结合历史知识进行探究，学生的理解不够到位。

第三部分扬文化自信，出示材料：汉语桥、国缘之夜、孔子学院全球分布图知道中华传统文化越来越多地走向世界。明确文化自信是对自身文化价值的充分肯定，是对自身文化生命力的坚定信念，是一个国家、一个民族发展中更基本、更深沉、更持久的力量。再通过小组合作探讨：如何增强文化自信？最后得出结论：坚定文化自信，事关国运兴衰、文化安全和民族精神的传承发展。增强文化自信，既要夯实优秀传统文化根基，薪火相传，代代守护；又要在日新月异的社会生活中与时俱进，实现创造性转化，创新性发展；还要跨越时空展示中华文化的独特魅力，在交流互鉴中丰富发展。

第四部分行传统美德中，首先让学生认识美德的重要性，请学生分享收集的美德小故事，并说说这个故事体现了哪种传统美德。了解中华传统美德内涵丰富，博大精深。进行小组讨论：有人说传统美德过时呢？你认为呢？为什么？学生发表自己的观点后，认识中华传统美德已经融入中华民族的思维方式、价值观念、行为方式和风俗习惯中，成为一种文化基因，也是五千年中华文明的精华所在。

学生通过自主学习并结合自身实际,谈谈如何弘扬中华传统美德。教师进行总结:弘扬中华传统美德,要坚持"古为今用、推陈出新"的原则。美德的力量在于践行。青少年要身体力行,继承和发扬中华传统美德,让美德走进生活、走向未来,让生活变得更加美好、更加幸福。

最后设置活动:教师引导学生宣读誓词,做文明的传承者,弘扬中华传统文化,做有道德之人,提升学生素养。

本节课内容繁杂,较为抽象,不容易理解,主要学习了两个问题,一个是中华文化的根,全方位地了解中华文化,重点是要认识中华文化的意义,要结合史实和现实来理解,选择一些典型材料让学生感受中华文化的魅力,从而理解中华文化的意义;一个是美德万年长是对中华传统美德的认识,可结合学生较为熟悉的人物来学习。

【教学案例4】

第九课第1课时《守护生命》教学案例
新桥中学韦贞殿

一、教材分析

教学重点分析:本节课主要让学生了解和认识到维护身体健康对我们自己的重要意义;教会学生要掌握一些自救自护方法和一定的健康救护常识。

教学难点分析:教会学生要掌握一些自救自护方法和一定的健康救护常识。

二、学生分析

作为七年级学生,他们对守护生命的认识还是有点难,不知道如何来守护自己的生命,爱护自己的身体和如何养护好自己的精神,所以要列举一些具体的实例来说明,学生才会容易理解。

三、教学过程

(一)导入新课

生命是宝贵的,守住生命,我们才能感受四季的冷暖变换,体验生活的千姿百态,追求人生幸福的种种可能;生命是有韧性的,经历了生活的风雨之后,我们会变得更加坚强,更有力量。那么,当我们面对突如其来的危机灾难时,能否懂得并且有能力守护生命呢?

运用这个材料导入新课,激发了学生的学习新知识的求知欲,我们如何守护好我们的生命呢?

(二)课堂活动

1.活动一:爱护身体(学生活动)

第四章　黔西南州地方非遗文化

（1）问题导读，领会要义

研读教材第100~102页正文，思考问题。

①为什么要养成健康的生活方式？

守护生命首先要关注自己的身体。关心身体的状况，养成健康的生活方式，是一种对生命负责任的态度。

②为什么要珍视自己的肉体生命？

随着年龄增长、心智发育，我们更加关注自己的内在感受。当某些内心需要，如爱、被承认、被接纳、尊严、自由等得不到满足时，有的人经不起一时的挫折，容易做出过激的行为，甚至伤害自己的身体。

③在自然灾害面前，需要我们怎样做？

需要我们增强安全意识、自我保护意识，提高安全防范能力，掌握一些基本的自救自护方法。

（2）分组研讨与生命健康有关的行为思考问题：

①在自然界和社会生活中，我们为什么要增强安全意识和自我保护意识？

②面对突发的灾难，我们应该怎样做？

③在生活中，我们是否应该掌握一些基本的健康救护常识？

问题提示：

①在自然界和社会生活中，我们会面对一些客观存在的、非人力可抗拒的自然灾害，或一些人为灾难。对此，我们要增强安全意识和自我保护意识。

②面对突发的灾难，我们需要提高安全防范能力，掌握一些基本的自救自护方法。遇到突发事件，首先要尽量控制自己的恐慌情绪，依靠理智迅速做出正确抉择，恰当地使用救护方法；其次要尽量避免因惊慌失措或自救方法不当而给自己的生命带来不必要的伤害；最后要在可能的条件下，运用最有效的方法向周围的人求助，及时获得他人和社会的帮助。

③除了大的自然灾害以外，在生活中，我们会遇到一些突发伤害，如运动时扭伤脚部、被蚊虫叮咬、中暑等。这些都需要我们掌握一些基本的健康救护常识，遇到较严重的情形时，应立刻向医务等相关人员寻求帮助。

2. 活动二：养护精神

（1）研读教材第102页第二段正文

思考问题：守护生命为什么要关注并养护我们的精神？

我们每个人活着，除了要关注生理需要和身体健康，还要过精神生活，满足精神需求。精神风貌反映着我们的生命状态，守护生命需要关注并养护我们的精神。

(2) 研读教材第 103 页正文

思考问题：为什么说我们的精神发育需要物质的支持，但不完全受物质生活条件和外部环境的制约？

即使在物质贫乏、外部环境艰苦的情况下，只要我们守住自己的心灵，仍然可以看到真、善、美。相反，过度的物质追求、物质攀比，容易使我们丧失对真、善、美的体验，丢失精神世界的财富。

(3) 研读教材第 104 页正文

思考问题：为什么我们离不开优秀传统文化的滋养？

问题提示：人类在发展过程中产生了不同的文化，每个国家和民族都有着自己的精神史诗。作为中国人，我们每个人的精神生命都流淌着民族文化的血脉，离不开优秀传统文化的滋养。

例如，我们地方的非物质文化遗产望谟布依族"三月三"就是一种优秀的民族文化代表，下面我给大家介绍一下地方非物质文化遗产望谟布依族"三月三"。望谟"三月三"，一有宗教文化的特征，有祭祀社神、祭祀春耕、祭祀农田、祭祀祖宗和制定村规民约等活动；二有感恩文化的特征，通过"扫墓挂青"来报恩祖先和社会；三有"枫香文化"的特征，一到"三月三"，布依山乡遍地充满枫香味，家家户户的房屋四周插有枫香枝，人人头上插上枫叶，孩子穿上枫香衣，每家都做五彩的花米饭来祭祀社神和先祖；四是年轻人的"三月三"，人们通过山歌对唱、糠包对甩、谈情说爱；五是孩子的"三月三"；六是民族团结友爱的"三月三"，人们通过上坟宴会朋友、山上娱乐、打猎和下棋；七是经贸活动的"三月三"。

四、课堂归纳

通过这节课的学习，我们了解了维护健康的重要性和要求，学会了自救自护，懂得了守护生命要关注并养护我们的精神。也许我们的理解还太感性，还不太成熟，有待完善。但不容置疑的是，我们一定要爱护生命，把握好生命中的每个阶段，积极进取、奋勇直前、充实人生。

五、结束布置课后作业

1. 守护生命要注意什么？

2. 守护生命为什么要掌握一下自救自护的方法？

3. 请你介绍一下地方非物质文化遗产望谟"三月三"。

六、教学反思

在这节课的教学过程中，教师坚持了面向全体学生的原则，以学生的需要和

第四章 黔西南州地方非遗文化

感知为出发点，尊重与理解学生，力求使学生通过这节课的学习对生命能有所感悟，懂得爱护生命。教学形式上以学生活动为主，体现了新课程的理念。

纵观这节课，不足之处主要是：

1. 活动与情境设计完成后，教师应注意妥善安排各活动之间的次序，做到环环相扣，突出整体效果。

2. 在教学过程中，语言表达不够精练，教学过程中的调控还需进一步完善，学生的心理体验还可以更深入，这将在以后的教学中不断改进。

总之，本节课充分体现了《新课程标准》以学生为本的教学理念，注重激发学生情感，调动学生的学习积极性，使学生在愉悦的活动中，领悟到生命的重要性，养成健康的生活方式，从而自觉做到守护生命。

【教学案例5】
《可能性》教学案例
鲁础营中心小学杨孝敏

一、案例背景

可能性，现实生活是数学知识产生和应用的基础。通过创设情景，引导学生在活动中学习，在实际中使用，是当前数学教学改革的一个基本要求。在"可能性"的教学中，我们要从生活中的实例出发，引出可能性的相关概念，并通过学生的实践活动，使学生初步体验有些事件的发生是确定的，有些事件的发生则是不确定的，体验事件发生的可能性有大小之别，学会对一些简单事件发生的可能性实行描述、判断，并会用自己所掌握的数学知识解决实际生活中的简单问题，实现数学的应用价值。

二、案例描述

教学内容：人教版五年级数学上册第六单元第99页。

教学目标：

知识与技能：初步体验生活中确定和不确定现象，并能用"一定""不可能"和"可能"这样的语言准确地描述这些现象。

过程与方法：经历探究过程，体验数学与实际生活之间的联系，体验在活动中总结归纳规律的学习方法。

情感态度与价值观：培养学习数学的兴趣，培养学生的合作学习的意识，逻辑思维能力和口头表达能力。

教学重点与难点：通过活动，使学生能结合具体问题情境，用"一定""不可能""可能"等词语来描述事件发生的确定性和不确定性，感受事件发生的可能性是有大小的。体验事件发生的可能性的大小与事物出现的数量有关。

三、教学准备

布口袋，红鸡蛋、白鸡蛋、节目卡片，多媒体课件。

四、教学过程

（一）导入新课

课件展示红鸡蛋图片及贵州兴仁苗族"二月二"迎亲图片：苗族"二月二"迎亲节正是苗族古老传统婚俗文化的生动体现，鲜活地展现出苗族悠久的历史。

接亲时，男方家备公鸡、公鸭和红蛋12个，请3个男青年作为接亲客提前一天到女方家接亲。接亲办完酒席后，新媳妇回娘家住到次年农历二月初二这天才迎亲，当日新媳妇背上12个红蛋，由母亲、叔母或哥、弟等内亲带一只鸡、一块肉、糖果等送新媳妇到丈夫家去。今天老师也带来了煮熟红鸡蛋和白鸡蛋，让它们陪伴我们这节课的学习，表现好的同学将得到一个煮熟的鸡蛋作为奖励。（教师展示实物）

（二）探究随机现象

1. 摸鸡蛋游戏

游戏规则：每个人摸5次，每次摸出一鸡蛋，摸到红鸡蛋最多的胜利。

让三位学生从事先准备好的三个布袋各选一袋，从中任意摸一个鸡蛋，教师在黑板上记录，每人各摸到了什么颜色的鸡蛋。再让学生将鸡蛋放入袋中，随手搅动一下，再摸下一次并记录结果。（结果：一人摸到了5个红鸡蛋，一人摸到有红鸡蛋也有白鸡蛋，还有一人一个红鸡蛋也没摸到。）

交流汇报：

提问：谁摸的红鸡蛋多？如果让你摸，你想在哪个袋子里摸？为什么？

教师将袋子里的鸡蛋倒入透明的塑料袋子，让学生看并板书：全是红鸡蛋。

追问：在这样的袋内任意摸一个会是什么颜色的鸡蛋？（板书：一定）

提问：你最不想在哪个袋子里摸？为什么？

将袋子里的鸡蛋倒入透明的塑料袋子，让学生看并板书：没有红鸡蛋。

追问：在这样的袋子里会摸出红鸡蛋吗？（板书：不可能）

提问：还有一个袋子里可能有什么颜色的鸡蛋？

将袋子里的鸡蛋倒入透明的塑料袋子，让学生看并板书：红鸡蛋白鸡蛋。

提问：在这个袋内任意摸一个会是什么鸡蛋？（板书：可能）

2. 小结

第四章　黔西南州地方非遗文化

在全是红鸡蛋的袋内任意摸一个"一定"是红鸡蛋；在没有红鸡蛋的袋内任意摸一个"不可能"是红鸡蛋；在既有红鸡蛋，又有白鸡蛋的袋内摸一个"可能"是红鸡蛋，也"可能"是白鸡蛋。

（三）体验事件发生的可能性的大小与事物出现的数量的关系

1. 明确要求，活动规则

①组成员按顺序轮流摸，一共摸20次。摸出一个鸡蛋，举起来给大家看。

②下一个同学摸之前必须把布袋子里的鸡蛋搅拌几下。

③记录员用画"正"字的方法，记录每次摸鸡蛋的颜色。

摸鸡蛋实验记录单

种类	记录	次数
红鸡蛋		
白鸡蛋		
我们的发现：		

2. 学生小组内分析交流

（1）观察分析：观察活动记录单，分析数据。

（2）讨论交流：发现什么？把你的发现在组内说一说。

（3）集体交流，推理归纳。

①展示全班各个小组摸鸡蛋情况统计结果。

②集体交流：观察全班各个小组的试验结果，你们发现了什么？

师引导归纳：可能性的大小和鸡蛋的数量的多少有关。哪种鸡蛋数量多，摸到那种鸡蛋的可能性就大；哪种数量少，摸到那种鸡蛋的可能性就小。

（4）追问：如果再摸一次，摸出哪种颜色鸡蛋的可能性大？为什么？请动手摸一摸，和你的猜测一致吗？说明了什么？

课件展示：摸出红鸡蛋的可能性大，但并不能确定摸出的一定是红鸡蛋，也有可能摸出的是白鸡蛋。

（四）进行第三次摸鸡蛋活动，统计摸鸡蛋次数并作判断

师：如果我们知道了两种颜色的鸡蛋球被摸到的次数的多少，就能推断出它们数量上谁多谁少？甚至于各有多少吗？口袋里装有红、白两种颜色的鸡蛋，每个小组的盒子里装的鸡蛋都是一样的，从中摸出一个鸡蛋再放回去搅拌，重复20次，并记录下鸡蛋的颜色，分组合作，记录结果。

引导学生质疑思考：

1. 每个口袋里都装有红鸡蛋和白鸡蛋，为什么摸出红鸡蛋的次数比摸出白鸡

蛋的次数多呢？

2.打开口袋看一看，联系试验结果，你明白了什么？

3.可能性的大小到底和什么有关？

师引导归纳小结：因为摸出的红鸡蛋比白鸡蛋的次数多，所以口袋里的红鸡蛋多。

（考虑到学生的年龄、兴趣和本地民风民俗等，老师的摸鸡蛋活动引入，抓住他们的注意力，增强学习的兴趣。同时，"摸鸡蛋"的过程中又丰富了学生的感性经验，自然引出描述确定和不确定现象可用"一定""不可能""可能"这三个数学用语。这个层次的设计主要是抓住学生的生活经验构建新知，充分体现了数学的生活性。）

（五）巩固应用，加深体验

1.基础练习

2.判断、描述生活中的确定事件和不确定事件

师：用手势来判断画面中的现象，"一定"用手势"√"，"不可能"用手势"×"，"可能"用手势"○"。

课件依次出现下列图文：

（1）地球是旋转的。

（2）今年我11岁，明年我10岁。

（3）明年的今天下雨。

（4）地球上太阳从西边升起。

（5）所有的花都是香的。

（6）平均分94，最高分93。

做完手势后，教师再引导学生用规范语言准确描述这些现象。

（这个层次的教学，通过让学生对身边的实例实行可能性的判断，一方面巩固对可能性的理解，另一方面使学生意识到，生活中处处都有可能性的事件，数学源自生活。在此，老师注意了教师与学生、学生与学生之间的交流，这样不但规范了数学语言，而且培养了学生倾听意见、汲取经验和相互交流的水平。）

（六）课堂总结

今天我们认识了事件发生的可能性，及可能性的大小，并学会用"一定""不可能""可能"等词语来描述事件发生的确定性和不确定性。希望大家今后能更多地关注生活中的可能性，我们还将进行深入探究。

（七）板书：可能性

	一定
	不可能
	可能
数量多	可能性大
数量少	可能性小

五、教学反思

这节课是人教版五年级上册的内容《可能性》，主要是让学生初步感知在我们平时的生活中，事情发生的不确定现象。了解有的事情是可能发生的，有些是不可能发生的，还有些是一定发生的。这节课我想要体现以下几个特点。

（一）体现玩中学的教学思想

由于学生年龄小，认识事物比较直观，我就安排非常生动、直观的教学活动，使学生参与其中，感受乐趣，同时也在学习知识。在这节课中，可以看到整节课学生几乎一直都是在玩，玩得非常开心，在玩中不断发现，不断思考。整个过程中教师起主导作用，但学生对知识的理解和本节课的教学目标却都达到了。

（二）情境贯穿始终

在教学中，设计生动有趣的教学情境，让学生参与其中，激发学生的学习兴趣，是十分必要的。

（三）注意学以致用的思想

学有用的数学是新课标的要求，让学生能把课堂上学到的知识应用到现实中去，使学生感受到自己所学的知识能够在现实生活中得到应用，能够激发学生的学习热情，从而培养孩子自觉学习数学的兴趣。练习设计贴近生活，激发学生学习的兴趣。这是我对本课的一些反思，我想在我们的课堂上更多的是教会学生思考的方法，不仅是让学生掌握应该掌握的知识，还要让学生把学生的方法深深地留在脑海里，受用终身。

【教学案例6】

初中道德与法治"自由平等的追求"

融合地方非物质文化遗产资源——布依查白歌节课堂教学案例

新桥教学 姜昌文

一、初中道德与法治"自由平等的追求"融合地方非物质文化遗产资源——布依查白歌节课堂介绍

什么是非物质文化遗产？"非物质文化遗产"指被各群体、团体或有时为个人视为其文化遗产的各种实践、表演、表现形式、知识和技能及有关的工具、实物、工艺品和文化场所。地方非物质文化遗产资源是指我们黔西南境内的非物质

文化遗产资源，主要有布依查白歌节、布依毛杉树歌节等。地方非物质文化遗产资源——布依查白歌节课堂是指教师在道德与法治"自由平等的追求"课堂教学中融入与教学内容相关联的布依查白歌节内容，而这些内容必须具有与课堂教学内容紧密相连，从而自然过渡到新课教学内容。"道德与法治'自由平等的追求'课堂教学中融入与教学内容相关联的布依查白歌节内容"一般分为新课导入和课堂小结（反思学习）两大板块。

（一）新课导入

教师设置课前要求学生收集布依查白歌节故事，让学生在新课前作好准备，教师上课前收集学生准备的布依查白歌节故事资料，找出学生收集的布依查白歌节故事作为教学资源来导入新课，导入新课时，安排学生把课前准备好的布依查白歌节故事讲给大家听，学生讲完之后，老师补充性地说查郎和白妹不畏强暴和不畏压迫，为追求自由平等而献身的精神值得我们学习，同时自由平等是我们的永恒追求，今天我们就一起来走进八年级下册道德与法治第四单元第七课第2框题自由平等的追求。

（二）课堂小结（反思学习）

这是一个很重要的一个环节，因为在新课导入时，为了完成教学任务，不可能在新课导入这一环节用太多的时间，去给学生讲清楚为什么要用布依查白歌节故事导入新课，但是如果不在课堂小结时给学生讲清楚为什么要用布依查白歌节故事导入新课的话，学生除了只知道这个故事切合课题"自由平等的追求"，其他的就不知道，就达不到本课文化育人的目的。所以说，教师必须要在课堂小结

这一环节给学生讲清楚用布依查白歌节导入新课是为了传承少数民族文化，弘扬民族精神，弘扬他们不畏强暴、英勇献身的精神，从而更好地维护国家统一和促进民族团结，铸牢中华民族共同体意识。

总之，地方非物质文化遗产资源——布依查白歌节课堂就是以故事形式引导学生学习的课堂。课堂教学主要采用先让学生把课前收集的布依查白歌节故事讲给大家听的方式开展，实现了从"老师讲"转到"学生讲"，将"话语权"交给学生，以学生的学习及交流反馈为主，让学生真正成为学习的主体，体现了我校提倡的"学为中心"教学理念。下面通过姜昌文老师《自由平等的追求》教学案例来具体说明。

二、《自由平等的追求》教学案例

（一）姜老师于 2023 年 3 月 24 日，在义龙新区新桥镇初级中学录播室，和八（5）班学生为全校道德与法治教师展示的一节校内公开课

《自由平等的追求》是八年级下册第四单元第七课第 2 框题的教学内容。在生活经验中，八年级学生缺少关于"自由平等"的体验，学习比较困难。教材将一个知识点确定为"珍视自由"，通过判断"宪法"里含有多少个"自由"，来比较认识自由是宪法和法律赋予我们的权利。姜老师试图让学生完成如何行使和维护自己的自由权利，在操作活动中经历"自由"的概念形成过程，从而理解"珍视自由"的做法，同时能运用"自由"的知识解决生活中的简单问题。

（二）教学片段点评

片段 1：以学为中心在学生独立完成"说一说布依查白歌节故事"和小组交流自己的想法后，姜老师组织学生反馈汇报。下面就是学生汇报的片段：生 1：请大家听我说，布依查白歌节故事主要是讲在顶效查白村查郎和白妹抗暴殉情。我的汇报完毕，谁还有补充吗？

生 2：布依查白歌节故事主要是讲在顶效查白村查郎打死老虎，救了白妹的命，两人遂成为情深意长的伴侣，白岩寨头人野山猫抢走白妹，害死查郎，白妹放火烧死野山猫，纵身跳进火海殉情。查郎和白妹变成白仙鹤，比翼双飞，飞上九天，成为紫云歌仙，人们为了纪念这对忠贞的夫妇，就把查郎的姓和白妹的姓连在一起，把虎场坝改为查白场，并定于每年农历六月二十一赶查白歌节。大家还有什么意见或建议吗？

教学点评：这个片段主要是让学生"说一说查郎和白妹的故事、鼓励学生准备汇报"。这需要教师在课前安排学生去收集查郎和白妹的故事，更需要学生在课堂上详细讲述。学习任务的设置紧紧围绕教学目标的达成。本节课的教学目标是在操作活动中经历"自由平等"的概念形成过程，从而理解"自由平等"的做法，姜老师设置的这个教学环节是奔着目标去的。

当然，设计教学环节时，既要关注教学目标，又要关注学生的学习情况。

这个片段还体现了"学为中心"的教学理念。这节课姜老师首先给出独立完成的任务："说一说布依查白歌节故事"，再给足时间让学生思考如何讲好故事，在讲故事的过程中，发现了布依查白歌节故事和自由平等的关系。在这个环节中，姜老师会"等待"，静悄悄地巡视指导，学生积极参与，"想"的时间、"做"的过程都很充分，而且实现了100%的参与，课堂纪律非常好，实现了把"学"的权利还给了学生。

其次，小组交流和反馈汇报也体现了"学为中心"的理念。先让学生"说一说你的想法"，再准备汇报。这个任务抛出后，各个学习小组（四人一组围坐）都认真地进行交流，每个同学都积极并主动地有序发言，各自表达了对布依查白歌节故事和自由平等的关系的看法，参与度极高，我认为学习真正发生了。与此同时，姜老师深入各组了解学习情况，并把典型作品通过投屏分享在黑板上，让学生上台对照自己的作品说方法。上面摘录的课堂实录片段，可以看出学生们说得有板有眼，台下的同学认真听。这样，就将老师推到幕后，让学生走到台前，落实了"从教转到学"的"学为中心"理念。

片段2：为什么要用布依查白歌节故事导入新课？

在这个片段中，姜老师抛出问题后让学生思考回答，然后比较说明自己的发现，下面截取的是三个学生的不同"发现"：

生1：请大家听我说，我的想法是查郎和白妹为追求自由平等而献身的精神值得我们学习，同时，自由平等是我们永恒的追求，这切合课题导入新课。大家还有什么不同意见吗？

生2：我的想法是用布依查白歌节故事导入新课，这不仅切合课题而导入，更重要的是这是为了传承少数民族文化，弘扬民族精神，弘扬他们不畏强暴，英勇献身的精神，从而更好地维护国家统一和促进民族团结，铸牢中华民族共同体意识。大家还有什么不同意见吗？

生3：我的想法是用布依查白歌节故事导入新课，是为了让我们热爱少数民族，认同民族文化。大家还有什么不同意见吗？

教学点评：这个片段姜老师的重心在于引导学生认识到为什么要用布依查白歌节故事导入新课的情况下，引导学生从多角度观察、多方位思考探究"布依查白歌节故事和自由平等"的关系，认识到它们之间是有密切联系的。整个流程姜老师皆放手让学生操作，学生才悟出了找"布依查白歌节故事和自由平等"的关系的前提条件是找准"切合点"，然后导入新课才能过渡自然。这个片段将学习内容变得简单，将学习所得变得丰厚，让学生认识到解决问题有很多条路径。这是创新的关键。"自由平等的追求融合布依查白歌节故事课堂"鼓励学生有不同的意见、不同的想法，这可以培养学生的创新思维和创新能力。同时也认识到解决问题的方法是多种多样的，而不是唯一的。这是"教为中心"教师讲学生听难以达成的目标。

三、课堂访谈

访谈1：亲爱的同学，你好！这节课你学到了什么？你有什么收获？你还有什么困惑？

生1：我认为这节课觉得很开心，我学到了如何珍视自由和如何践行平等，知道了珍视自由和践行平等的具体做法。一节课下来没有困惑。因为课堂上老师相信我们，放手让我们自己操作、自己归纳总结，在小组交流中收获了成就感，所以感到很轻松。

生2：姜老师，这样的课堂能不能一个学期给我们多上几节课，我们这除了布依查白歌节故事，还有其他民族故事吗？

访谈2：亲爱的姜老师，你好！一节课下来，你个人感觉这节课怎样？

姜老师：这节课很好的，通过新课导入用布依查白歌节故事，既切合课题导入了新课，同时达到了引导你们对中华民族的认同和对中华文化的认同。虽然我感觉课前花的精力比较多，但是值得，因为在课堂上感觉特别轻松，看到你们认真学习的样子，心里很高兴的。

总之，初中道德与法治"自由平等的追求"融合地方非物质文化遗产资源——布依查白歌节课堂认为，既切合课题导入了新课，同时达到了引导学生对中华民族的认同和对中华文化的认同，符合初中道德与法治课程标准，培养了学生政治认同，很好地落实了学科育人功能，教学时注重了立德树人。

【学生学习体验】

<h3 style="text-align:center">布依查白歌节的故事对我们有用吗？</h3>

今天学习了《自由平等的追求》这篇课文，给我留下了深刻的印象，因为姜老师在新课导入时用了地方国家级非物质文化遗产资源——布依查白歌节的故事，这是我们以往课堂没有这样教学过，我们感到新奇。下面就是教学片段：

新课导入时："布依查白歌节的故事对我们有用吗？"老师让一个同学来读了这句话后，提了一个问题："从'布依查白歌节'这个故事中，你体会到了什么？"

一个同学站起来说："我体会到了，布依查白歌节的故事对我们有用，让我们知道了查郎和白妹为追求自由平等很勇敢。"

另一个同学举手，站起来说："我也体会到了查郎和白妹很了不起。"

这时，我也举起了手，说出了我的想法：我认为查郎和白妹的故事对我们很有用。

老师追问:"布依查白歌节的故事为什么对我们有用呢?"

我说:"因为学习查郎和白妹的故事是为了传承少数民族文化,弘扬民族精神。"

老师环视全班:"你们同意吗?"

有个同学不屑地看了我一眼,嘴里发出"嘘"的一声,接着小声说:"布依查白歌节的故事有没有用,从学习中看不出来的。"

"同学们,体会可以不同,有道理就行。"老师立刻制止,"那你说说,我们为什么要学习布依查白歌节的故事?"

"106页倒数第二自然段是这样写的:践行平等,就要敢于抵制不平等的行为。"那个同学看了我一眼说。

我不服气:"那也说明不了我们为什么要学习布依查白歌节的故事呀?"老师点头默认。

我的同桌也站起来说:"我也认为不能说明我们为什么要学习布依查白歌节的故事?"

老师追问:"那你认为如何才能说明我们为什么要学习布依查白歌节的故事呢?"

"我认为布依查白歌节的故事能说明我们要学习的原因是106页正数第一段内容:每个人都有平等的生存权利、发展权利和追求幸福的权利。"

这时,全班鸦雀无声。老师示意我的同桌坐下,然后看向我说:"现在你同意他们的看法了吗?"

我觉得他们的理由还是不够充分,我说:"查郎和白妹为追求幸福的权利而献身值得我们学习,所以我们要学习查郎和白妹的故事,这点我赞同。但是我还是认为他们付出生命的代价太大了,因为生命对于每个人来说只有一次。"我扫视了一下全班,有些同学发出赞同声。

老师示意全班同学安静,然后说:"既然大家意见不同,那就请大家再仔细地默读一遍课文,看看能不能统一意见。"全班同学又一次默读课文,这次我读得很认真。之后,老师问:"就刚才的问题,哪个同学起来说说?"

第二组的一个女同学说:"查郎和白妹为追求幸福的权利而献身值得我们学习。"老师又追问:

"为什么?"

她说:"106页中间这样写:每个人都有追求幸福的权利。他们的幸福权利不能实现,活着就没有了意义。这就充分说明查郎和白妹为追求幸福而献身的精神是值得我们学习的。"这时,全班不约而同地响起了热烈的掌声,还有一些同学把目光投向了我,老师也满意地点了点头。我也被这个理由说服了,红着脸,心里不免有些难受。

"杨兴娥,请你再说说自己的想法。"老师平和地说。

我战战兢兢地站了起来,看了那个女同学一眼,说:"通过再读课文,我也觉得查郎和白妹为追求幸福付出生命是值得我们学习的。"

"为什么?"老师面带微笑,"你从哪里体会出来?"

"我觉得同学们刚才说得都很有道理,另外,课文最后写道:'实现人与人之间的平等是人类的美好梦想,我们要增强平等意识,努力践行平等,共同构建平等有序和谐的社会制度。'这也说明查郎和白妹为追求幸福付出生命是值得我们学习的,所以我们有必要学习布依查郎和白妹的故事。"我又鼓足勇气补充道。

"同学们,你们真棒!掌声鼓励一下自己吧!"全班响起了热烈的掌声。同学们笑了,老师笑了,笑得很自在,笑得很满意……

今天的这节课,给我留下了深刻的印象,同时,也引起了我深深地思考。

一、认真听课很重要

通过这节课的学习,我真正理解了"认真听课很重要"的含义。要想学好知识,理解老师讲课内容必须要认真听课。我开始上课时没有认真听课,只是获得一个粗浅印象,以为布依查白歌节的故事可以学,也可以不学。当认识到这个故事对我们来说学习很重要时,我再一次细细品味,对布依查白歌节的故事的理解才深入。"认真听课才能学到有用的知识。"一节课的习得,就是要认真听课,才能理解得深和透,才能学到我们有用的知识,从而促使我们健康成长。

二、学习好知识的关键是交流

我上课刚开始时,觉得布依查白歌节的故事对我们来说,并不是很重要的。

姜老师提出这个问题,我说出我的感受,引起同学们的热烈讨论,让我们深入理解布依查白歌节的故事,最后认识到开始学习时获得的认知是不恰当的。

通过这样的交流,让理解布依查白歌节的故事有困难的同学或者像我这样理解有偏差的同学,在交流中也就慢慢明白了其中的道理,因为知识是交流碰撞中最美的火花!

三、最让我感兴趣的课堂

老师在上课时,总爱跟我们说,兴趣是最好的老师,希望同学要培养自己对学习的兴趣,只有自己感兴趣了,才能学得轻松和愉快。我们班的道德与法治课堂,姜老师总爱用地方非物质文化遗产资源导入新课,让我们了解了我们的地方非物质文化遗产资源主要有布依查白歌节的故事、布依毛杉树歌节的故事和底西苗族采花节的故事，从这些故事中，我们知道了这是传承少数民族文化，弘扬民族精神，弘扬他们不畏强暴，英勇献身的精神，从而更好地维护国家统一和促进民族团结，铸牢中华民族共同体意识。我对这样的课堂最感兴趣，通过这样的课堂能学到有用的知识和方法，记忆犹新。

（撰稿：新桥中学杨兴娥，辅导老师：姜昌文）

【教学案例 7】

初中民间体育"竹竿舞融合板凳舞"课堂教学案例
鲁础营中学 李列平

一、民间体育介绍

民间体育是指在民间广泛流传的，具有鲜明的民族风俗和地方特色的传统体育形式。我国民间体育项目中蕴含了丰富的传统文化元素，是传承、发扬中华文化非常好的载体。通过民间体育项目在学校体育课程教学中的开展，一方面可以使学生受到传统文化的教育与熏陶，使传统文化得以传承与发展；另一方面还可以使学生掌握一种简便易行的健身方法与技能，养成终身体育锻炼的良好习惯。

二、案例背景

《运用地方非物质文化遗产资源提升学校文化育人质量实践研究》课题组围绕课题研究方向开展学科融合地方非遗文化示范课活动，对前期研究成果的再实践和再检验，同时起到推广和示范引领的作用。李列平老师于 2023 年 5 月 26 日在义龙新区上了一节竹竿舞融入地方民间体育板凳舞的体育教学示范课。本课的教学是根据 2022 年《体育与健康课程标准》中倡导民族民间体育教学，发挥民间体育的优势，既让学生得到身体锻炼，又让学生了解民间体育文化，同时还丰富了体育与健康学科教学活动的内容和形式。

三、教材分析

《竹竿舞》是初中八年级运动技能部分的教学内容。在课程设置上是引入了海南黎族的民间体育，在教学上存在师资不足的情况，多数学校并未开展教学，因为需要体育教师先学后教。学生在学习准备上，对竹竿舞有一定的了解，因为竹竿舞在民间的流传氛围在扩大，在民间一些祭奠和娱乐活动中有竹竿舞的表演，但停留在视觉认知层面。通过教学学生能够掌握竹竿舞的跳法，能够用竹竿舞锻炼身体，同时对竹竿舞文化有一定的了解。《安龙苗族板凳舞》被列入贵州省第一批非物质文化遗产名录，在教学中融入板凳舞教学，促进学生对地方非遗文化的传承，增强学生的民族自信心，培养学生的文化自信。

四、教学片段点评

片段 1：老师宣布课的内容，简介竹竿舞和苗族板凳舞的起源和发展。

第四章 黔西南州地方非遗文化

学生反应：眼睛里透露出对教学的期待，特别是女孩子有眼前一亮的表现。

点评：老师宣布课的内容后并未直接进入学习，而是用讲民族故事的方法吸引了学生的注意力，激发学生的求知欲。兴趣是最好的老师，激发出学生的学习兴趣对后面的学习起到了事半功倍的学习效果。

片段2：老师问同学们会跳皮筋吗？看看你们的表现。

学生表现：当皮筋分发到小组时。学生就迫不及待地表演起了跳皮筋。

点评：老师并未直接进入竹竿舞的学习，而是通过学生跳皮筋的方式营造了轻松愉悦的课堂氛围，为进入竹竿舞的学习打好基础，在学生跳皮筋的基础上指导学生的竹竿舞跳法，就相当于竹竿舞就是跳皮筋的另一种跳法一样，学生很快就掌握了跳竹竿舞的动作方法。

片段3：老师在靠班级居中的小组指导竹竿舞的交叉组合跳法。而后倡导其他小组参观学习。

学生表现：学生发现老师指导小组时，其他组的学生不自觉地把目光投向老师的小组，仔细观察着老师的表现。

点评：教师利用了小组之间竞争性抓住了学生唯恐落后的心理，学生认真地看着老师指导和示范，体现了学生自主学习性，学生也很快地跟进了交叉跳法。

片段4：老师说板凳舞跟竹竿舞有何联系呢？老师手持板凳在中间的小组配合竹竿舞跳起了板凳舞。

学生表现：学生此时注意力马上集中到了老师这里，老师跳着跳着，有的学生就开始模仿老师的动作跳起来。

点评：老师抛出问题，调动了学生思考，板凳舞的起源于黎族的生产生活，

-155-

体现的是黎族人的文化，富于娱乐性，发展过程中深受人们的喜爱，学生在学习中也深得学生喜爱。老师是让学生找板凳舞与竹竿舞的联系，而并非直接对板凳舞的动作进行教学，这时老师在教板凳舞的动作时，更好地集中了学生的注意力和对板凳舞的学习和思考，学生更容易学习和掌握板凳舞的跳法。

五、课堂反馈

问题一：同学你好！你对这节课的学习有看法？分享一下好吗？

生1：这节课让我对体育课有了一个全新的认识，原来体育课可以这么有趣，一节课学习两种舞蹈，还把两种舞蹈融合在一起学习，这也让我对舞蹈的学习有了新的认识，舞蹈也是相通的。

生2：老师组织教学的环境也比较轻松，让我们在不知不觉中就学会了，没有思想压力，也没有紧迫感，我感觉全班同学都很开心，学习兴趣浓，下课了都还意犹未尽。

问题2：老师您好！您觉得本节课是否可行，分享一下您的看法？

师1：老师把民间舞蹈引入体育课的方法可取，舞蹈本身的趣味性、健身性和娱乐性特点符合学生的身心发展规律，深受学生的喜爱。也符合体育新课标要求，促进了学生身心健康、增强体质的目的，还有利于继承和发扬优秀的传统文化。

师2：苗族板凳舞是贵州省级非物质文化遗产，老师把我们地方的非遗文化纳入体育教学本就是一件非常有意义的事情，老师还融入竹竿舞的教学当中，从学生非常积极的表现来看，本节课充分调动了学生的学习兴趣，学生得到身体锻炼的同时还认识了地方非遗文化，两种舞蹈的融合创新，改变了学生的认知，激发了学生的创新思维。

【学生学习体验】

难忘的一节体育课

今天李老师的一节体育课太有趣了，感觉都没"玩"够就下课了，好希望老师再给我们上一节，学习更多的知识，特别是我们本地的民族文化，让我们知道我们身边的非遗文化，多了解我们家乡的文化，把我们家乡的优秀文化更好地传承，并把它宣传出去，让更多的人了解我们的家乡，了解我们的民族文化，增进大家的友谊！

我和同学走操场时，看到一包扎着各色毛线的带式皮筋，好有特色，很有创意的皮筋哦。旁边的小板凳更是吸引了我，小板凳的两端还有花点缀，我想这是老师准备上课的教具吧！

体育老师站在那里，面带笑容，我看体育老师四十多岁的样子，有点微胖，

第四章 黔西南州地方非遗文化

是个男老师。我走到老师面前轻声问道，老师这节课您教我们吗，这些东西是干什么的哦？同学看见我跟老师讲话，同学们都好奇地围过来。老师表情亮了，是啊，我今天跟你们交流一节课，这个是竹竿舞教学道具，这个是板凳舞道具，你知道板凳舞是哪里的吗，我们黔西南安龙的苗族板凳舞是贵州省非物质文化遗产呢！

上课开始，老师做了自我介绍，宣布上一节竹竿舞融合板凳舞教学课，老师介绍了竹竿舞被赞誉为"世界最罕见的健美操"。苗族板凳舞起源于安龙县洒雨镇科香组苗寨，当初到这里的人在迁徙途中弄丢了铜鼓和芦笙，因为男人要外出，寨中地留下的妇女为驱赶野兽，于是用唱歌和击打板凳来吓跑野兽，为自己壮胆，这种方式逐步发展成为板凳舞，并逐步向外流传。2006年，板凳舞列入了贵州省非物质文化遗产名录。老师讲得津津有味，激发了我们对学习的渴望，好想老师快点教我们！

课中，老师示范并表演竹竿舞，老师示范表演中，同学们的注意力都集中在老师身上，认真观察老师的动作，欣赏着老师的舞姿，并不由自主地模仿着跳。板凳舞学会了，老师又开始了板凳舞的示范表演，同学们都很快学会了，同学们学得这么快，我觉得应该是同学们高涨的学习兴趣吧！分组练习时，老师参与了各个小组的练习，关注并指导了各个小组的学习，老师还让小组进行学习成果展示，最后又把跳得最好的同学集中给全班同学展示，他们脚上跳着竹竿舞的动作，手上拿着小板凳结合竹竿舞的节奏做着板凳舞的动作，他们跳得兴高采烈，赢得了同学们的阵阵掌声！

课后，我们帮老师收拾好道具，依依不舍与老师道别。我在想，老师教我们把竹竿舞和板凳舞融合在一起学习，给我的启示颇多：一是民间舞蹈的学习激发了同学们的学习兴趣。二是让我对民间舞蹈有了新的认识，民间舞蹈起源于人们的生活，随着时代的进步而不断发展。三是民间舞蹈有相似性和相同性，两种舞蹈还可以融合创新编排。最后是我们应该继承和发扬我们地方的非物质文化，增强我们的民族自信心和自尊心，融入中华民族大家庭，维护民族团结。总之，这节课老师上得精彩，同学们学得开心，是一节别具风格的体育课，也是我最难忘的一节体育课。

【教师点评】

王雨萱同学对这节体育课的学习体验是丰富的，从对课的整个过程的描述看出她对这堂课的记忆非常深刻，也有着深刻的情感体验。

首先，用"没玩够"表达出对这节课的学习状态是在轻松愉悦的课题氛围中完成的学习，同学有浓厚的学习兴趣，被这节课设计的新颖性吸引了注意力，老师的教学方法体现了教师主导学生主体的教学理念，学生自主性较强。

其次,学生也记住和理解了这节课的教学目标,在学习地方非物质文化的时候,有传承和宣传地方非遗文化的意识,有家乡情怀,有展现家乡美的志向,这符合本节课设计的教学目标。

第三,课中关注老师的教学示范和同学的学习状态,体现了该生认真的学习态度,对教师的教学方法做出了客观的评价,同时还对同学的学习状态也作出了客观的评价。

第四,课后表达了对这节体育课的认可,再次肯定民间体育教学的意义,表达了继承和发扬我们地方的非物质文化,增强我们的民族自信心和自尊心,融入中华民族大家庭,维护民族团结的情怀。

(撰稿:鲁础营中学王雨萱,辅导老师:李列平)

【教学案例8】

小学语文教学中融合地方国家级

新桥镇新联小学 孟正美

非物质文化遗产资源新桥镇新联小学 孟正美布依查白歌节教学感受

运用地方非物质文化遗产资源进课堂、进教材、进校园能够开阔学生视野,让学生了解到当地特定时期的生活方式、本土文化和时代背景,并且通过民歌、民舞和民语等活动,提高学生的动口、运动、动脑等能力,具有重要的实践价值,但地方非物质文化遗产资源教学怎么开展对我来说还不是很清楚?笔者参与省民族地区基础教育质量提升专项课题《运用地方非物质文化遗产资源提升学校文化育人质量实践研究》,在课题研讨活动上,在课题组核心成员的协助下,用地方国家级非物质文化遗产资源——布依查白歌节融合教学内容上了一节课——《白鹅》,身体力行了教学中融合地方国家级非物质文化遗产资源——布依查白歌节示范课。在这次活动中,可以说有成功,也有不足。我想在这里把这些感受分享给大家。

一、教学背景与内容安排

《白鹅》是小学四年级语文下册的一篇课文,这篇课文主要讲鹅的高傲,表现在它的叫声、步态和吃相中。鹅的步调从容,大模大样的,颇像京剧里的净角出场,而京剧是国粹、国家级非物质文化遗产资源,从而引导学生了解身边的地方非物质文化遗产资源:查白歌节、毛杉树歌节等。这些身边的地方非物质文化遗产资源是中华传统文化中的一部分,是学生从小应该了解的内容。

这一课是我们《运用地方非物质文化遗产资源提升学校文化育人质量实践研究》课题组精心打磨的代表课例。活动教学就是把教学目标设置成一个个精致的主体性学习活动，鼓励学生主动参与、主动探索、主动思考、主动实践这些学习活动，在活动中学习知识、发展能力，培育品格。上这节课的目的，是为了在我们课题组到册亨县丫他中心学校校际交流活动中，展示课题研究的成果。为了上好这节课，课题组核心成员首先结合活动教学法讨论了这节课的教学目标、教学活动的设置，教学过程的安排，并开展了一次磨课活动，基本上形成了课堂教学的基本形式。2023年6月9日在册亨县丫他中心学校上课时，我全身心进入教学状态，学生积极主动配合，进行得比较顺利，交流课还好，得到丫他中心学校老师的表扬和肯定，上这个班课的老师说，这节课那些平时不好学不好动的学生都被你调动起来了，让我体会到了我们的课堂要丰富多彩，不能单调无味，课堂中融合地方非物质文化遗产资源——布依查白歌节故事，让学生感到新奇，有兴趣，课堂自然就较为活跃。

二、教学片段点评

（一）激趣课堂，增强课堂活力

兴趣是最好的老师，所以我在教学时注重培养学生的兴趣。这节课我是这样通过兴趣导入新课的：

师：同学们，在新课开始之前，老师要和大家玩"猜一猜"的游戏，请同学们先默读文字并思考它是谁，然后举手抢答。（学生默读文字）

生1：公鸡。

生2：白鹅。

师：你们的答案和他们两个是否一样？

生齐答：不一样。

师：谁来说一说谁的答案对的？

生3：白鹅。

师：真棒，你们真会学习，来用掌声给自己点赞。其实，在祖国灿烂的文学宝库里，作家用他们神奇的妙笔，为我们塑造了众多栩如生的动物形象，就让我们一起探求新知，进入今天的课题：动物形象生动描写。

在本节课中，我选取了学生非常熟悉的动物"白鹅"来导入课堂，让学生根据描写动物的文字判断描写的主人公是谁？同时以抢答的形式来吸引学生，激发学生的阅读兴趣，使学生快乐、轻松地进入学习中去。

（二）结合相关内容，巧妙融合地方非物质文化遗产资源——布依查白歌节故事

在讲解鹅的步态时，让学生感受到鹅的步调从容，大模大样的，颇像京剧里的净角出场，而京剧是国粹、国家级非物质文化遗产资源。因此，在这个环节安排了融合地方非物质文化遗产资源——布依查白歌节的内容。

师：同学们想一想，我们身边有哪些非物质文化遗产资源？你们是否想知道这些地方非物质文化遗产资源呢？现在请同学们用5分钟的时间思考这两个问题？5分钟以后，组织学生交流，然后鼓励学生进行展示：

生1：新桥底西苗族采花节。

生2：德卧毛杉树布依歌节。

生3：顶效布依查白歌节。

这样，通过这样引导，学生知道了我们身边的地方非物质文化遗产资源主要有布依查白歌节、德卧毛杉树布依歌节等。

师：同学们知道布依查白歌节的故事吗？

生1：不知道。

生2：在网上看到过，好像说的是查郎和白妹爱情故事。

师：布依查白歌节的故事主要讲查白场（原虎场坝）查郎打死老虎，救了白妹的命，两人成为情深意长的伴侣，白岩头人野山猫抢走白妹，害死查郎，白妹放火烧死野山猫，纵身跳进火海殉情，查郎和白妹变成白仙鹤，飞上九天，成为紫云歌仙。为了纪念这对忠贞的夫妇，人们把查郎的姓和白妹的姓连在一起把虎场坝改为查白场，并定于每年农历六月二十一赶查白歌节。查郎和白妹不畏压迫，为自由平等而献身的精神值得我们学习，他们的生命是有价值和有意义的。

同学们布依查白歌节的故事给我们什么启示？

生1：我们要团结少数民族。

生2：他们的精神值得我们学习。

生3：我们要像他们一样的勇敢。

第四章 黔西南州地方非遗文化

通过讲解，学生知道了我们这节课用身边的地方非物质文化遗产资源——布依查白歌节进行教育教学的原因，这是为了维护国家统一和促进民族团结，铸牢中华民族共同体意识。

三、教学反思与感受

（一）参与课题研修团队能快速成长

笔者1999年8月参加工作，是一名农村小学语文教师。参加工作后，虽然参加名师工作室学习，但因农村小学老师少，课堂教学工作任务重不能按时参加，研修效果不太理想。一个偶然的机会，有机会参加了《运用地方非物质文化遗产资源提升学校文化育人质量实践研究》课题组，课题主持人是省级黔灵名师，课题研究经验丰富，这个团队专业引领强，成果丰富，大家互相学习，互相启发，该课题研究得到了省州专家名师指导，自己收获较大。在这次课题研讨活动中，课题主持人和其他老师，跟我一起备课，一起设计教学方案，帮我磨课，给我指导如何在课堂教学中融合地方非遗文化。我掌握了融合地方非遗文化的方法。特别是到册亨县丫他中心学校上这节融合地方非遗文化——布依查白歌节故事课，得到了册亨县丫他中心学校的肯定，使我对在课堂教学中融合地方非遗文化充满了自信。

（二）在课堂教学中融合地方非遗文化——布依查白歌节故事课

体现了以学生为主体，充分调动学生参与教学，亲身经历学习过程，在学习中习得知识，认识到学习地方非遗文化的重要性，通过融合地方非遗文化——布依查白歌节故事课，认识到我们是五十六个民族，只有相互了解和学习，才能更好地团结起来，只有团结起来，才能实现中华民族伟大复兴，铸牢中华民族共同体意识。

【教学案例9】

《我们身边的非遗文化》教学案例
万屯镇贡新小学　段志莲

教学目标：

1. 通过教学，让孩子们了解什么是非遗文化，并对非遗歌节查白歌节、毛杉树歌节、底西菜花节有全面的认识。

2. 通过课文内容的讲解，让孩子们为自己家乡有那么多的非遗文化感到自豪，树立民族自豪感，增强民族团结意识，培养孩子们爱家乡，爱祖国的家国情怀。

3. 教育孩子们做文化的传承人，要把家乡的非遗文化、传统文化更好地传承和发扬。

教学重点：

1.通过课文内容的讲解，让孩子们为自己家乡有那么多的非遗文化感到自豪，树立民族自豪感，增强民族团结意识，培养孩子们爱家乡，爱祖国的家国情怀。

教学难点：

争做文化的传承人，要把家乡的非遗文化、传统文化更好地挖掘和传承发扬。

教学背景与内容安排：

这一课是贵州省民族地区质量提升工程子项目Ⅲ课题《运用地方非物质文化遗产资源提升学校文化育人质量实践研究》课题研究以及民族读本《走进黔西南》的推广案例。

黔西南州是布依族苗族自治州，主要居住有汉族、布依族、苗族、彝族等多种民族，少数民族种类较多，有布依族、苗族、彝族、回族、水族、壮族等，是典型的少数民族聚居地，少数民族人口比达到60%之多。在这个少数民族聚居地，有许多丰富的和具有少数民族特色的物产和资源，在不断的发展和延续中，在中华民族文化的洗礼和沉淀下，能够站稳自己的脚跟，得以保留下来，并且代代相传。但是很多非遗文化却因为其特殊性和技术性，有很多已经失传，比如查白歌节中的摩公，摩公原本是布依族中最有威望，最具权威的长者，但凡村寨中族人有什么重要的事宜、节庆、庆典、祭祀、祭奠、婚丧嫁娶等都必须由摩公亲自主持，但是这么一个神圣而又权威的长者到今天已经没有真正的传人，村寨里只要有关于摩公的环节人们就聘请村寨里一些年长有威望的老人来主持，仅开展一些碎片化的仪式，已经没有摩公的神秘感以及权威性。我们都知道，从中央到地方，都在呼吁对非遗文化进行挖掘和传承，让凝聚着各民族的智慧和结晶的非遗文化在历史的进程中，经得住时代的冲击和洗礼，站稳自己的脚跟。那么，摩公为何会没有传人呢？作为国家级非物质文化遗产名录之一的查白歌减少了那么重要的环节，我们能否找得回来呢？这就得寄希望于年轻一代，这就得为非遗找到传承人，而学校作为教育的主阵地，我们通过课堂教学直接教授或者通过课堂教学渗透的方式告知我们的学生，让孩子们知道什么是非遗，我们身边有哪些非遗，他的身份地位怎么样，我们作为当地的一员，家乡的一员，如何对我们身边的非遗文化加以挖掘传承呢？

为此，我们设计了本节课的教学：《我们身边的非遗文化》这是一节专门介绍黔西南州义龙新区的非物质文化遗产资源的地方课程，该节课主要介绍当地比较有特色的三个少数民族非遗节日：国家级非遗文化名录的查白歌节、省级非遗名录德卧毛杉树歌节和地方非遗节日新桥底西采花节。通过课文内容的讲解，让

第四章 黔西南州地方非遗文化

孩子们了解什么是非遗文化,对非遗歌节查白歌节、毛杉树歌节、底西菜花节有全面的认识,让孩子们为自己家乡有那么多的非遗文化感到自豪,增强文化自信,树立民族自豪感,培养民族团结意识,培养孩子们爱家乡,爱祖国的家国情怀。教育孩子们做文化的传承人,要把家乡的非遗文化、传统文化更好地传承和发扬。

该节课在课题组负责人姜昌文老师及课题组成员的安排下,先在兴义市万屯镇贡新小学打磨,然后在义龙新区新联小学展示,被定为课题组的特色教学案例,继而在册亨县巧马中心小学推广。在不断地展示和交流中,该节课得到了各校老师的好评。

教学过程与重要情景:

一、导入环节

(一)出示习近平主席图像,激趣导入

师:同学们,你们知道这个人是谁吗?

生:知道,习主席。

师:2014年10月15日,习近平总书记在北京主持召开文艺工作座谈会时强调:"中华优秀传统文化是中华民族的精神命脉,是涵养社会主义核心价值观的重要源泉,也是我们在世界文化激荡中站稳脚跟的坚实根基。"主席强调要弘扬中华传统文化。那么作为小学生的我们,也更应该把知识文化学好尤其是我们的传统文化。

(设计意图:通过习近平的金句导入,让孩子们一下子进入学习的激情中,也知道国家领导人注重传统文化的学习,尤其是把希望给了孩子们,学习激情一下子被点燃,本来孩子们对传统文化的重要性不明确,很多时候都是被老师牵着鼻子走,更别说主动走进传统文化。统编教材及课程标准都对传统文化有着明确的要求,通过主席金句的解读,让孩子们瞬间知道传统文化的重要性,进而引出主题非遗文化,明白非遗文化也是传统文化的一种。)

(二)出示非遗图片,引入非遗

师:今天老师带来了几张图片,请同学们跟我一起来观察观察,看看他们有什么奇特的地方。

展示图片并解说:

京剧:国粹、第一批国家级非物质文化遗产名录。

望谟三月三:国家级非遗名录、苗族头饰、布依族八音坐唱、彝族的阿妹戚托、查白歌节(国家级非遗名录)。

(设计意图:我们黔西南的很多非遗能与大名鼎鼎的京剧并肩站立,初步感受非遗的神奇。）

（三）板书课题：地方非遗文化

二、新课教学

（一）什么是非遗

师：请问同学们到底什么是非遗呢？我们一起来了解了解。

师：非遗是非物质文化遗产的简称。非物质文化遗产是指各种以非物质形态存在的与群众生活密切相关、世代相承的传统文化表现形式，包括口头传统、传统表演艺术、民俗活动和礼仪与节庆、有关自然界和宇宙的民间传统知识和实践、传统手工艺技能等以及与上述传统文化表现形式相关的文化空间。

（设计意图：对于孩子们不知道的东西，老师直接告知答案并加以讲解，让孩子们知道到底什么是非遗。）

（二）查白歌节

1. 出示人山人海图

师：了解了什么是非物质文化遗产，老师就带着同学们一起走进我们地方非遗文化中去看看吧，出示查白歌节人山人海图。

生：哇，好多人啊！

师：咱们用一个词语来形容这里的人多吧。

生：人山人海、摩肩接踵、络绎不绝……

师：每年农历六月十一日，有从云南、广西、四川等省（区）和我们贵州各地区的人们齐聚这里，欢度这个日子。

2. 出示第二幅图（中国节日志）

师：就是这个人山人海的地方，被列入中国的节日志，到底是个什么样的地方什么节日呢？她到底有什么神奇的呢？我们一起去看看吧。

（设计意图：两张图片让孩子们感受节日的氛围和地位，一下子进入查白歌节的氛围中，孩子们会情不自禁地期待节日的介绍，下文的介绍孩子们就会很认真地听，学习也就轻松许多，也为下一步告知孩子们查白歌节被列入国家级非遗名录埋下伏笔。）

3. 查白歌节的介绍

师：这就是我们当地的一个非常隆重的节日——查白歌节。该节来源于口传民间故事《查郎与白妹》纪念古时当地一对为民除害与抗暴殉情的男女青年查郎、白妹。传说很早以前有个地方叫虎场坝，当地布依青年查郎与白妹从小青梅竹马，私定终身，寨中有一只虎怪，勇敢的查郎杀死虎怪，请全寨的老少吃虎肉、喝虎汤。寨中有个财主看上了年轻貌美的白妹，提亲不成准备硬抢，白妹与查郎商量赶在财主抢亲之前先成亲。财主得知后派家丁把查郎杀死。白妹为了报仇，放火把财主家的房屋烧为灰烬，自己也跃入火海，以死殉情。后人为了纪念他们，把白妹殉情的这一天也就是农历的六月二十一定为查白歌节，也叫赶查白，把虎场坝改为查白场，每年的这一天，摩公亲临现场，组织大型的祭祀仪式，开展各种形式的歌舞表演，尤其是布依族的山歌、木叶、二胡吹奏等等深受人们的欢迎。云南、广西、四川等省（区）以及贵州各地区的人们从四面八方来到这里，感受查白歌节的隆重与热闹，老人们来赶场以后能够健康长寿，青年男女来这里吹木叶、对山歌，说不定就找到了自己的心仪对象，小朋友来赶查白以后会一生平安，无病无灾。大家来这里还要吃狗肉汤锅，据说可以驱除邪恶，恶魔也会远离，还要五色糯米饭和冤枉坨，寓示以后的生活多姿多彩，不再有冤屈，还要去查白井取水净心、查白庙敬香祈福等。

（设计意图：简单明了地告知节日的时间、传说、形式、美好寓意，让孩子们通过老师的讲解对地方非遗——查白歌节有个大概的知晓，激起他们想要去赶查白，去品尝那里的美食的兴趣，更要去挖掘和传承我们的地方非遗文化，也为后面的作业设计铺路。）

4. 非遗级别

师：布依查白歌节以他们特有的方式，以自己独特性已于 2016 年 5 月 20 日被国务院列入第一批国家级非物质文化遗产名录。

生：哇！（不约而同）

师：听了这些说法，你们有何想说的吗？

生 1：好想去赶查白啊！

生 2：我想去吃查白场的美食，尤其是五色糯米饭，要让我的生活多姿多彩，邪恶也要远离我。

生 3：查郎白妹好勇敢啊，我要做像他们一样能为民除害的勇敢的人。

……

（设计意图：简单明了的语句表达出自己的意愿，训练了孩子们口语表达能力，培养孩子们的积极健康人生观，对生活的热爱和美好的向往和追求。）

师小结：是啊，赶查白场到今天不仅仅是对查郎白妹的祭奠，更重要的是他们的不畏强暴，对幸福生活的美好向往和无限追求的精神，激起我们生活学习的兴趣，我们也为家乡有这样一个美好而又隆重的节日而骄傲，该歌节于 2015 年被国务院评为第一批国家级非物质文化遗产名录。虽然入选国家级的非遗名录，但是因为各种原因，查白歌节还有很多非遗元素还未呈现出来，甚至被淘汰或者遗忘,比如摩公亲临现场这一环节就没有啦,作为小学生的我们,有责任和义务将我们的地方非遗文化进行挖掘传承和保护,让其在历史长河中经得住时间的洗礼,经久不衰。

(设计意图:通过老师的讲解,非遗文化有面临遗失或者淘汰的可能,号召孩子们作为非遗传人,有责任和义务对非遗文化进行挖掘和传承,并将其发扬光大。)

(三)毛杉树歌节

1. 引入毛杉树歌节

师:听完查白歌节的传说,老师还要带领同学们去领略另外一个节日,请同学们随着老师的脚步,我们一起前往义龙新区德卧镇毛杉树村去赶毛杉树去。

2. 简介毛杉树歌节

这也是布依族的一个传说。传说广西大将岑鼓、马武带兵除掉地方恶霸乃支,不幸身亡。当地人布依族人在其安葬的地方栽两棵杉树做记号,两棵杉树长势奇快,仅三个月就长成九丈高的合抱大树,枝叶繁茂,叶子细如毛发,后人称为"毛杉树"。后人为了纪念二位大将军,在三月第一个蛇场天(初一初二除外)也就是两位将军牺牲的这一天组织祭祀、对山歌,舞龙狮,民间竞技等活动,表达对英雄的怀念和敬仰。同时活跃村寨文化生活,传承和发展民族民间文化。

2005年,毛杉树歌节申报为省级非物质文化遗产,我们作为一名小学生,也应该将这一非遗节日加以发掘和保护,让它也成为我们的骄傲。

(设计意图:毛杉树歌节。)

(四)新桥底西采花节

1. 引入采花节

师:在每年的正月十三、十四、十五,义龙新区新桥镇巧烂村底西组,连续三天锣鼓欢天、鞭炮齐鸣、烟花齐绽,人们穿上节日盛装,唱响悠扬的苗歌,跳着欢快的板凳舞、芦笙舞等苗族舞蹈,姑娘们展示着自己的苗族刺绣,男士则在这里斗鸟斗鸡,大娘们弄好五色糯米饭等美食欢迎远方的客人……

(设计意图:前面两个歌节的介绍可能会让孩子们有些疲惫,换一种方式介绍,一下子把孩子们带入节日的氛围里,期待着这个节日,让孩子们轻松进入该节。)

2. 出示主人公:杨阿伊和杨阿娜

师:跟前面两个节日一样,这个节日也有一个美丽而又伤感的传说,下面我要请同学们来猜猜这是一个怎样的故事。首先来猜猜主人公是个什么样的人?

师:从名字来判断二人的性别和外貌。

生1：从姓氏来看应该是两姊妹，二人应该长得很好看。

师：你的猜测很厉害哟，他们的确是两姊妹，而且貌美如花。那刚才我说了这是一个伤感的故事，大家又来猜猜在他们的身上发生了什么故事呢？

生2：我觉两姊妹被财主看上了，然后誓死不从，自杀了。

生3：我觉得两姊妹为了保护家乡，与财主同归于尽。

生4：我觉得姐姐为了保护妹妹，牺牲了。

……

（设计意图：该环节让孩子们猜测，旨在启发孩子们的想象能力和语言表达能力，也感受非遗的口口相传的特点。）

师：同学们真了不起，都猜测到了一些相似的地方，但还是不完全准确，下面老师来告诉大家故事的传说：相传在很久以前，在新桥镇巧烂村底西苗寨，有一对美若桃花的苗族姐妹杨阿伊和杨阿娜，分别与邻寨苗族青年侯安相、吴希文相恋，当时的镇边大将军安新镇企图强占杨阿伊为妻，侯安相与吴希文奋起反抗，并打死安得烈，安将军带领大队人马围攻底西寨，为了保全寨中老少的安全，杨阿伊和杨阿娜跳下山洞，安将军只好回府。人们为了纪念杨氏姐妹，为她们修了一座双人坟，以示怀念，后来坟墓上长大树奇花，蜂蝶常在此飞舞，次年仙姑于正月十三、十四、十五在此唱了三天的歌，采花节就此延续下来。

师小结：该节展现苗家儿女风采，丰富群众文体生活，构建和谐村寨，传承和保护苗族传统文化，可是咱们的底西采花节还没有申报成为任何级别的非遗文化名录，这就希望同学们努力学习文化知识，争取长大后能够为底西采花节出策出力，让它也成为响当当的非遗文化名录。

（设计意图：老师的讲解与孩子们的猜测相结合，既告知了故事的主要内容，又展示了孩子们的口语表达能力和启发孩子们的想象力，引导孩子们树立正确的家国情怀和民族团结意识，同时提出希望，寄希望于孩子们身上，既表达出大家的意愿，又在无形中让孩子们挖掘传承和发扬家乡的非遗文化。）

三、法治渗透

渗透《中华人民共和国非物质文化遗产法》第三十六条：国家鼓励和支持公民、法人和其他组织依法设立非物质文化遗产展示场所和传承场所，展示和传承非物质文化遗产代表性项目。

（设计意图：非遗已经列入国家法律法规，让孩子们知法懂法，学会用法律的武器保护我们的地方非遗文化。）

四、作业

1.把这节课学到的知识与家人分享

2. 相约歌节

相约明年亲自去歌节现场感受非遗的魅力，请以《明年去赶集》为题，写一篇小作文，写清楚最想去哪一个？为什么想去？

（设计意图：一节课的时间太短，无法聆听每一个孩子的心声，该作业的设计既可以让孩子们表达出自己真实的想法，又展现出对家乡及家乡非遗文化的那份挚爱，自然而然去挖掘与传承身边的非遗文化。）

五、板书设计

我们身边的非遗文化查白歌节

毛杉树歌节保护传承

底西采花

【教学案例10】

《自由平等的追求》教学案例
德卧中学初中部杨正美

教学模式分析：

体验教学法是指在教学过程中为了达到既定的教学目的，从教学需要出发，引入、创造或创设与教学内容相适应的具体场景或氛围，以引起学生的情感体验，帮助学生迅速而正确地理解教学内容，促进他们的心理机能全面和谐发展的一种教学方法。通过情感预热，让学生达到适度的兴奋状态，对所学知识产生兴趣，希望参与体验，在合作互助中润物无声，实现知行合一的导行内化效果。

教学思路分析：

激情阶段通过活动交流，让学生知道如何珍视自由和如何践行平等。

体验阶段借助多媒体播放新闻资料，引发学生关注和好奇，主动求索，带入预设情景。通过教师展示材料和学生讲述故事，运用比较的学习方法和理论联系实际的方法，培养自主、合作学习的能力。理解依法行使权利的意义，能够自觉在社会生活中践行平等。

导行阶段过程中始终贯彻正确认识自由和平等，树立正确的权力观和平等观，增强平等意识，努力践行平等，共同构建平等有序的社会制度。

课程依据标准：

本节内容选自人教版《道德与法治》八年级下册第七课。本课所依据的课程标准的相应部分是"珍视自由""依法行使权利"。运用比较的学习方法和理论联系实际的方法培养自主、合作学习的能力。理解依法行使权利的意义，能够自觉在社会生活中践行平等。

第四章　黔西南州地方非遗文化

内容解析：

运用比较的学习方法和理论联系实际的方法，培养自主、合作学习的能力。理解依法行使权利的意义，能够自觉在社会生活中践行平等。正确认识自由和平等，树立正确的权利观和平等观，增强平等意识，努力践行平等，共同构建平等有序的社会制度。培养崇尚宪法的思想，树立宪法意识，自觉以宪法为根本的活动准则，深刻认识依宪治国对全面建设社会主义现代化国家、实现国家长治久安的重要作用，自觉树立宪法观念，增强守法意识。

课前准备：

教师准备：搜集关于自由平等的追求的视频资料或者文本资料，制作多媒体课件。

学生准备：预习教材，对疑问和困惑做好记录。

案例背景：

2022年6月10日义龙新区顶效街道办楼纳学校跨学科教学教研交流活动《运用地方非物质文化遗产提升学校育人质量实践研究》学科渗透地方非物质文化遗产资源——初中八年级下册道德与法治《自由平等的追求》教学案例。

案例描述：

【导入新课】

讲述毛杉树歌节的故事，学生讨论岑鹏和马武两位将军牺牲的感悟，追求自由与平等从古到今都是人们不懈的追求，今天自由平等成为社会主义核心价值观社会层面的要求。那怎样追求自由与平等呢？从而引入学习课题自由平等的追求。

【讲授新课】

法律是自由的保障和基础，个人的自由必须建立在遵守法规的基础之上，要依法行使自由的权利，这是人文科学上对自由的理解，而科学分为人文和自然科学，而自然科学上的自由又是怎样的呢？我们从物理学上来探究一下。老师用两张A4纸做实验，一张A4纸揉成团，一张保持不变，同一时间从同一高度下落，请同学们猜猜结果，哪张A4纸掉落得更快，并通过实验验证。播放视频，老师讲解自由落体运动。

空气中的物体自由降落会受到空气的阻碍，而人文科学中通过上节课的学习，我们知道个人的自由必须建立在遵守法规的基础之上，要依法行使自由的权利，自由不是随心所欲，在法律范围内行使自由才能真正实现自由。下面我们来看看田某是如何行使自由的。

一、珍视自由

疫情期间，毛杉树村八年级学生田某经常上网课迟到，不按时完成作业，有时还抽烟喝酒，强行向同学索要财物，老师督促他，他却说："什么时间上学、做不做作业，做什么是我的自由。"

问题：结合田某的言行，说说自由与法律的关系。（学生以小组为单位讨论）

学生：田某的言行是错误的，他的行为是不珍惜受教育的权利、不自觉履行受教育义务的表现。珍视自由，就要珍视宪法和法律赋予我们的权利，依法行使权利。

《中华人民共和国宪法》第四十条规定："中华人民共和国公民有受教育的权利和义务。"《中华人民共和国预防未成年人犯罪法》第14、15条："未成年人的父母或者其他监护人学校应教育未成年人不得有下列不良行为：不得吸烟、酗酒；强行向他人索要财物。"师生共同归纳总结：

珍视自由
（1）就要珍惜宪法和法律赋予我们的权利
（2）必须依法行使权利

二、践行平等

1. 探究与分享：播放卢书记事件的视频，学生思考：卢书记事件对我们践行平等有什么教育意义？

学生：践行平等，就要反对特权。法律面前人人平等，每个公民都应平等地承担法律规定的义务，不得享有不受法律约束的特权。追求特权必将受到法律的制裁和惩罚。

教师：所谓特权，就是法律、制度规定之外的特殊权利。特权是平等的大敌。现实生活中，有的人或只享受权利不承担义务，或利用手中的权力以权谋私，或利用社会关系追逐一己之私，并想方设法逃避法律制裁。然而，法律的尊严和权威不容侵犯，任何践踏法律的行为必将受到制裁和惩罚。每个公民都应平等地承担法律规定的义务，不得享有不受法律约束的特权。

2. 播放美国枪击事件相关视频。（学生讨论观看后的感受）

学生以小组讨论得出结论，每个人生而平等，都有追求幸福的权利。我们要以法律为基本的行为准则，平等地对待所有成员，尊重他人的合法权益。

探讨为什么要尊重他人的合法权利，我们应该怎样尊重他人的合法权益。

原因：每个人都有平等的生存、发展和追求幸福的权利。

怎样做：以法律为基本行为准则、平等对待所有成员、尊重他人合法权益。

当我们尊重他人合法权益，平等对待他人时，我们却遭到了不平等对待，这

第四章 黔西南州地方非遗文化

时需要怎么做呢?

展示毛杉树歌节、长津湖影片视频、抗美援朝图片,从毛杉树歌节故事中,面对土匪的侵略,布依人民和岑鹏、马武两位将军是怎么做的呀?(学生思考回答)

学生:他们奋起抵抗土匪的侵略,换来了布依人民的安宁。

教师:从毛杉树歌节的故事中,让我们知道中国自古以来就是爱好和平的民族,中国人民不惹事、但也不怕事。(历史教师讲授、和平共处五项原则和抗美援朝战争)

通过长津湖的视频让学生知道抗美援朝的那段战争史诗,当今生活的来之不易,更应该珍惜当下。从这段血泪史中,剖析抗美援朝的目的是保家卫国,其原因在于当我们遇到不平等时要勇于奋起抗争。最终小米加步枪的中国战胜了拥有飞机大炮不可一世的美帝国主义。为新中国赢来和平发展的环境,也鼓舞了世界人民为了追求自由平等的信心与勇气。

得出结论:践行平等,就要敢于抵制不平等的行为。

我们不仅要敢于同不平等现象作斗争,还要把平等原则落实到日常的生活、学习和工作中。我们要增强平等意识,努力践行平等,共同构建平等有序的社会制度。

归纳总结:

践行平等
就要反对特权
就要平等对待他人的合法权利
就要敢于抵制不平等的行为

通过这节课的学习,我们知道了怎样珍视自由,一是要了解自己的权利的价值,二是要依法行使权利;知道了如何践行平等,一是要反对特权,二是要平等对待他人的合法权利,三是要敢于抵制不平等的行为,四是践行平等。我们今天新课教学时学习地方省级非物质文化遗产——毛杉树歌节故事,就是为了传承少数民族文化,弘扬民族精神,弘扬他们不畏强暴,追求自由平等,英勇献身的精神,从而更好地维护国家统一和促进民族团结,铸牢中华民族共同体意识。同时,我们要常怀感恩之心,感恩中国共产党为我们创造了自由平等的幸福生活,我们何其有幸生于华夏,我们要努力学习,将来更好地报效祖国,为实现中华民族伟大复兴作出贡献。

作业:办一期以践行平等为主题的板报。最后播放布依族宣传片,感受布依之美。

案例反思:

1. 教师在教学中应注重学科间的融合教育。将道法课程与物理、历史学科联系在一起，加深学生们的认知和情感体验，还能有效促进学生们学习的动力，进而提高了学生的核心素养，促进了学生的全面发展。

2. 教师也要善于运用多样化的教学方式，通过小组合作来促进学生的深度学习与思考，进而有效拓展学生的思维。

3. 教师对学生适时地鼓励和肯定，增强了学生们的自信心，营造了一种积极的学习氛围，有助于为学生渗入良好的思想道德品质教育，充分发挥了"环境育人"的作用。

4. 教师在教学中充分渗入了毛杉树歌节省级非物质文化遗产，完成基本教学目标的同时，引导学生增强学习非物质文化遗产意识，弘扬民族精神，从而更好地维护国家统一和促进民族团结，铸牢中华民族共同体意识，努力成为一名新时代的社会主义接班人。促进了学生们的全面发展。

【学生学习体验】

自由与平等的学习体验

今天杨老师给我们上了自由与平等这一课，给我留下了深刻的印象。老师一开始讲述毛杉树歌节的故事，使我认识了省级非物质文化毛杉树歌节，认识到岑鹏和马武两位将军为了布依人民追求自由与平等而牺牲自我的大义精神值得我们学习，追求自由与平等从古到今都是人们不懈的追求，今天自由平等成为社会主义核心价值观社会层面的要求。

鸟只有在辽阔的天空中才能尽情地翱翔；鱼只有在深邃的江河才能欢快地游弋；雄狮只有在一望无垠的平原才会充分显示飒爽的英姿。人，更需要自由。人只有在自由的条件下才会有安宁的生活，一切的理想、抱负只有在自由的前提下才得以实现。人，拥有自由，才有可能获得幸福。老师用两张A4纸做实验，一张A4纸揉成团，一张保持不变，同一时间从同一高度下落，请同学们猜猜结果，哪张A4纸掉落得更快，并通过实验验证。播放视频，老师讲解自由落体运动。空气中的物体自由降落会受到空气的阻碍，而人文科学中通过上节课的学习，我们知道个人的自由必须建立在遵守法规的基础之上，要依法行使自由的权利，自由不是随心所欲，在法律范围内行使自由才能真正实现自由。

珍视自由就要珍惜宪法和法律赋予我们的权利，必须依法行使权利。

老师播放卢书记事件的视频，通过同学们的讨论老师的讲解，让我认识到所谓特权，就是法律、制度规定之外的特殊权利。特权是平等的大敌。现实生活中，有的人或只享受权利不承担义务，或利用手中的权力以权谋私，或利用社会关系追逐一己之私，并想方设法逃避法律制裁。然而，法律的尊严和权威不容侵犯，任何践踏法律的行为必将受到制裁和惩罚。每个公民都应平等地承担法律规定的义务，不得享有不受法律约束的特权。

所有的人都渴望被尊重，所有的人都有被尊重的权利，人生来就是平等的，大家遵循的制度、受到的待遇也应是平等的。在旧时社会，许许多多的人都受不到应有的平等待遇，甚至会因无法改变的出身等因素被降低人格。对于这些不公的制度，总会有人勇敢地反对。他们是值得称赞的，因为他们懂得如何去捍卫自己的人格和尊严。

老师展示毛杉树歌节、长津湖影片视频、抗美援朝图片，通过长津湖的视频让我知道了抗美援朝的那段战争史诗，当今生活的来之不易，更应该珍惜当下。从这段血泪史中，剖析抗美援朝的目的是保家卫国，其原因在于当我们遇到不平等时要勇于奋起抗争。最终小米加步枪的中国战胜了拥有飞机大炮不可一世的美帝国主义。为新中国赢来和平发展的环境，也鼓舞了世界人民为了追求自由平等的信心与勇气。正是因为我们曾经的奋起抗争，才有了今天强大的中国！

每个人都是平等的，我们要温柔地对待身边的每一个人。平等是每个人都应该做到的事情，千万不要戴着有色眼镜去看任何的人。践行平等，就要敢于抵制不平等的行为。我们不仅要敢于同不平等现象作斗争，还要把平等原则落实到日常的生活、学习和工作中。我们要增强平等意识，努力践行平等，共同构建平等有序的社会制度。

（撰稿：德卧中学丁蓉蓉，辅导老师杨正美）

【教学案例11】

核心素养下初中历史教学与地方非遗文化融合及

历史和道德与法治跨学科主题学习活动《新文化运动》教学案例

案例背景：

1.2022年4月，由中华人民共和国教育部制定的《义务教育历史课程标准（2022年版）》正式颁布，在该历史课程标准中明确提到：将中华优秀传统文化融入课堂教学中，而非物质遗产文化，则是当之无愧的中华优秀传统文化之一。

2.目前，在已有的案例研究成果中，对非遗融入历史课堂方面的研究是不够的，案例极少。这为本案例的设计提供了较大的空间，也使本案例的研究具有前瞻性和可行性，更有研究价值和意义。

3.黔西南布依族苗族自治州作为一个少数民族自治州，在州内有诸多非物质文化遗产，如毛杉树歌节、查白歌节、布依八音坐唱、阿妹戚托、苗族回门舞、苗族采花节等等；而很多学生甚至一些教师对什么是非物质遗产文化，本州有哪些非物质遗产文化，了解传承非物质遗产文化有什么意义并不是特别明确。为让学生、教师更加了解非物质遗产文化，并进行推广甚至是继承非物质遗产文化，增加学生热爱祖国、热爱家乡的家国情怀,将本州非遗文化融入初中历史课堂教学中,丰富教学内容是极其必要的。

为使学生具备一定的道德与法治学科知识储备,真正发挥课程教材培根铸魂、启智增慧的作用。本次课程还设计了历史和道德与法治跨学科主题学习活动,引导学生围绕"新文化运动"主题,将本次所学的历史和道德与法治课程《延续文化血脉》中的知识、技能、方法及课题研究等结合起来,开展深入探究、解决问题的综合实践活动。

案例描述:

核心素养下初中历史教学与地方非遗文化融合及历史和道德与法治跨学科主题学习活动设计中的非遗文化以《毛杉树歌节》为主,将毛杉树歌节融入历史课程;历史和道德与法治跨学科主题学习以历史《新文化运动》一课为主,将道德与法治《延续文化血脉》的批判继承精神融合在《新文化运动中》,旨在循序渐进、潜移默化地让学生了解非遗文化的同时培养学生举一反三、知识迁移、融会贯通的能力。根据《义务教育历史课程标准(2022年版)》理念,本案例从教材分析、学情分析、教学目标、教学重难点、教学资源、教学理念、教学方法、教学过程和设计意图8个方面进行描述。

一、教材分析

本课是部编版八年级上册第四单元"新民主主义革命的开始"中的第一课,本课在教材中发挥着承上启下的作用。既是上一单元"资产阶级民主革命与中华民国的建立"中旧民主主义革命的补课,又是下一课五四运动的新民主主义革命的序幕。本课包括两个子目:新文化运动的兴起、新文化运动的内容和意义。教材以"背景—内容—历史意义"为线索,叙述了新文化运动的发展过程,条理清晰,内容精练。

《延续文化血脉》是九年级上册第四单元和谐与梦想第七课中华一家亲维护祖国统一中的知识点。本知识点主要让学生了解中华传统文化,对中华传统文化批判性继承。对中华传统文化的学习,同时也增强了学生的文化自信。

二、学情分析

本课所面对的是八年级的学生,他们富有生命的活力,精力旺盛,求知欲强,而且通过七年级对历史知识的学习,学生已经初步掌握了运用历史唯物主义观点分析和评价历史人物、历史事件的方法,基本具备了用不同方法整理历史知识的能力,学生的自主学习能力不断提高。本课《新文化运动》的内容理论性较强,相对学生综合能力和其他课而言还是比较抽象,学生对儒家的"纲常伦理"很难理解。因此,在教学中应该选取通俗易懂的材料增强学生历史理解能力,使学生通过对材料的阅读和理解,培育学生史料实证意识。

第四章　黔西南州地方非遗文化

三、教学目标

核心素养目标：

1. 了解新文化运动兴起的背景、标志、主要人物及其代表作。（史料实证、时空观念）

2. 理解和掌握新文化运动的历史意义。（历史解释）

3. 了解陈独秀、李大钊等人在新文化运动中的勇敢精神和先锋作用，增强自己勇于创新、积极进取的精神，增强热爱祖国、建设祖国的历史使命感，增强民主与科学意识。（家国情怀）

四、教学重点、难点

教学重点：新文化运动的内容与意义。

教学难点：新文化运动为什么把斗争的矛头指向以孔子为代表的孔教。

五、教学资源

教科书、教参、资料、多媒体。

六、教学理念

立德树人；遵循育人规律和学生成长规律，强化课程一体化设计；以社会发展和生活为基础，构建综合性课程；坚持教师价值引导和学生主体建构相统一；综合运用多种评价方式，促进知行合一。

七、教学方法

小组合作探究法、讨论法、讲授法相结合。

八、教学过程

（一）课前划分小组，宣读加分规则，视频暖课。

（设计意图：实行小组竞争性学习，增强学生的课堂参与性，培养学生的集体荣誉感；采用时下流行元素、学生关注度高、感兴趣且切合本课主题的视频暖课，拉近与学生的距离，同时让学生明确本课主题，规范学习态度。）

（二）导入新课

杜：请同学们听一段歌曲，听完后请告诉老师这描述的是怎样的场景？"唱山歌哎，这边唱来那边和，那边和……"

生：对山歌。

杜：是的。咱们国家有56个民族，55个少数民族，很多民族和地区都有对山歌的节日，我们所居住的黔西南布依族苗族自治州也有很多对山歌的节日，如安龙的毛杉树歌节。

杜：布依族是南北盘江流域的土著民族，居住地大多是水源好、土地肥沃的坝子。据《贵州民间故事集成·安龙卷》记载,东汉末年,一外来部落意欲攻占龙广四十八(布依)寨(包括田坝村),当时驻守广西的汉将岑彭、马武率兵与布依人民一同抗击来敌,战斗中不幸牺牲,时为农历三月初三蛇场天。人们把这两位英雄埋葬在田坝村纳拿与者棉寨之间的土丘上,为他们立碑,修祠堂,并把农历三月初三后第一个蛇场天定为纪念的日子。之后每年时值纪念的日子,远近闻名的人们都到这里来祭奠,参加的年轻人就借机在寨子杉树林中对歌"浪哨"(谈恋爱)。

在历史的演进中,现田坝村布依族人民已把二位英雄奉为寨神,每年举行一次隆重的祭祀活动,从农历三月初三后第一个蛇场天开始,历时三天。但祭祀活动已经不是大家关注的主要内容,到田坝"赶毛杉树"对歌才是远近闻名的,已演变成布依族传统的音乐民俗节日了。

2005年12月,"毛杉树歌节"被贵州省人民政府选入"贵州省首批非物质文化遗产保护名录"。

咱们在前面提到,现在人们赶毛杉树歌节主要是为了干什么呀?

生:对歌。

杜:对歌更多的是为了做什么呢?

生:谈恋爱。

杜:那在中国古代或在封建社会,单身男女能够自由恋爱吗?

生:不能。

杜:是的,不能。在中国古代,恋爱、婚姻之事往往是父母之命、媒妁之言,偶有自由恋爱的,也会酿成很多悲剧,如《孔雀东南飞》等等。那我们自由恋爱之风兴起是在什么事件之后呢?

生:新文化运动之后。

杜:自由恋爱之风的兴起在新文化运动之后,接下来,我们一起来学习《新文化运动》。

(设计意图:通过国家级非物质文化遗产"毛杉树歌节"相关图片和解说导入新课,加上教师的引导,增强学生对国家级非物质文化遗产的认识,传承中华优秀传统文化,增强学生的文化自信,热爱家乡的家国情怀。)

(三)新课教学

1. 核心素养目标导学

(1)了解新文化运动兴起的背景、标志、主要人物及其代表作。(唯物史观、时空观念、史料实证)

（2）理解和掌握新文化运动的历史意义。（历史解释）

（3）增强自己勇于创新、积极进取的精神，增强热爱祖国、建设祖国的历史使命感。（家国情怀）

（设计意图：让学生清晰了解本课的知识点，了解"五位一体"的历史课程核心素养，为有效学习知识点和培育学生核心素养做准备。）

2. 自主学习

杜：请同学们阅读教材第56-58页，完成我们课件上的选词填空，找到了的同学就可以举手上来填写。（填写完后，其他同学有不一样的吗？）

生：没有。

杜：说明同学们的自主预习都完成得非常好。

（设计意图：先学后教，培养学生的自主学习能力。）

3. 进入新课

杜：老师将本课分为三目。民国印象：新旧冲突起波澜（兴起）；东方之子：革旧鼎新铸国魂（内容）；百年回眸：万象更新留余响（意义）咱们依次学习。（设计意图：对知识点进行归纳梳理，高度概括本课知识点，让学生清晰了解本课所学知识。）

杜：辛亥革命后的巨大希望，同民国初年中国社会的黑暗产生了巨大的落差。巨大的落差就产生了巨大的浪潮，于是就有了新文化运动。请同学们想一想：辛亥革命后的巨大希望指什么？巨大的落差表现在哪些方面？

生：巨大希望：推翻了清王朝的统治，建立了中华民国，颁布了《中华民国临时约法》，使民主共和观念深入人心等。

杜：那巨大的落差表现在哪些方面？我们一起来看一下。首先，是政治落差，辛亥革命后成立了中华民国，既然是中华"民"国，国家就是人民的，但袁世凯却一步步复辟帝制，建立专制独裁统治。其次，是思想落差。辛亥革命后，民主共和思想深入人心，人民是自由平等的，但袁世凯复辟帝制后，掀起了尊孔复古逆流，大行跪拜之礼，唯其独尊。

就这样，新生的中华民国很快陷入政治混乱的局面之中。一部分先进知识分子经过痛苦的反思认识到：仅有政治制度的革新不足以救中国，必须启发国民新的伦理道德意识，培养国民的独立人格，彻底荡涤封建旧文化的毒害，进行一场思想文化领域的革新运动。这场运动是？

生：新文化运动。

杜：请同学们观看视频并结合课本第一子目，概况新文化运动的兴起。

生：时间：1915年；兴起的标志：陈独秀在上海创办《青年杂志》，并发表《敬告青年》一文；代表人物：陈独秀、胡适、李大钊、鲁迅、蔡元培等；主要阵地：《新青年》和北京大学。

杜："新文化"运动，文化需靠文字，文章传播，这些文字、文章刊登在刊物上，由此新文化运动的第一块阵地是？

生：《新青年》。

杜：1915年，陈独秀在上海创办《青年杂志》，并发表《敬告青年》一文，提出青年应是自由的而非奴隶的，进步的而非保守的，进取的而非退隐的，世界的而非锁国的，实利的而非虚文的，科学的而非想象的。陈独秀一个人创办了一本杂志，而这一本杂志体现了一个时代的体温。

"新文化"运动，需要先进的知识分子来传播，这些知识分子什么地方有呢？

生：北京大学。

杜：是的，这就是新文化运动的第二块阵地。请同学们看这幅图片，图片中既有倡导新文化运动的陈独秀、胡适、李大钊、鲁迅、蔡元培等，也有坚守旧文学的辜鸿铭等人。这些有着不同学术观点的贤达为何能齐聚北京大学呢？因为当时谁就任北京大学校长呀？又提出了怎样的学术研究思想呢？

生：蔡元培；"兼容并包""思想自由"。

杜：很好。蔡元培就任北京大学后，一改之前北京大学的社会风气，使北京大学成为人才鼎盛、学术兴旺的全国最高学府。蔡元培一个人改变了一所大学，而这所大学则改变了整个中华民族的命运。

（设计意图：通过材料、图片、视频、总结语等引导学生，既完成了知识点的学习，又培育了学生的归纳总结能力和家国情怀。）

杜：有了这样巨大的落差，有了新文化运动的兴起，我们一起来看一下具体是怎么推进这场运动的，请进入咱们的第二幕：东方之子：革旧鼎新铸国魂（内容）。请同学们看鲁迅的《狂人日记》节选，并说说这反映了当时怎样的情形和本质。

生：鲁迅的白话小说《狂人日记》，以新文学的形式深刻揭露了封建礼教的吃人本质，号召人民起来推翻"黑漆漆的"吃人社会。

杜：那同学们，封建道德礼教真的会吃人吗？请同学们观看镜头一：《一个贞烈的女孩子》情景剧并思考这个问题。

生（旁白）：民国初年，有一女子阿毛，19岁，许配张家，还未嫁过门，未婚夫就死了。

第四章 黔西南州地方非遗文化

生（阿毛）："父亲，我实在饿得忍不住了，你四天多不给我一口饭吃，父亲呀，你当真忍心看着我饿死吗？"

生（阿毛之父）："阿毛，你怎么这样的糊涂。我自从得了张家那孩子（阿毛未婚夫）的死信，就拿定主意叫你殉节。又叫你娘苦口劝你走这条路，成就你一生名节，做个百世流芳的贞烈女子。又帮你打算，叫你绝粒（食）。……这样殉节，要算天底下第一种有体面的事，祖宗的面子上，都添许多光彩，你爹娘沾你的光，更不用说了。你要明白，这样的做法，不是逼迫你，实在是成全你。"

生（旁白）：阿毛就这样被饿死了。阿毛饿死后，王举人（阿毛父亲）向大舅爷这样说道。

生（阿毛之父）："刚才县太爷说，他那里还预备了'贞烈可风'四个字的一面匾额，明天早上就用他衙门里的全副执事鼓乐送过来悬挂。"

杜：感谢我们小剧组优秀的临时表演，从你们的语气中，老师看到了敢于同封建旧思想旧文化做斗争的精神。（掌声非常热烈）

回到我们的问题：封建礼教真的会吃人吗？真的会一口把人吃掉吗？

生：不会一口把人吃掉，但会有很多人因为封建礼教丧失自己的生命。

杜：非常准确！同学们共情能力和归纳能力培养得非常好！这样毒害人的封建旧道德、旧思想、旧文化应该持什么态度呢？这也是新文化运动什么内容呀？

生：抨击它；抨击旧道德和旧文化。

杜：那什么是旧道德、旧文化呢？我们一起来看一下，指的是以孔子之道儒家伦理道德（三纲五常）为核心的封建传统道德、文化。随着新文化运动的开展，一些陈旧的风俗伦理逐步打破，1920年春，北京大学首次招收9名女生入学旁听，开创中国国立大学男女同校的先例。

（设计意图：通过《一个贞烈的女孩子》情景剧，让学生置身于历史情景之中，让学生感受历史的同时激发学生的敢于同旧思想作斗争的意识，进而学会反对封建的包办婚姻，树立自由恋爱之风尚，再呼应开篇非遗文化的《毛杉树歌节》。

认识到非遗文化和历史之间有着密切的联系；增强学生对非遗文化了解并掌握相应的历史知识；在学生表演完情景剧后，对学生的表现给予恰当的评价，评语简练，中肯，有针对性，使学生准确了解自己的表现和结果，并知道今后的努力方向。发挥了以评促教、以评促学、以评育人的功能。）

杜：新文化运动抨击了封建的旧道德和旧文化，那又提倡什么新的东西呢？我们来到镜头二：我们现在认定只有这两位先生，可以救治中国政治上、道德上、学术上、思想上一切的黑暗。（选自陈独秀《＜新青年＞罪恶之答辩书》）

请问材料中提到的两位先生指的是？

生：德先生——民主，赛先生——科学。

杜：这也是新文化运动的第二个内容：提倡民主与科学。我们再来到镜头三，了解这样一个故事：从前有个秀才到村里闲逛，看到一则征婚启事，上面写着："乌黑头发无麻子脚不大周正"，秀才觉得这姑娘很不错，就把她娶回家了，回家一看，秀才差点就晕过去了。你们知道为什么吗？秀才所想的外貌是什么样的呢？

生：乌黑头发，无麻子，脚不大，周正。

杜：而实际上的呢？

生：乌黑，头发无，麻子，脚不大周正。（哈哈哈）

杜：对呀，差别实在是太大了！为什么会出现这样的情况呢？

生：因为标点符号没有标出来。

杜：对呀，所以我们要采用新式标点，要提倡新文学，要进行文学革命。同学们看一下咱们书上有哪两篇比较有代表性的文章？又提出什么样的观点呢？

生1：胡适的《文学改良刍议》，主张以白话文代替文言文。

生2：陈独秀《文学革命论》，主张推倒旧文学，建设新文学。

杜：我们之所以要进行文学革命，是因为文学是传播思想的工具。这是新文化运动的内容之三：进行文学革命。

再看镜头四：1917年11月，俄历10月，俄国爆发十月革命。十月革命一声炮响，给中国送来了新的先进的思想——马克思主义，李大钊是中国传播马克思主义的先驱。这是第四个内容：后期传播马克思主义。

接下来请同学们归纳一下新文化运动的内容。

生：前期——抨击旧道德和旧文化，提倡民主与科学，进行文学革命；后期——宣传马克思主义。

（设计意图：采用材料、情景剧、小故事、战争等镜头引导学生开展自主学习与合作探究，让学生在探究中认识当时的社会状况，同时归纳并掌握知识点；在课堂当中也采用不同的方式点名回答问题，增强课堂的趣味性和集中学生的注意力；教师及时对学生作出客观恰当和有高度的评价，激励学生。）

杜：新文化运动的开展，不仅使当时的社会风气、社会面貌发生了翻天覆地的改变，也对今天的意义深远，让我们进入第三目：百年回眸：万象更新留余响（意义）。

（设计意图：用该过渡语过渡到第三目知识点，既上承了内容子目，又下启

第四章 黔西南州地方非遗文化

了意义子目。）

杜：我们来看图片和材料，同学们小组合作探究分析出新文化运动的推行有哪些意义？

材料一：女学生已经开始觉悟，抵制学校开设的《列女传》。以实际行动反抗封建道德礼教，争取婚姻自由。

——鄂州市2015年初中生毕业考试试题

材料二：新文化运动促使人们更加迫切追求真理、追求进步，推动了"五四运动"的发生。

——部编人教版《八年级历史》上册

材料三：陈独秀指出："主张尊孔，势必立君，主张立君，势必复辟……""孔教与共和存其必废其一。""新文化运动期间，有人甚至提出'打倒孔家店'的口号。"

——《中国近代史资料汇编》

生1：材料一体现了新文化运动动摇了封建道德礼教的统治地位，使人们接受了民主与科学的洗礼，促进了思想解放。

生2：材料二体现了新文化运动为五四运动做了思想宣传和铺垫。

生3：材料三体现了新文化运动的局限性：对于中国传统文化的看法带有一定的片面性。

杜：三位同学都表达得很流畅，其他同学有补充的吗？

生4：材料一和材料二说明新文化运动是一场伟大的思想解放运动；材料三则体现了新文化运动还是有不足的地方的。

杜：咱们这位同学分析得很透彻。是的，新文化运动对传统文化的看法具有一定的片面性。那我们应如何正确看待传统文化呢？

生：古为今用，洋为中用；取其精华，去其糟粕；革故鼎新，与时俱进。

杜：是的，也就是要批判性地传承、发展中华传统文化。新文化运动虽然对中国传统文化带有一定片面性，但瑕不掩瑜，新文化运动依然代表了当时中国社会最先进的思想，成为时代永不落幕的先声！

对中华文化的传承与发展，既是历史不变的追求，同时也是道德与法治不变的追求。在九年级道德与法治上册《延续文化血脉》中讲述了我们要延续文化血脉，坚定文化自信，坚持以马克思主义为指导，推动中华优秀传统文化创造性转化、创新性发展。

（设计意图：材料分析旨在培育学生史料实证、历史解释能力；引出《延续文化血脉》知识点目的在于使同学们认识到历史和道德与法治两个学科之间有着密切的联系,促进学科间的融会贯通。)

杜:借助习近平总书记2021年建党100周年的讲话寄予同学们青年寄语。作为新时代的新青年,我们应有新作为。应以中华民族伟大复兴为己任,不负时代,不负韶华,不负党和人民的殷切希望!

(设计意图:激发学生奋斗、创新之精神,培育学生热爱祖国的家国情怀。)

4.课堂小结

我们来进行课堂小结,我们将本课归纳为"四个一"。

师生一起:一份杂志

一所学校

一群青年才俊

一段激情燃烧的岁月

(设计意图:带领学生对本节课进行小结,高度概况本课内容,让学生重温本课知识点,更加清晰牢固地掌握本课知识点。)

5.学有所练

(1)在尊孔复古的逆流面前,先进的知识分子奋起反击,在文化领域掀起了一场反封建的新文化运动。这场运动的两个最重要的阵地是(D)

①《中外纪闻》②清华大学③北京大学④《新青年》

A.①② B.②③ C.①③ D.③④

(2)鲁迅在白话文小说《狂人日记》中写道:"我翻开历史一查……每页上都写着'仁义道德'几个字。……仔细看了半夜,才从字缝里看出字来,满本都写着两个字'吃人'"。该段文字反映出鲁迅的思想主张是(B)

A.抨击专制,提倡民主 B.抨击旧道德和旧文化

C.抨击迷信,提倡科学 D.进行文学革命

(3)新文化运动时期著名诗人、语言学家刘半农在北京大学任教时,第一个提出用"她"字专门指代第三人称女性,并得到了鲁迅等人的大力赞扬。从此,"她"字和"他"字开始并用。这主要表明新文化运动(B)

A.主张男尊女卑 B.提倡男女平等

C.承认男女有别 D.宣传女权至上

(设置意图:通过题目检测学生对本课知识点的掌握情况,及时查缺补漏。同时,培养学生分析问题,解决问题的能力。)

第四章 黔西南州地方非遗文化

6. 作业布置

（1）概述新文化运动的概况。（必做）

（2）观看影视剧《觉醒年代》，可写一篇观后感。（选做）

（3）了解一种非遗文化，并与同学分享。（选做）

（设计意图：题目设置有层次，针对性与灵活性并存，能够很好地起到训练和巩固新知的作用。）

7. 抽奖

杜：请教师助理核算本次课得分最高的组是哪一组？

教师助理：第3组。

杜：同学们掌声有请我们第3组的同学派代表上来抽奖！

全班同学：掌声热烈！

生（第3组代表，小组长）：抽奖。

杜：抽到的是两个阵地。请问，两个阵地是哪两个呢？

生（第3组代表，小组长）：《新青年》和北京大学。

杜：同学们，请问她回答对了吗？

其他同学：全对了。

杜：抽奖的"两个阵地"所对应的是一支笔，希望你用这支笔，借助新文学记录你幸福成功的人生。（掌声）本组其他同学的奖品我们将会在课后兑现。当然不只咱们这组同学表现好，其他组的同学也表现得很积极。很优秀，让我们把热烈的掌声送给自己！（掌声非常热烈！）

（设计意图：对学生整堂课的表现作出总结性评价，采用转盘抽奖的方式，增加课堂的趣味性，也更能提高学生的学习兴趣；在抽奖中加入知识点，让学生体会抽奖的刺激同时更加强了对本次课所学知识点的掌握。）

8. 总结语

同学们，让我们一起继承革命文化，发展社会主义先进文化，传承非遗文化，不忘本来，吸收外来，面向未来，不断铸牢中华民族共同体意识，不断铸就中华文化新辉煌。谢谢。

（设计意图：高度总结本课内容，再一次凸显非遗文化进历史课堂和跨学科学习的先进理念。）

9. 板书设计

第12课新文化运动

一、新旧冲突起波澜（兴起）

二、革旧鼎新铸国魂（内容）

三、万象更新留余响（意义）

（设计意图：让学生对本课有整体的、清晰的认识。）

授者简介：杜荣静，1991年3月生，中学一级教师，现任职于兴义市第四中学，担任兴义市第四中学历史教研组组长，曾获2018年省级微课一等奖，2019年州级、市级教师技能大赛一等奖，2020年州级历史学科带头人，2022年兴义市继教培训主讲教师，2022年州级历史名师工作室助理，2022年市级优质课一等奖，2022年市级骨干教师，2022年州级教师专业能力提升培训主讲教师，2023年州级优质课一等奖等。

【教学案例12】

跨学科之美融民族之情
——新课标视域下初中道德与法治跨历史学科融地方非遗文化教学案例

一、案例概述

案例标题：中华一家亲——促进民族团结

学科领域：道德与法治跨历史学科

年级水平：适用初中年级

关键词：民族平等、民族团结、共同繁荣、中华民族共同体意识

二、案例背景

在新时代教育改革的背景下，跨学科教学成为培养学生综合素质的重要途径。本案例以初中道德与法治课程为基础，结合历史学科，融入贵州省晴隆县的地方历史文化故事和非遗文化，旨在通过跨学科教学，增强学生的民族文化认同感和民族团结意识。

（一）课程标准

1.道德与法治：

新课标指出：道德与法治课程围绕核心素养，致力于培养有政治认同道德修养、法治观念、健全人格、责任意识的时代新人。其中，政治认同中进一步阐述了学生要热爱伟大祖国，热爱中华民族，自觉铸牢中华民族共同体意识，有以实现中华民族伟大复兴为己任的使命感。通过本节课学习，了解我国是统一的多民族国家，各民族共同创造了中华文明；懂得维护民族团结是每个人义不容辞的责任；理解并拥护民族区域自治制度，从而树立中华民族共同体意识，以自己的实

际行动来维护和促进民族团结,增强学生责任感和使命感。

2. 历史

了解中国古代各民族交往交流交融的历史事实。认识中华民族多元一体的格局是在历史发展过程中形成的。理解民族团结对国家统一、社会稳定的重要意义。

(二)学情分析

初中九年级的学生已掌握基本的历史知识,对中国古代史有一定的了解;对民族团结有一定的感性认识,但缺乏深入的理解。

(三)教学环境

多媒体教室,可播放视频、图片、展示课件等资料,学生可分组进行讨论和合作学习。

三、教学目标

政治认同:课堂教学中融合地方非遗文化,培养学生认同中华文化和中华民族。

道德修养:懂得民族团结的重要性;感受团结的力量,增强民族团结的意识。

法治观念:促进民族团结是每个人的责任和义务。

健全人格:主动建立良好的人际关系,为促进民族团结作贡献。

责任意识:在日常生活中自觉做到民族团结,做一个促进民族团结的人。

四、教学思路

课堂教学内容紧紧围绕两个点:"悟"民族大家庭;"促"家和万事兴两个议题开展。首先,通过介绍我国民族的分布特点(大杂居、小聚居、交错居住),解读我国处理民族关系的方针:民族平等、民族团结和各民族共同繁荣,让学生了解我国的民族概况。其次,引导学生学习民族区域自治制度的地位和实施情况,结合黔西南州以及晴隆县的一些实际案例,分析民族区域自治制度在少数民族地区的具体应用,强化学生对知识点的理解和认知。再次,课堂中穿插历史史实、历史事迹,通过历史故事江孜保卫战、晴隆县民众开凿生命线等,讲解各族人民并肩抵御外侮的故事,阐述维护民族团结的重要性,达到跨学科融合的目的。最后,结合民族文化传承要点,晴隆县的非遗文化,如阿妹戚托舞蹈、布依族八音坐唱、少数民族歌曲等,展示民族文化的魅力。并邀请学生分享少数民族的文化习俗,增强学生的参与感和文化认同感,达到觉悟提升与情感共鸣的目的。

五、案例设计

(一)课标为领航,构建民族团结的认知导向学习模式

在《促进民族团结》这一课程中,基于最新的课程标准和学生学情,不断构建学生以认知为导向的学习模式,新课导入,通过多媒体展示彝族舞蹈,两位授课教师身着不同民族服饰,引导学生从服饰和视频舞蹈中识别不同少数民族,邀请少数民族学生分享他们的民族文化和风俗习惯,增进学生对不同民族的理解和尊重,通过感受少数民族文化魅力,激发他们对本章节的学习兴趣。接着,明确学习目标,帮助学生理解我国是一个统一的多民族国家,掌握处理民族关系的方针、基本政治制度和民族关系,增强学生的民族文化自信和民族团结意识,激发学生对民族文化的热爱,培养尊重和包容不同民族文化的态度。以黔西南州为例,结合州情,采取案例式、互动式等教学方法帮助学生讲解民族区域自治制度,尊重民族自治地方的自治权,增强国家认同,树立制度自信,自觉促进民族团结。结合时事政治、国家政策方针、晴隆彝族三宝乡整乡搬迁案例等对民族平等、民族团结和各民族共同繁荣的方针进行解读,使学生能够从法律和政策层面认识到民族团结的重要性。这种认知导向的学习模式,不仅帮助学生掌握了理论知识,还培养了他们的民族认同感和责任感。

(二)历史为纽带,借助非遗文化赋能民族团结教学深化

历史是民族团结的纽带,非遗文化则是深化民族团结教学的重要资源。在课程中,我们通过引入晴隆阿妹戚托、布依族八音坐唱等国家级非物质文化遗产,让学生感受到少数民族文化的独特魅力。结合晴隆县群众开凿生命渠,学生了解到各族人民在历史长河中如何相互依存、休戚与共,共同捍卫民族团结和祖国统一。此外,通过江孜保卫战等历史事件,学生深刻体会到各族人民并肩抵御外侮的团结精神。这些历史故事和非遗文化的引入,不仅丰富了教学内容,还增强了学生对民族团结的历史认同感和文化自豪感。

(三)以情感为桥梁,激发民族团结的文化认同与共情

情感是民族团结的桥梁,文化认同与共情是促进民族团结的重要动力。在课程教学中,分析国家在促进少数民族地区发展方面采取的经济、民生和文化措施,学生能够全面了解国家为维护民族团结所做的努力。通过情感教育,激发学生对民族团结的文化认同与共情。组织学生分组讨论"青少年如何维护民族团结"这一议题,增强维护民族团结的意识,引导学生从自身出发,思考如何在日常生活中践行民族团结。播放《布依山歌颂党恩》等民族音乐,让学生感受到了布依族人民对党的深厚感情,在音乐中感受到各民族文化的交融与和谐,感受到不同民族的情感和文化特色。通过以情感为桥梁的教学方式,有效地提升学生的文化认同感、民族团结意识与共情能力,使他们成为民族团结的积极践行者。

六、教学效果与反思

第四章　黔西南州地方非遗文化

（一）效果

在新课标的指导下，新课标视域下初中道德与法治跨历史学科融合非遗文化教学案例——《中华一家亲——促进民族团结》一课形成"认知建构 - 思辨深化 - 价值升华"的三阶递进式教学体系，通过知识习得夯实认知根基，借问题探究深化理解维度，以情感共鸣实现觉悟跃升，使学生深入理解了民族团结的重要性，增强了文化认同感和民族团结意识，课后作业设计兼顾共性和个性要求，创新形式，鼓励实践性和团队合作完成课后作业，使学生对民族团结、民族一家亲的理念内化于心、外化于行。

（二）反思

优点：

1. 活动设计贴近学生生活，结合教学所在地的实际情况、地域民族文化特征、风俗习惯、历史事迹等相关素材进行教学，激发了学生的兴趣和参与热情。

2. 打破学科界限，将民族团结教育与历史、地理、艺术等学科相结合，帮助学生从多角度、多层次理解民族团结的内涵与意义，拓宽知识面，培养跨学科思维能力，提升综合素养。

不足：

1. 部分学生可能对少数民族文化了解有限，在讨论中表达不够充分，教师及时性、生成性的反馈还不够。

2. 课后实践任务的落实效果有待进一步跟踪和评估。

3. 教学方法可多样性，激发学生的主动性，进一步引导学生学会自主、合作、探究式学习。

4. 可以结合当地的历史文化资源，设计更具地方特色的教学活动。

七、改进计划

1. 关注学生反馈

可通过问卷抽样调查、个别访谈等方式，收集学生对教学设计的意见和建议，了解学生学习的难点、疑点。

2. 注重交流共享

与相关资深学科专业、跨学科教学研究的学者进行交流，分享教学经验和心得，汲取他人优秀的教学方式方法，不断总结完善教学设计。

3. 优化资源整合

课前全面进行学情分析，设计更合理的跨学科教学计划，确保各学科内容的有效、自然衔接与融合。（撰稿：黔西南州教育局教科院田文俊　兴义市思源实验中学哈俊）

第四节 黔西南州地方非遗文化进校园开展的活动

《运用地方非物质文化遗产资源提升学校文化育人质量实践研究》课题组到顶效查白村走访调研采风为全面落实立德树人根本任务和全省教育大会精神，全面实施素质教育，提升民族地区教育教学质量，促进民族地区教师专业发展，助力乡村振兴，更好地推进《运用地方非物质文化遗产资源提升学校文化育人质量实践研究》课题组全体成员于2022年7月29日到顶效布依族查白歌节——国家级非物质文化遗产资源实地走访调研，开展相关的探索研究。

课题组一行人在姜昌文老师的带领下，首先驾车前往布依查白场走访考察。来到此地，了解了它源于布依族口传民间故事《查郎与白妹》。相传古时候，查白场（原名虎场坝）的查郎打死老虎救了白妹的命，两人遂成为情深意长的伴侣。白岩寨头人野山猫为抢夺白妹，害死了查郎。白妹放火烧死野山猫，自己也投入火海殉情，与查郎一同变成白仙鹤比翼双飞，飞上九天，成为紫云歌仙。人们为了纪念这对追求自由平等的忠贞夫妇，就将查郎和白妹的姓连在一起，把虎场坝改名为"查白场"，将六月二十一日定为"查白歌节"。这个节日于2006年5月20日，经国务院批准列入第一批国家级非物质文化遗产名录，它是我们地方非物质文化遗产。该节是为纪念古时当地一对为民除害与抗暴殉情的男女青年查郎、白妹，他们不畏强暴，为自由平等而献身。

为增强学生对国家级非物质文化遗产的认识，传承中华优秀传统文化，增强学生的政治认同、文化自信；为使学生具备一定的道德与法治学科知识储备，真

第四章 黔西南州地方非遗文化

正发挥课程教材培根铸魂、启智增慧的作用。作为非遗文化研究的团队，作为一名老师的我们，更有责任把这些特色民族文化进行挖掘和传承，把非遗文化带入我们的校园，激起孩子们的学习兴趣，激发他们的家国情怀，让我们的非遗文化能得以提升我们的教育教学，做到真正的文化育人。

最后，邀请我们的特邀指导专家魏敏老师为我们此行及课题研究作指导，它对我们的研究精神、方法、过程给予了肯定，同时希望通过我们的研究，能够真正地做到走入课堂，真正地提升文化育人质量。

一天的走访调研很快结束，但大家还沉浸在查郎和白妹的为追求自由平等而献身的非遗里。

《运用地方非物质文化遗产资源提升学校文化育人质量实践研究》
课题组到德卧毛杉树村走访调研采风

2022年8月27日下午，课题组成员李列平、段志莲、杨孝敏、杨正美、肖坤等在课题主持人姜昌文同志的组织下到德卧田坝村开展赶毛杉树非物质文化遗产调研活动。本次活动领导小组组长是黔西南州教育局教研科科长钟昆龙同志，副组长是课题主持人、黔灵名师姜昌文同志，活动特邀正高级教师魏敏女士、刘光书同志作专家指导。2005年12月，贵州省人民政府公布，由贵州省文化厅颁发"赶毛杉树"省级非物质文化遗产牌匾。毛杉树歌节，是居住在黔西南安龙县的布依族人民的传统节日，也叫"赶毛杉树"。每年从农历三月初三以后的第一个"蛇场天"开始，聚集了盘江两岸的布依族、苗族和其他民族的青年男女在贵州省黔西南州安龙县德卧镇田坝村赶三天歌会。

第一天"蛇场天",大家齐吃五色糯米饭来祝贺节日。第二天是"马场天",天一亮人们就赶到毛杉树进行各种传统的文娱活动,傍晚男女青年对歌。通过对歌寻找理想的伴侣。第三天是"羊场天",远方的客人要上路,客人向主人道别,互相祝愿。

黔西南州各县、广西北壮地区、云南东部等各族人民都知晓毛杉树歌节是青年人对歌恋爱的节日,而且熟知其对歌歌调,每年对歌节时,各地青年男女都各自相互邀约地赶来此地对歌找朋友,波及面约达一万多平方公里。

关于毛杉树歌节的由来,经过调研有两种传说。

传说一:南盘江边有一布依族村寨,寨子里有一叫杉郎的后生,邻寨有一姑娘叫树妹,两人在劳动中相识,在劳动中相爱。正当他们要成亲之际,山上的魔狼抢走了树妹。杉郎大战魔狼,终于救出了树妹。但是魔狼变成了许许多多的"蚂蚱"(蝗虫)来糟蹋庄稼。树妹为保护庄稼,一连唱了二十七天的歌,害虫

第四章 黔西南州地方非遗文化

随着歌声消失了。但村妹累病了，在三月初三"蛇场天"离开人间。第三天杉郎也因悲伤去世了。不久在杉郎和树妹的坟上长出了杉树。当地的人们称这些树为"毛杉树"。每逢农历三月初三布依族人民便举行歌会纪念他们。

传说二：布依族是南北盘江流域的土著民族，居住地大多是坝子，水源好，土地肥沃，据《贵州民间故事集成·安龙卷》记载，东汉末年，一外来部落意欲攻占龙广四十八（布依）寨（包括田坝村），当时驻守广西的汉将岑彭、马武率兵与布依人民一同抗击来敌，战斗中不幸牺牲，时为农历三月初三蛇场天。人们把这两位英雄埋葬在田坝村纳拿与者棉寨之间的土丘上，为他们立碑，修祠堂，并把农历三月初三后第一个蛇场天定为纪念的日子。之后每年时值纪念的日子，远近闻名的人们都到这里来祭奠，参加的年轻人就借机在寨子杉树林中对歌"浪哨"（谈恋爱）。在历史的演进中，现田坝村布依族人民已把二位英雄供为寨神，每年举行一次隆重的祭祀活动，从农历三月初三后第一个蛇场天开始，历时三天，但祭祀活动已经不是大家关注的主要内容，而到田坝"赶毛杉树"对歌才是远近闻名的，即已演变成布依族传统的音乐民俗节日了。

布依族毛杉树歌节对于民俗学、民族学、人类文化学、文学、民族音乐学等的研究，具有极高的学术研究价值。对于传承布依族优秀传统文化有重要价值。

非物质文化遗产是珍贵的、具有重要价值的文化信息资源，也是历史真实的见证。学习非物质文化使学生对国家级非物质文化遗产有更进一步的认识，传承中华民族生生不息的传统文化，弘扬中华文明，使学生具备一定的道德与法治学科知识储备，在传习中增加学习掌握非物质文化遗产的兴趣，让非遗文化植根于学生心灵。认识到保护非物质文化遗产就是保护中华民族的文化血脉，就是保护我们的精神家园，从而在学生们的心中播下保护和传承的基因，树立起责任感。

布依族的山歌比星星还多,布依族的米酒又醇又香,布依族的糍粑吃了忘不了,布依族的天性豪爽,布依族的美酒斟满祝福,布依族的红鸡蛋送来吉祥如意。

民族文化需要我们去继承和发扬!

新桥中学非遗文化进校园铸牢中华民族共同体意识活动

为贯彻落实立德树人根本任务及全州教育大会精神,提升民族地区教育教学质量,培养民族地区学生爱民族、爱家乡和爱祖国的家国情怀,落实党的二十大精神,铸牢中华民族共同体意识,促进民族地区教师专业发展,在"双减"下实践与探索学科融合非物质文化资源提升学校育人质量,认真完成《运用地方非物质文化遗产资源提升学校文化育人质量实践研究》课题的探索研究,2022年10月24日,课题组在新桥中学开展非遗文化进校园铸牢中华民族共同体意识活动。

为了让学生们更好地了解和传承地方的非物质文化遗产,新桥中学安排李康康老师和学生杨兴娥,为学生们演讲传承和保护非遗文化的重要性,朱永春老师演唱苗歌。

通过本次活动,以老师和学生演讲介绍丰富多彩、积极向上的民族文化艺术活动为载体,老师演唱苗歌让学生们在感知、体验中了解当地的民族历史文化,知晓非物质文化遗产是中国的传统文化,是中华民族永恒的精神财富,要传承非遗,坚守文化,激发爱国爱家乡的热情。在传统民间文化的滋养中,培养对传统民间文化的兴趣,提升文化自豪感和自信心,落实党的二十大精神,维护国家统一和促进民族团结,铸牢中华民族共同体意识。

第四章 黔西南州地方非遗文化

新桥中学学生杨兴娥演讲非遗文化　　　　　新桥中学非遗文化进校园演讲活动

　　为更好地传承、保护非物质文化遗产，培养学生对非物质文化遗产的兴趣，维护国家统一和促进民族团结，铸牢中华民族共同体意识，树立学生的文化自信。2022年11月17日下午4时，新桥中学课题组负责人姜昌文主持组织学生老师们在启智楼前举行了"非遗进校园"主题演讲活动。本次活动主要围绕黔西南布依族苗族自治州布依族的"查白歌节"和"毛杉树歌节"展开，经过学校层层筛选演讲比赛共有6位选手参加比赛，并邀请6位学校教师担任评委。

　　比赛过程中，每位选手热情高涨，他们的精彩表现充分显示了他们的才能和技巧，语言表达自然流畅，声情并茂；仪表端庄大方，表情亲切自然，精神饱满。让同学们知道了布依族"查白歌节"是起源于明朝洪武年间勤劳勇敢的查郎与白妹忠贞不渝的爱情故事，他们不畏强暴，舍身为民，为了爱情双双殉情的美丽传说，展示了他们对爱情的忠贞不渝，对幸福生活的美好向往和无限追求。了解了"毛杉树歌节"是布依族的传统节日，每年逢农历三月初三以后的第一个"蛇场天"，将在一个美丽的布依寨——贵州省黔西南州安龙县德卧镇田坝村（现毛杉树村）如期举行。6位选手的精彩表演赢得了各位评委和同学们的热烈掌声和一致好评。

近年来，新桥中学高度重视"非遗进校园"工作，将地方节日、舞蹈、剪纸、刺绣等丰富多彩的非遗项目引进课堂、融入生活，采取非遗传承人进课堂、非遗演出进校园等形式，推进"非遗文化进校园"活动常态化开展，全面推广普及优秀传统文化，增进广大青少年学生对传统文化的认知与情感，使民族优秀传统文化薪火相传，永葆生机，为继承和弘扬中华优秀传统文化、促进非遗项目保护传承奠定了坚实的基础。

非物质文化遗产是一个地区和民族传统文化的珍贵记忆，展示了源远流长的独特生产生活风俗，彰显着特色鲜明的民族文脉。学校是文化艺术教育的主阵地，是弘扬民族艺术的先头兵，"非遗进校园"是对文化传承的担当，也是对文化自信的增强，更是对社会主义核心价值观的践行。新桥中学的各位领导也表示，在今后的日子中会开展更多种类、更加丰富的"非遗文化进校园"活动。

新桥中学非遗文化进校园手抄报比赛活动

非物质文化遗产是中国的传统文化，是中华民族永恒的精神财富。传承非遗，坚守文化。2022年12月1日，我校举办七年级"地方非遗文化进校园"手抄报比赛活动。

第四章 黔西南州地方非遗文化

七（5）班韦万源

韦万源同学充分利用布依族的文化特色，汲取布依族的文化精髓，通过绘画的形式来表达对布依族山歌的热爱，向同学们宣传布依族山歌的同时，带动同学们的兴趣，宣传本土的非遗文化。

七（6）班曹升溢

"查白歌节"是布依族的传统节日，是国家级非物质文化遗产，这一传统节日是为纪念古代当地一对为民除害而抗暴殉情的男女青年查郎、白妹而得名的。曹升溢同学积极学习和宣传本土文化，让同学们知道"查白歌节"是非遗文化之一，利用手抄报的方式，广泛传

七（1）班杨海佳

"三月三"是布依族最浓重的传统节日。杨海佳同学通过对"三月三"的简介，外加绘画点缀，充分展现了布依族"三月三"民族节日的丰富文化内涵，渲染了同学们对非遗文化的情感。

赶毛杉树，是布依族传统的民俗节日，是省级非物质文化遗产，于每年农历三月初三后的第一个蛇场天在安龙县德卧镇田坝村举行。往昔辉煌的传统民俗节日，现已日渐濒危。杨晓盼同学对"毛杉树节"及"三月三"的描述，加深同学们对传统节日的认识，通过宣传传承，将本土的非物质文化遗产内化于心，变成个人的自觉行为。

本次活动旨在让学生去发现省级非遗文化中的美，在陶冶性情的同时让这些非物质文化遗产传承下去，青少年是民族未来的希望，非遗进校园，让孩子们认识它，走近它，了解它，感受传统文化的魅力。

七（1）班杨晓盼

通过本次活动，学生不仅了解了非遗文化，更能体会到作为新时代小公民的责任，我们有责任在华夏民族悠久的民族瑰宝传承并发扬光大！新桥中学也将继续通过校园教育阵地，让我国宝贵的非物质文化遗产能够代代相传。

第四章 黔西南州地方非遗文化

《运用地方非物质文化遗产资源提升学校文化育人质量实践研究》课题研究实践和推广示范课和讲座活动

为贯彻落实党的二十大精神及贵州省教育厅《关于实施国培计划（2021）"百校扶百校""易搬点"学校教师素质能力整体提升培训项目的通知》等文件精神，充分发挥优秀教师引领带动作用，共同探讨民族地区跨学科教研交流方法和路径，构建综合育人的"大思政"课堂，提升我州教师课堂教学能力，展示新时代教师风采。全面实施教育立州战略，构建大思政课综合育人，全面实施素质教育，提升民族地区教育教学质量，培养民族地区学生爱民族、爱家乡和爱祖国的家国情怀，维护民族团结和国家统一，铸牢中华民族共同体意识，促进民族地区教师专业发展，在"双减"下做好跨学科融合地方非遗文化内容提升学校文化育人质量，促进我州教师适应新时代教学要求，提升教师的跨学科专业知识素养，增强教师跨学科教学的应用实践能力，切实提高我州教育教学质量，充分发挥贵州省名师团队示范、引领和辐射作用，2022年12月14日，由黔西南州教育局、黔西南州教育学会主办；由黔西南州教育学会中学专业委员会、兴义市第四中学、兴义笔山书院、新桥中学和国建中学承办的"校际交流跨学科活动"在兴义市第四中学举行，参加此次活动的专家有兴义笔山书院正高级教师魏敏、新桥中学省级黔灵名师、省级骨干教师姜昌文老师；兴义市郑屯中学省级乡村名师工作室主持人袁军、课题组成员李列平等老师及兴义市第四中学部分教师。

活动首先举行的是课堂展示，本次活动共为兴义市第四中学七年级和八年级的学生带来了七节精彩纷呈课堂展示，而此次活动中最大的亮点就是李列平、杜荣静、田芳、陈怀丽等老师带来跨学科融合地方非遗文化课堂教学，其中李列平和体育与健康学科教学融合安龙县苗族板凳舞，杜荣静历史学科教学融合道德与法治和地方非遗文化德卧毛杉树布依歌节学科教学，田芳和陈怀丽语文和英语跨地理与历史学科教学，四节课的老师课前精心挑选合适的教学内容进行设计，课中出现不同学科两名教师对同一内容从不同专业角度进行讲解，这样学生在一堂课上可以学到跟这一内容有关的不同学科的知识，特别是李列平和杜荣静各上了一节在跨学科教学中融合地方非遗文化，这两节课达到了引导学生做一个维护国家统一和促进民族团结，铸牢中华民族共同体意识的人。跨学科这一创举对师生来说都是一种全新的教学模式，在上课老师的精彩展示下，全体参与听课教师对跨学科教学有了进一步的了解，知道了跨学科教学的重要性，在今后的教学工作也会更多地去尝试跨学科教学，从而让学生掌握到更多的专业知识，不断提升学生的综合素养，为学生的综合成长注入营养。

其次是举行评课活动，此次活动中由上课老师分别对自己所听之课进行自评，再由魏敏、姜昌文作代表进行了评课对老师们做得好的地方给予肯定，也指出了其中的不足，并针对老师们的不足之处提出了可行性建议，让老师们在今后的教学工作中能找到突破口，找到努力的方向，特别是李列平和杜荣静老师结合自身工作经历围绕跨学科融合地方非遗文化尝试给老师们做的自评分享更是让老师们受益匪浅。

  活动最后是由兴义市第四中学副校长韦述超致辞；兴义笔山书院正高级教师魏敏、新桥中学省级黔灵名师、省级骨干教师姜昌文、郑屯中学省级乡村名师工作室主持人袁军等两名老师带来的专题培训，三位专家从"跨学科研究、运用地方非物质文化遗产资源提升学校文化育人实践研究、五育并举下项目化学习"等方面跟老师们进行分享，虽然专家们的讲座时间有限，但他们分享的内容却非常具有深度和广度，同时也非常的接地气，对老师们来说实用性非常的强，老师们也表示一定要把今天专家们的分享运用到今后的教育教学工作中，不断提升自己的综合素养，使自己更能胜任教育教学工作。

  通过李列平和杜荣静的跨学科融合地方非遗文化——苗族板凳舞和布依毛杉树歌节示范课、魏敏、姜昌文和袁军三位老师的"跨学科研究、运用地方非物质文化遗产资源提升学校文化育人实践研究、五育并举下项目化学习"的讲座，特别是姜昌文老师的《运用地方非物质文化遗产资源提升学校文化育人质量实践研究》讲座，实践和推广了姜昌文老师主持的省级专项课题《运用地方非物质文化遗产资源提升学校文化育人质量实践研究》研究成果，推动了地方非物质文化遗产资源进校园进课堂的进程，为做好促进民族团结和维护国家统一，铸牢中华民族共同体意识工作奠定了坚实的基础。

第四章 黔西南州地方非遗文化

《运用地方非物质文化遗产资源提升学校文化育人质量实践研究》课题研讨交流会活动

根据《贵州省民族基础教育质量提升行动计划（2021—2025年）》，（黔教法〔2021〕3号）文件以及为全面落实立德树人根本任务和全省教育大会精神，全面实施素质教育，提升民族地区教育教学质量，促进民族地区教师专业发展，认真完成《运用地方非物质文化遗产资源提升学校文化育人质量实践研究》课题实践探索研究以及民族读本《走进黔西南》的推广，课题组于2023年3月9日在新桥中学召开《运用地方非物质文化遗产资源提升学校文化育人质量实践研究》研讨交流会。

会议由课题负责人姜昌文老师主持，会议研讨内容主要围绕以下几个方面展开交流。一是课题组全体人员要加强理论学习，由课题组购买理论方面的书籍提供给各成员学习，学习过程中要做好读书笔记。二是由姜昌文老师传达上级对课题的研究管理要求、实施过程督查等相关要求，重点解读了《2022年度质量提升行动子项目Ⅲ专项课题基础性工作绩效有关情况统计表》并布置相应的工作任务，提出了相应的研究要求，每项工作都要做实做好。三是对2023年度课题研究工作计划展开讨论并定稿。明确以黔西南州民族民间传统文化、历史、旅游、红色文化等非物质文化为主要研究内容，以弘扬和传承黔西南州优秀传统文化为研究目的，把黔西南州的非物质文化遗产资源结合教学实际融入学科教学当中，真正做到运用非物质文化遗产资源提升教育教学效果，达到文化育人。围绕课题研究相关活动的实施展开讨论，重点是对非遗文化教学、案例撰写等研究工作的具体落实。

最后，各成员紧扣课题展开讨论交流，共同学习进步。总之，本次课题研讨交流会在团结和谐的氛围中圆满结束。

《运用地方非物质文化遗产资源提升学校文化育人质量实践研究》课题研究学科融合"地方非遗文化 布依查白歌节"展示课活动

为全面落实立德树人根本任务和全省教育大会精神，全面实施素质教育，提升民族地区教育教学质量，促进民族地区教师专业发展，助力乡村振兴，更好地推进《运用地方非物质文化遗产资源提升学校文化育人质量实践研究》课题的实践研究，达到以课题为抓手，文化育人，为学校教学质量提升服务的目的。在课题组负责人姜昌文老师的组织下，课题负责人姜昌文于2023年3月24日在新桥镇初级中学开展了地方国家级非物质文化遗产资源——布依查白歌节课堂展示活动的探索研究。

2023年3月24日，在新桥镇初级中学开展了地方国家级非物质文化遗产资源"布依查白歌节"课堂展示活动，课题负责人姜昌文在新桥镇初级中学八年级下午第二节进行了道德与法治《自由平等的追求》课堂教学融合地方国家级非物质文化遗产资源"布依查白歌节"教学展示活动。

通过课堂教学融合地方国家级非物质文化遗产资源"布依查白歌节"教学展示活动，达到了让学生学习、了解和走近地方非遗文化，就是为了维护国家统一和促进民族团结，铸牢中华民族共同体意识。在今后的学习和生活中做一个努力学习，天天向上，认同中华文化和中华民族，长大为祖国做贡献，做到了真正的文化育人。

据悉，赶布依查白歌节属于中国的。"布依查白歌节"2006年6月被选入"国家级非物质文化遗产保护名录"。这节课最后要告诉学生——要懂得文化承袭，要认同中华文化和认同中华民族，弘扬民族精神，维护国家统一和促进民族团结，铸牢中华民族共同体意识。

课题负责人姜昌文在新桥镇初级中学开展学科融合地方非物质文化遗产资源《布依查白歌节》展示课活动一

第四章 黔西南州地方非遗文化

课题负责人姜昌文在新桥镇初级中学开展学科融合地方非物质文化遗产资源《布依查白歌节》展示课活动二

课题负责人姜昌文在新桥镇初级中学开展学科融合地方非物质文化遗产资源展示课活动三

新桥中学"地方非遗文化——国家级非物质文化遗产布依查白歌节和省级非物质文化遗产布依毛杉树歌节"进校园活动

  为贯彻落实立德树人根本任务及全州教育大会精神，提升民族地区教育教学质量，培养民族地区学生爱民族、爱家乡和爱祖国的家国情怀，落实党的二十大精神，铸牢中华民族共同体意识，促进民族地区教师专业发展，在"双减"下实践与探索学科融合非物质文化资源提升学校育人质量，认真完成《运用地方非物质文化遗产资源提升学校文化育人质量实践研究》课题的探索研究，2023年4月17日，课题组在新桥中学开展非遗文化进校园铸牢中华民族共同体意识活动。

  为了让学生们更好地了解和传承地方国家级非物质文化遗产——布依查白歌节和省级非物质文化遗产——布依毛杉树歌节，新桥中学安排学生吴一为学生们宣讲传承和保护非遗文化的重要性。

-201-

通过本次活动，以学生宣讲介绍丰富多彩、积极向上的布依查白歌节文化艺术活动为载体，让学生们在感知、体验中了解当地的民族历史文化，知晓地方国家级非物质文化遗产——布依查白歌节和省级非物质文化遗产——布依毛杉树歌节是中国的传统文化，认同中华文化，弘扬查郎和白妹为追求自由平等英勇献身和岑彭和马武为保护布依村民牺牲生命的民族精神是中华民族永恒的精神财富，要传承非遗，坚守文化，激发爱国爱家乡的热情。在传统民间文化的滋养中，培养对传统民间文化的兴趣，提升文化自豪感和自信心，落实党的二十大精神，维护国家统一和促进民族团结，铸牢中华民族共同体意识。

新桥中学学生吴一宣讲地方非遗文化一

新桥中学学生吴一宣讲地方非遗文化二

第四章　黔西南州地方非遗文化

《运用地方非物质文化遗产资源提升学校文化育人质量实践研究》课题研究学科融合地方非遗文化展示课活动

为全面落实立德树人根本任务和全省教育大会精神，全面实施素质教育，提升民族地区教育教学质量，促进民族地区教师专业发展，助力乡村振兴，更好地推进《运用地方非物质文化遗产资源提升学校文化育人质量实践研究》课题的实践研究，达到以课题为抓手，文化育人，为学校教学质量提升服务的目的。在课题组负责人姜昌文老师的组织下，课题组成员杨正美和韦贞殿于2023年4月21日在德卧中学初中部开展了地方省级非物质文化遗产资源——德卧布依毛杉树歌节课堂展示活动和对毛杉树歌节文化调研的探索研究。

2023年4月21日，在德卧中学初中部开展了地方省级非物质文化遗产资源"毛杉树歌节"课堂展示活动，课题组成员杨正美和韦贞殿在德卧中学初中部七年级和八年级下午第一、二节进行了道德与法治《生活需要法律》和《公平正义的维护》课堂教学融合地方省级非物质文化遗产资源"布依毛杉树歌节"教学展示活动和调研毛杉树歌节文化。

通过课堂教学融合地方省级非物质文化遗产资源"布依毛杉树歌节"教学展示和调研毛杉树歌节文化活动，达到了让学生学习、了解和走近地方非遗文化，就是为了促进民族团结，铸牢中华民族共同体意识。在今后的学习和生活中做一个努力学习，天天向上，认同中华文化和中华民族，长大为祖国做贡献，做到了真正的文化育人。

据悉，赶毛杉树歌节和采花节属于中国的。"毛杉树歌节"2005年12月被贵州省人民政府选入"贵州省首批非物质文化遗产保护名录"。这节课最后要告诉学生——要懂得文化承袭，要认同中华文化和认同中华民族，弘扬民族精神，维护国家统一和促进民族团结，铸牢中华民族共同体意识。

课题组成员杨正美老师上学科融合地方非物质文化遗产资源——布依毛杉树歌节展示课

课题组成员韦贞殿老师上学科融合地方非物质文化遗产资源展示课

课题负责人姜昌文组织课题组成员韦贞殿和杨正美在德卧中学初中部开展展示课活动

第四章 黔西南州地方非遗文化

新桥镇初级中学《运用地方非物质文化遗产资源提升学校文化育人质量实践研究》课题组与赤峰市品牌学校教学交流活动

为全面落实立德树人根本任务和全省教育大会精神，全面实施素质教育，提升民族地区教育教学质量，促进民族地区教师专业发展，助力乡村振兴，更好地推进《运用地方非物质文化遗产资源提升学校文化育人质量实践研究》课题的实践研究，达到以课题为抓手，文化育人，为学校教学质量提升服务的目的，新桥镇初级中学《运用地方非物质文化遗产资源提升学校文化育人质量实践研究》课题组邀请赤峰市品牌学校进行跨省教学交流活动，指导课题研究工作。

首先，内蒙古自治区赤峰市品牌学校王月华党总支书记、高清河校长、代卫军党总支书记、阿木古楞校长、八一党委书记、于海涛校长、王晓军校长、王井峰副校长、王旭和高雅静教育培训老师等一行10人来到新桥镇初级中学后，得到学校汤怀校长及全体校委的热烈欢迎，并进行了隆重的接待，组织召开了座谈会，在座谈会双方交流了各自的教学管理经验，达到了取长补短，共同提高目的。

其次，在课题组负责人姜昌文老师的组织下，课题组成员韦贞殿于2023年4月25日在新桥镇初级中学向来交流的内蒙古自治区赤峰市品牌学校校长们展示了地方非物质文化遗产资源课堂展示活动，另外，学校也安排了饶永会老师和张荣珍老师也分别向来交流的内蒙古自治区赤峰市品牌学校校长们展示了学科融合地方非物质文化遗产地理课和语文课。

再次，在课题组负责人姜昌文老师和学校陈怀丽老师带领下，内蒙古自治区赤峰市品牌学校王月华党总支书记、高清河校长、代卫军党总支书记、阿木古楞校长、八一党委书记、于海涛校长、王晓军校长、王井峰副校长、王旭和高雅静教育培训老师等一行10人对布依查白歌节、布依毛杉树歌节和底西苗族采花节进行了实地调研和采风。

最后，在教学评课环节，内蒙古自治区赤峰市品牌学校校长们肯定了我们运用地方非物质文化遗产资源提升学校文化育人质量的做法，值得他们学习和借鉴，同时也给我们提出了很多宝贵建议，希望我们把这种做法打造成教学案例进行推广，让更多的学校都能这样提升学校文化育人质量。

通过课堂教学展示地方非物质文化遗产资源课和学科融合地方非物质文化遗产资源教学展示活动，达到了让学生学习、了解和走近地方非遗文化，知道这是为了促进民族团结，铸牢中华民族共同体意识。在今后的学习和生活中做一个努力学习，天天向上，认同中华文化和中华民族，长大为祖国做贡献，做到了真正的文化育人。这节课最后老师们都告诉了学生——要懂得文化承袭，要认同中华文化和认同中华民族，弘扬民族精神，维护国家统一和促进民族团结，铸牢中华民族共同体意识。

张荣珍老师上学科融合地方非物质文化遗产资源语文展示课

课题组成员韦贞殿老师上地方非物质文化遗产资源——新桥底西苗族采花节展示课

饶永会上学科融合地方非物质文化遗产资源地理展示课

第四章 黔西南州地方非遗文化

欢迎校长们进入校园

座谈会

听课一

-207-

听课二

了解学生就餐

新桥底西采花节调研和采风一

第四章 黔西南州地方非遗文化

新桥底西调研和采风二

穿着苗服的王月华校长

布依毛杉树调研和采风

布依查白歌节调研和采风

第四章 黔西南州地方非遗文化

内蒙古自治区赤峰市品牌学校阿木古楞校长赠送字画纪念

内蒙古赤峰市多所学校校长到义龙新桥中学调研交流

近日,蒙黔手拉手教育心连心活动举行,来自内蒙古赤峰市九所学校的校长、学科带头人,依托赤峰市教育局"卓越校长、品牌学校"项目,来到义龙新区新桥镇初级中学开展调研交流。

交流组一行参观了校园建设,了解了学校整体办学情况,旁听了非遗文化融

入学科教学的公开课。在座谈会上，双方交流了运用地方非物质文化遗产资源提升学校文化育人质量的做法，并探讨了后续合作方案。

交流组一行还对布依查白歌节、布依毛杉树歌节和底西苗族采花节进行了实地调研和采风。

鲁础营中学"地方非遗文化——国家级非物质文化遗产布依查白歌节和省级非物质文化遗产布依毛杉树歌节"进校园活动

2023年5月6日，兴仁市鲁础营回族乡鲁础营民族中学开展"地方非遗文化——国家级非物质文化遗产布依查白歌节和省级非物质文化遗产布依毛杉树歌节"校园宣讲活动。本次活动利用升国旗时间开展，由我校团委书记令狐昌艳老师主持，李列平老师提供宣讲稿，七年级（1）班毛泽丽同学宣讲。

宣讲内容一是说明查白歌节和毛杉树歌节的来历，2006年，查白歌节被列为国家级非物质文化遗产，2005年，毛杉树歌节被列为省级非物质文化遗产。二是说明非物质文化遗产是我国宝贵的财富，它与我们生活密切相关，又是世代相传的优秀传统文化，强调的是以人为核心的技艺、经验及精神。其形式多样，在美术书法、音乐舞蹈、戏曲、技艺、医药、礼仪、民俗等各个文化领域，处处表现出悠久的历史渊源和鲜明的个性，给人以多层次、立体的和丰富的感受。地方国家级非物质文化遗产布依查白歌节和省级非物质文化遗产布依毛杉树歌节是中国的传统民族文化，我们要认同中华文化，认同中华民族，弘扬查郎和白妹为追求自由平等，岑彭和马武为保护布依族人民牺牲生命的英勇献身的民族精神，这是中华民族永恒的精神财富，要传承非遗，坚守文化，要有爱国爱家乡的热情。在传统民间文化的滋养中，我们要培养对传统民间文化的兴趣，提升文化自豪感和自信心，践行党的二十大精神，维护国家统一和促进民族团结，铸牢中华民族共同体意识。

本次活动为《运用地方非物质文化遗产资源提升学校文化育人质量实践研究》课题研究实践活动，旨在加强师生对地方非遗文化的了解，学习歌节所蕴含的民族优秀文化内涵，增强民族自豪感和自信心，让地方非遗文化提升学校文化育人质量服务。

第四章 黔西南州地方非遗文化

学生宣讲近照

团委书记主持宣讲

学生宣讲远照

-213-

鲁屯中学"地方非遗文化——国家级非物质文化遗产布依查白歌节和省级非物质文化遗产布依毛杉树歌节"进校园活动

为了培养民族地区学生爱民族、爱家乡和爱祖国的家国情怀，落实党的二十大精神，铸牢中华民族共同体意识，促进民族地区教师专业发展，在"双减"下实践与探索学科融合非物质文化资源提升学校育人质量，认真完成《运用地方非物质文化遗产资源提升学校文化育人质量实践研究》课题的探索研究，2023年5月18日，课题组在鲁屯中学开展非遗文化进校园铸牢中华民族共同体意识活动。

在《运用地方非物质文化遗产资源提升学校文化育人质量实践研究》活动中，落实好地方非物质文化遗产进校园，2023年5月18日在鲁屯中学七、八年级中开展国家级非物质文化遗产布依查白歌节和省级非物质文化遗产布依毛杉树歌节演讲活动。本次活动由七年级（2）班王万平、七年级（7）班韦珊珊、八年级（1）班张冰冰、八年级（2）班陈原进行了激情演讲，深情地呈现了地方非物质文化特色，四位同学以出色的表现赢得同学们的一致认可。让学生深入地认识到查白歌节作为数万布依同胞参加的节日，以其独特的内容和深远影响而流传；毛杉树歌节在农历三月初三后第一个"蛇场天"开始，对歌远近闻名，已演变成为布依族传统的音乐民俗节日。

活动中学生认识到非物质文化遗产是我国宝贵的财富，又是世代相传的优秀传统文化，强调的是以人为核心的技艺、经验及精神。树立认同中华文化，认同中华民族，弘扬查郎和白妹为追求自由平等，岑彭和马武为保护布依族人民牺牲的英勇的民族精神，要传承非遗，坚守文化，树立爱国爱家乡的热情。

新桥中学开展"地方非遗文化"进校园，促进民族团结宣传活动

2023年5月以来，兴义市义龙新区新桥镇初级中学以校园文化墙开展"地方非遗文化——国家级非物质文化遗产布依查白歌节和省级非物质文化遗产布依毛杉树歌节"及新桥底西苗族采花节校园宣传活动。

本次活动利用校园文化墙开展，由我校《运用地方非物质文化遗产资源提升学校文化育人质量实践研究》课题组负责人姜昌文老师具体负责此项活动的开展。

校园文化墙宣传的内容一是介绍我校开展民族文化进校园情况，说明布依查白歌节、布依毛杉树歌节和苗族采花节的来历，2006年，查白歌节被列为国家级非物质文化遗产，2005年，毛杉树歌节被列为省级非物质文化遗产。二是说明非物质文化遗产是我国宝贵的财富，它与我们生活密切相关，又是世代相传的优秀传统文化，强调的是以人为核心的技艺、经验及精神。其形式多样，在美术书法、音乐舞蹈、戏曲、技艺、医药、礼仪、民俗等各个文化领域，处处表现出悠久的历史渊源和鲜明的个性，给人以多层次、立体的和丰富的感受。地方国家级非物质文化遗产布依查白歌节、省级非物质文化遗产布依毛杉树歌节和苗族采花节是中国的传统民族文化，我们要认同中华文化，认同中华民族，弘扬查郎和白妹为追求自由平等，岑彭和马武为保护布依族人民牺牲生命的英勇献身，杨阿伊、杨阿娜姊妹二人为了保住一村人的生命财产献出年轻的生命的民族精神，这是中华民族永恒的精神财富，要传承非遗，坚守文化，要有爱国爱家乡的热情。在传统民间文化的滋养中，我们要培养对传统民间文化的兴趣，提升文化自豪感和自信心，践行党的二十大精神，维护国家统一和促进民族团结，铸牢中华民族共同体意识。

本次活动为学校宣传民族团结活动，也是《运用地方非物质文化遗产资源提升学校文化育人质量实践研究》课题研究实践活动，旨在加强师生对地方非遗文化的了解，学习节日所蕴含的民族优秀文化内涵，增强民族自豪感和自信心，维护国家统一和促进民族团结，铸牢中华民族共同体意识，让地方非遗文化提升学校文化育人质量服务。

学生观看校园文化墙一　　　　　　　学生观看校园文化墙二

爱心捐赠铸希望送教送培暖人心

  为发挥名师以及名师工作室的辐射、引领、示范作用，全面落实立德树人根本任务，全面实施素质教育，助力乡村振兴，提升民族地区教育教学质量，培养民族地区学生爱民族、爱家乡和爱祖国的家国情怀，铸牢中华民族共同体意识，促进民族地区教师专业发展，认真完成贵州省民族地区质量提升工程子项目Ⅲ课题《运用地方非物质文化遗产资源提升学校文化育人质量实践研究》课题研究的实践与推广，推进我州民族民间文化进校园，促进民族团结。姜昌文团队于2023年5月26日在新联小学进行用省级教育科学优秀成果奖金开展送教、送培和送爱心捐赠新桥镇新联小学品学兼优学子系列教育精准帮扶公益活动。

  活动在贵州省黔灵名师、双百名师、省级骨干教师姜昌文的爱心捐赠活动中拉开了序幕。姜昌文名师用省级教育教学优秀成果奖金为该校六个年级十个班

  21名品学兼优的孩子们共计捐赠了一千二百五十元人民币，并嘱托孩子们一定要好好学习，天天向上，将来也要做一个爱心传递者，将爱心传递下去。

  姜昌文一行一共为该校带来了六节示范课，其中有语文课、英语课融入地方布依族苗族非遗文化，如王尚行老师的《白鹅》融入了地方非遗文化布依查白歌节、八音坐唱，孔令利老师的英语融入查白歌节，孟正美老师的语文教学也融入了地方非遗布依毛杉树歌节内容的教学。还有李列平、段志莲、施明兰三位老师带来了地方非遗内容的教学：学生在李列平老师的引导下舞出了板凳舞的神韵，

第四章 黔西南州地方非遗文化

在施明兰老师的带领下掌握了芦笙舞的要领,在段志莲老师的地方非遗文化教学中让孩子们了解了我们这个小小的地方有着国家级、省级的非遗文化名录,并与孩子们立下了美好的约定:明年去赶集,要亲自去查白歌节、毛杉树歌节、底西采花节现场感受节日的氛围,了解我们的家乡一年一度的歌节盛况。

接下来在新联小学校长姜发册的组织下,进入了议课环节,课题组成员段志莲老师就为什么要把民族的、非遗的相关内容带入课堂作了一个概说。接着听课老师们各抒己见,把课堂中的优点与不足之处反馈给了上课老师,同时肯定了民族元素、非遗元素、家乡资源进入课堂、融入课堂的做法。大家一致认为在课堂教学中有意无意地渗透家乡非遗文化,用好家乡非遗文化资源,学生们会为此感到自豪,家国情怀油然而生,文化自信得以落实,教学质量也一定会上一个台阶。

议课结束后,进入送培活动,首先由黔西南州州级骨干教师、兴义市教育局教研员罗欣老师为此次活动带来了讲座《教师专业成长》。罗老师通过一份问卷调查入手,在轻松而又专业的讲解中剖析了老师们为什么要成长、如何成长的一系列问题,为老师们的专业成长指引了方向;贵州省乡村名师袁军老师的《五育融合主题活动构建思与行》让老师们明白了何为主题教育,并且如何在教育教学中通过主题教育达到自己的教学目标,而且在一系列的活动中落实五育。两个讲座在老师们辛苦工作一天之后才开始的,再加上天气炎热,可老师们听得津津有味、虽然讲座结束了,可是大家却意犹未尽。

夕阳西下,活动也落下了帷幕,本次活动的开展,对于孩子们有极大的激励作用,教师教学技能得到提升,运用地方非物质文化遗产资源提升学校文化育人质量实践研究有着非常重要的指导意义和现实意义。

孩子们在李列平老师的指引下跳起了苗家板凳舞

地方非遗文化育人实践研究

孩子们在认真聆听施明兰老师讲解芦笙舞要领
王尚行老师在语文教学中渗透地方非遗文化——毛杉树歌节

孟正美老师在语文教学中渗透地方非遗文化——毛杉树歌节

段志莲老师正在介绍我们身边的非遗文化

第四章 黔西南州地方非遗文化

孔令利用英语介绍地方非遗文化——查白歌节

特邀嘉宾罗欣老师在跟老师们分享——教师专业成长

袁军老师在跟老师分享——五育融合主题教育构建思与行
受捐助学子代表发言

捐赠人姜昌文老师发言

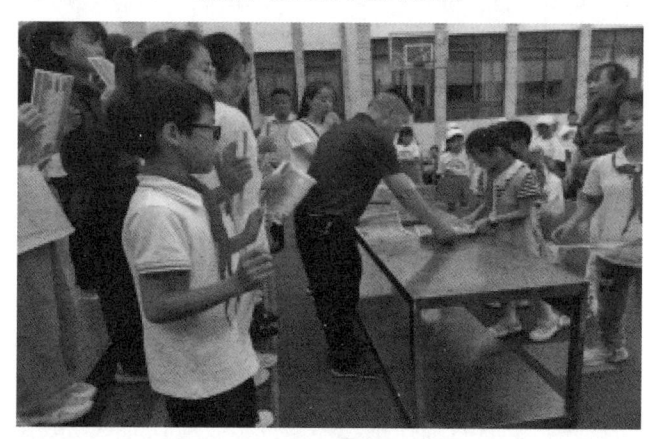

姜昌文老师正在给孩子们发奖

信封里有着姜文昌老师浓浓的爱

第四章 黔西南州地方非遗文化

新联小学：非物质文化进校园打造特色课堂

为全面实施素质教育，助力乡村振兴，提升民族地区教育教学质量。5月26日，贵州省民族地区质量提升工程子项目Ⅲ课题名师团队走进新联小学，把地方非物质文化遗产融入课堂教学，打造地方文化特色课堂。

在新联小学舞蹈室，名师团队老师身穿苗族服饰，手拿苗族乐器芦笙，给孩子们讲解地方苗族文化，并教孩子们跳苗族芦笙舞《苗寨的早晨》。在四年级一班的语文课上，名师团队老师结合课本内容，把地方民族文化融入课题，讲解查白歌节、毛杉树歌节、布依族三月三、布依八音坐唱等地方非物质文化遗产的文化背景及特色；在体育课上，名师团队老师把竹竿舞和板凳舞相结合，孩子们认真听，专心学，对地方非物质文化遗产有了全新的了解，同时提升了孩子们课堂的趣味性和积极性。

新联小学五（一）班学生陈国立说："今天老师教我们竹竿舞和板凳舞，老师把竹竿舞和板凳舞融合在一起，我们觉得这样的学习方式非常有趣，让我们对本地少数民族的文化有了更多的了解。"

据了解，将地方非物质文化遗产送进校园，打造特色文明实践活动，目的是让孩子们对地方非物质文化有更直观的感受和认识，结合历史文化培养学生，激励他们在家国情怀的浸润下不断学习进步。同时，非物质文化将被越来越多的学生所看到、感触到，让孩子们近距离感受到传统文化的魅力，让传统文化"流行"起来，重新焕发出生机和光彩，促进民族团结。

当天，名师团队还为新联小学21名品学兼优的学生爱心捐赠了1250元，《运用地方非物质文化遗产资源提升学校文化育人质量实践研究》课题研究名师团队老师对新联小学教师进行了《教师专业成长》的培训，有效提升了新联小学教师教学水平。

《运用地方非物质文化遗产资源提升学校文化育人质量实践研究》课题研究实践和推广示范课活动

  为充分发挥骨干教师、名师以及名师工作室的辐射、引领、示范作用，全面落实立德树人根本任务，全面实施素质教育，助力乡村振兴，提升民族地区教育教学质量，培养民族地区学生爱民族、爱家乡和爱祖国的家国情怀，铸牢中华民族共同体意识，促进民族地区教师专业发展，推进我州民族民间文化进校园，促进民族团结，落实贵州省民族地区质量提升工程子项目Ⅲ课题《运用地方非物质文化遗产资源提升学校文化育人质量实践研究》课题研究实践活动，在姜昌文名师的带领下于2023年6月16日在贡新小学开展课题研究研讨活动。

  该活动首先是示范课展示环节，课题组王尚行老师的语文课《白鹅》教学由京剧的讲解中巧妙渗透地方布依族苗族非遗文化，把查白歌节、毛杉树歌节、八音坐唱、芦笙舞等地方少数民族文化尤其是非遗文化巧妙融入教学中，让孩子们在学习教材文化的同时了解了地方非遗文化就在我们身边，我们家乡虽然身在农村，可身边有我们引以为傲的国家级、省级非遗文化，我们为此感到骄傲自豪，家国情怀油然而生；段志莲老师的地方非遗文化的地方教学中让孩子们了解了我们的查白歌节、毛杉树歌节居然列入了国家级、省级的非遗名录，尤其是查白歌节居然是被国务院录入的首批非遗名录，在段老师的一系列引导下，孩子们被那一个个美好而又哀婉的传说带入了赶集的向往中，即刻与孩子们立下了美好的约定：明年去赶集，要亲自去查白歌节、毛杉树歌节、底西采花节现场感受节日的氛围，了解我们的家乡一年一度的歌节盛况，去尝尝那里的美食，去欣赏那里的歌舞表演，看看布依儿女、苗家儿女的多才多艺、能歌善舞……

  大课间时段，在学校少先队大队部的组织下，该校组织了"贡新小学地方非遗文化——布依查白歌节（国家级）和布依毛杉树歌节（省级）宣讲"活动，贡新小学戴旭校长、少先队负责人符礼珍老师、学生代表胡兴朋同学分别参与了宣讲，他们把查白歌节、毛杉树歌节、底西采花节展示在全校师生的面前，戴校长告诉孩子们：我们家乡的非遗文化资源非常多，我们要对其进行传承和发扬，成为家乡非遗文化的传承者和接班人。

  评课环节，姜老师肯定了老师们在课堂上对非遗的渗透与教学，让孩子们在有意无意中了解到了家乡的文化特色，孩子们的家国情怀被老师们点燃，民族团结的接力棒将被有力地传入孩子们的手中，这是非常好的教学研讨活动，也说明课题研究的路子走对了，并将继续研究，做出最好的效果。戴校长对今天的活动也非常满意，表示今天的活动虽然结束了，但研究没有止步，希望姜昌文老师能够带领他们的团队，在今后的活动开展过程中，多走进贡新小学，起到示范引领作用，真正做到提质增效。

第四章 黔西南州地方非遗文化

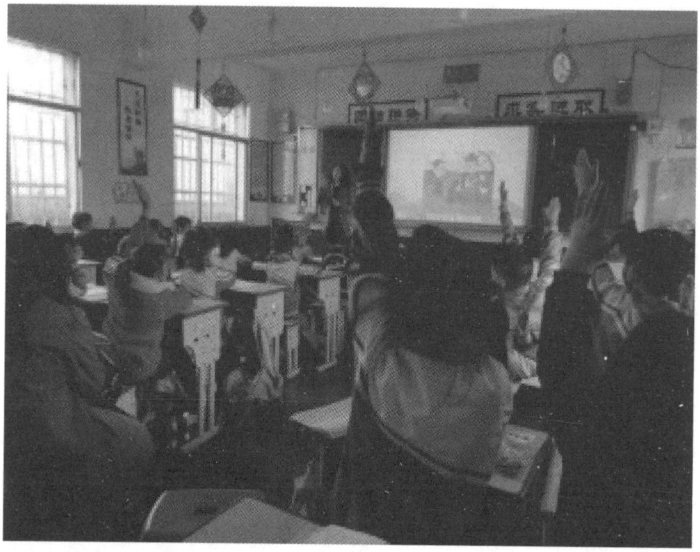

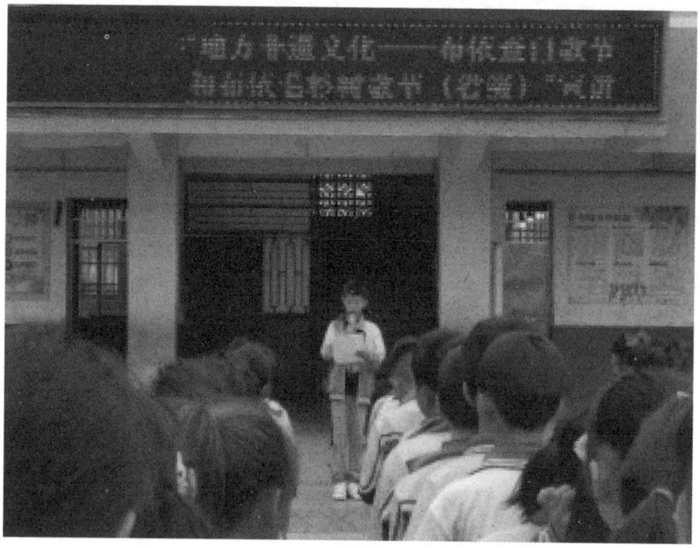

番外篇　蒙黔交流，教研生辉，共筑教育新篇章

（一）跨省交流，文化交流

（二）教研生辉，共话发展

（三）跨省交流，教研生辉，共筑教育新篇章

番外篇 蒙黔交流，教研生辉，共筑教育新篇章
——贵州省民族地区质量提升工程子项目III课题课题组与内蒙古自治区赤峰市喀喇沁旗牛家营子初级中学开展跨省校活动

（一）跨省交流，文化交流

春风送暖，五月花开，"双峰"共鸣，教研生辉。

为进一步提高教师素质、促进教师专业发展，推进教育资源共享，教育教学质量提升，促进我市部分学校教师科研素养提升，加快贵州省民族地区质量提升工程子项目III课题为教育教学质量服务进程。2024年5月16日至18日，黔西南州兴义市贵州省民族地区质量提升工程子项目III课题课题组姜昌文等一行8人，赴喀喇沁旗牛家营子初级中学开展跨省校际课题研究、跨学科项目化学习和地方文化育人教学交流活动。喀喇沁旗教育局基教股副股长郝书华，教研中心基础教育研究室主任徐亮携英语学科教研员于化英，历史学科教研员赵玉明陪同调研。此次活动包含参观学习校园文化、了解学校特色校本课程，观摩教师示范课、评课议课，专题讲座以及主题党课等部分内容构成。

16日上午，喀喇沁旗牛家营子初级中学党支部书记、校长王晓军首先带领我们参观学习了校园文化。从王校长的介绍中，我们深深地被学校的校训"仰望星空，脚踏实地"吸引住；校训寓意牛中人要有远大的理想与目标，脚踏实地，坚定不移地做好四件事：让学生习惯好、读书好、学习好，特长好。学校以雷锋为主题的园林，明确了学校精神——雷锋精神。

番外篇 蒙黔交流，教研生辉，共筑教育新篇章

其次，喀喇沁旗牛家营子初级中学胡主任给我们介绍了学校的读书课程和"青年学校"。据胡主任介绍，国务院原总理温家宝到牛家营子中学时特别强调，一定要让学生养成两个习惯：一个是读书，另一个是写日记。

随后，牛家营子初级中学美术教师徐小丽为我们介绍了学校的剪纸课程。从南北朝时期至今有1000多年的历史，一张红纸一把剪刀剪刻的是记忆、是故事、更是文化传承，我校在"双减"政策的引领下，把非物质文化遗产中的剪纸艺术融入学校的教育教学中，成立了剪纸社团。2023年，剪纸社团师生用一个月的时间共创的百米剪纸长卷：包含了社会主义核心价值观爱党爱国篇，铸牢中华民族共同体意识国防教育、廉洁教育篇，雷锋故事二十四节气、十二生肖等剪纸共190幅作品。

紧接着，我们又到学校的音乐社团、美术社团、象棋社团、书法社团、读书社团等参观学习。其间，我们采访了一部分学生，书法社团的学生表示很热爱书法，练习了颜真卿的书法后，自己对于书法和读书的热爱程度更深了。

参观结束后，双方举行了跨省交流见面会，并就如何进一步加强教育科研合作、提高教育教学质量进行了研讨。双方一致认为，要充分发挥各自优势，加强资源共享，推动教育科研成果转化，为民族地区教育事业的发展贡献力量。此外，双方还就今后的合作方向和具体措施达成了共识。

会上，喀喇沁旗教育局基教股副股长郝书华代表喀喇沁旗教育局对姜昌文老师等一行8人表示热烈欢迎。随后，他表达了对本次活动顺利召开的期望。郝书华指出，跨省校际课题研究、跨学科项目化学习和地方文化育人教学交流活动是新课程标准改革背景下的一次有益尝试,这种交流方式可大大促进教育资源共享，教育教学质量提升。郝书华强调，希望双方在今后的交流合作中能够铁肩共担、携手共进、资源共享，在跨学科学习、项目化学习的研究应用方面走深走实,笃行致远！

贵州省黔西南州兴义市教育局教师发展中心教研员、州级骨干教师罗欣表示，在党的领导下、喀喇沁旗教育局与兴义市教育局的大力支持下，以及牛家营子初级中学领导老师的热情帮助下，我们一行8人跨越千里，感受到深厚的文化底蕴、人文关怀以及时代呼吁的号召和向往，愿与教育同仁一道，欣然前往,逐梦前行！

（二） 教研生辉，共话发展

16日下午，姜昌文老师等一行8人在学校领导班子陪同下，深入课堂，分别听取了数学、英语、历史、道法学科示范课，深入开展教师课堂教学能力研究活动。授课教师基于跨学科学习、项目化学习，地方文化育人以及新课程标准理念设计课堂内容，主题明确，引领性强，成效卓著！

（左图为：新桥镇初级中学道德与法治教师姜昌文与兴义四中历史教师杜荣静进行跨学科融合地方非物质文化遗产资源——民族大团结课程讲授；右图为：兴义市教育局教研员袁军进行历史学科中项目学习——探寻红色文化的历史基因课程讲授）

（左图为：兴义市教育局教研员罗欣进行数学融合地方文化资源——七年级平面直角坐标系课程讲授；右图为：兴义市第四中学道德与法治教师罗永红进行学科融合地方文化资源——预防犯罪课程讲授）

（左图为：新桥中学英语教师陈怀丽进行英语融合地方文化资源——英语学

科融合布依文化课程讲授；右图为：喀喇沁旗牛家营子初级中学英语教师罗晓英进行英语融合地方文化资源——Unit 8 Topic 1 Section A 课程讲授)

(图为：喀喇沁旗牛家营子初级中学数学教师赵永佳进行数学融合地方文化资源——实际问题与二元一次方程组课程讲授)

(左图为：喀喇沁旗牛家营子初级中学历史教师胡吉雅进行历史学科项目学习——明朝的灭亡课程讲授；右图为：喀喇沁旗牛家营子初级中学道德与法治教师陈建楠进行学科融合地方文化资源——国家司法机关课程讲授)

观课结束后，双方教师聚焦课堂开展评课交流活动。以课堂为依托，围绕跨学科、项目化学习、地方文化育人议题展开深入交流，与会人员畅所欲言，各抒己见，交流互鉴，共同成长，为日后课堂教学提供指导性意见。

(图为：各学科分组评课议课现场)

番外篇 蒙黔交流，教研生辉，共筑教育新篇章

17日，姜昌文老师等7人分别进行专题讲座。讲座涵盖文化育人模式、学校管理方式、学生学习策略等多个领域。

(图为：姜昌文作《融合·体验·育德 地方文化育人模式17年实践探索》专题讲座)

(图为：袁军作《五育融合主题活动构建思与行》专题讲座)

(图为：罗欣作《"梦回故里 文韵铸魂"——探寻地方文化育人之旅》专题讲座)

-231-

（图为：王文飞作《数学教学中融合中华传统文化》专题讲座）

（图为：杨雪娟作《学校管理的行与思》专题讲座 学校领导班子成员参会学习）

（左图为：杜荣静作《中考历史复习策略》专题讲座 八年级师生观看现场直播；右图为：罗永红作《学生学习方法策略》专题讲座 七年级师生观看现场直播）

参训的教师表示，专家们不遗余力、倾囊相授，通过生动的案例、深入浅出地讲解，为我校师生带来丰富的知识启迪。

18日，喀喇沁旗牛家营子初级中学党支部副书记马占军组织我们学习了主题党课。内容包含习近平总书记关于教育的重要论述等。

番外篇　蒙黔交流，教研生辉，共筑教育新篇章

此次活动，让金州十八景之一——万峰林的地方文化跨越千山万水，与赤峰市喀喇沁旗的教育脉络紧紧相连。不仅提高了教师们的专业素养，更增进了两地之间的友谊。在未来的日子里，我们携手前行，共同探索教育教学的新路径，为培养更多优秀人才贡献智慧和力量。

让我们共同期待这场跨省交流所带来的丰硕成果，让教育的光芒照亮更多孩子的未来之路！

通过本次活动，落实了立德树人教育根本任务，为民族地区教育教学质量提升服务，培育了民族地区学生爱民族、爱文化、爱家乡和爱祖国的家国情怀，维护了国家统一和促进民族团结，铸牢了中华民族共同体意识。

（三）跨省交流，教研生辉，共筑教育新篇章

为进一步提高教师素质、促进教师专业发展，推进教育资源共享、教育教学质量提升，近日，兴义市贵州省民族地区质量提升工程子项目Ⅲ课题组赴喀喇沁旗牛家营子初级中学开展跨省校际课题研究、跨学科项目化学习和地方文化育人教学交流活动。

在活动中，课题组参观了校园文化和学校特色校本课程，并观摩了教师示范课、评课议课、专题讲座和主题党课等。

在跨省交流见面会上，大家就如何进一步加强教育科研合作、提高教育教学质量进行了研讨。双方一致认为，要充分发挥各自优势，加强资源共享，推动教育科研成果转化，为民族地区教育事业的发展做出积极贡献。此外，双方还就今后的合作方向和具体措施达成了共识。

此次活动，让黔西南地方文化跨越千山万水，与赤峰市喀喇沁旗的教育脉络紧紧相连，不仅提高了教师们的专业素养，更增进了两地之间的友谊。在未来的日子里，让我们携手前行，共同探索教育教学的新路径，为培养更多优秀人才贡献智慧和力量。

后记

  黔西南优美的山水与淳朴的民风，丰富的民族文化资源，正是黔西南原生态文化开发的依托，是黔西南未来与希望所在！勤劳善良、心灵手巧的黔西南布依、苗族、彝族等各族人民，在以八音坐唱、板凳舞、芦笙舞、东方踢踏舞等为地方非遗文化代表的背景下，在适应自然环境的进程中，形成了自身文化的特色，创造了他们的物质与精神文明的高度，并使之一脉相承。我们相信布依族、苗族、彝族寨原生态文化开发将有一个美好的未来，黔西南布依族、苗族、彝族寨等各族人民，会在他们生息繁衍了数千年的这方乐土上，创造性地延续各族文化，创造奇迹，并代代相传。

  出版本书的初衷，就是立足于黔西南布依族、苗族、彝族寨丰富的民族历史文化和风土民情，以通俗易懂的文字、直观生动的图片资料，编写的一套展示黔西南多姿多彩民俗风情的图书。以促进各民族间的相互来往、互相尊重、平等相处、团结互助和共同繁荣，铸牢中华民族共同体意识，同时为民俗学者提供鲜活的研究资料，有利于各级领导在充分了解民族习惯的基础上，以少数民族群众容易接受的方式，宣传党和政府的方针政策，指导经济、政治、文化、社会建设，使读者在愉快的阅读中，感受黔西南民间民俗文化氛围，领悟民族的真、善、美和民族精神。

  本书出版，参考了州志等史料及民间文学，也得到了众多专家的指引及社会各界的帮助，人数众多，就不一一列举，在此一并谢过。短短几章篇幅有限，资料收集难免会有遗漏，希望读者能够谅解。

  中华民族一家亲，同心共筑中国梦，铸牢中华民族共同体意识，这是全体中华儿女的共同心愿，民族团结重在交心，要将心比心、以心换心。黔西南州现有35个民族，在同一个中国梦的指引下，各族群众创造出了共居、共学、共事、共进步、共乐的社会条件。我们有了幸福的今天、光明的明天，也不能忘记奋斗的昨天。民族民间文化艺术的收集、发掘和拯救，是我们黔西南人义不容辞的责任和义务。我们希望把《地方非遗文化育人实践研究》民族团结进步创建读本推荐给广大读者。黔西南州有着深厚的地方非遗文化、历史文化以及充沛的自然资源，不是本书短短几章就能一一道尽，编撰本书只为抛砖引玉，让大家能够基本了解本州的人文、历史，若能激起读者的好奇，再去亲身探索发掘我们的历史之美、民族之美、自然之美，那编者也就无憾了。希望此书的出版仅是一个新的开始，期待着黔西南州非遗文化研究万紫千红的明天。

参考文献

[1] 范周. 非遗保护与教育中的数字化思考 [J]. 中外文化交流 ,2022（6）:29-30.

[2] 黄清穗 , 梁献文 . 广西高校艺术设计教育传承非遗传统手工艺研究 [J]. 绿色包装 ,2022（8）:43-46.

[3] 贾真光 . 非遗文化在小学语文教学中传承的研究——评《地方文化资源教育转化现实与超越》[J]. 语文建设 ,2022（16）:85.

[4] 金钰 , 朱琴 , 张芳婷 . 非遗传承公益化模式与高职劳动教育实践路径同构 [J]. 艺术家 ,2022（7）:59-61+73.

[5] 李斌 , 非遗视阈下的中小学传统舞蹈教育研究 [J], 艺术教育 ,2022（9）:120-123.

[6] 马素萍 , 传统技艺类非遗研学旅行融入劳动教育的意义与路径 [J]. 河北旅游职业学院学报 ,2022,27（3）:60-63.

[7] 马燕燕 , 王生平 , 高继科 . 非遗教育传承视阈下民族地区学校微课设计的思考与探索——以甘南地区为例 [J]. 内江科技 ,2022,43（7）:134-135.

[8] 倪漫 , 非遗视域下芜湖铁画教育化路径的传承与发展 [J]. 美术教育研究 ,2022（13）:51-53.

[9] 彭红艳 , 基于学校劳动教育的手工艺类"非遗"课程开发与实施——以上海市清华中学"上海灯彩"课程为例 [J]. 非遗传承研究 ,2022（3）:55-60.

[10] 盛廷娥 , 刘希坤 , 王开丽 , 等 ."非遗"保护下布依族传统龙灯舞的高校教育传承路径研究 [J]. 武术研究 ,2022,7（9）:92-94.

[11] 唐吟 , 非遗在高校设计教育中的育人功能——以广西传统美术类非遗项目为例 [J]. 教育观察 ,2022,11（20）:51-54.

[12] 王军梅 , 高职教育中"非遗"的思政教育 [J]. 中国多媒体与网络教学学报（中旬刊）,2022（7）： 245-248.

[13] 王磊 , 融合双创教育理念的非遗进课堂教学实践探索——以设计类专业为例 [J]. 大学教育 ,2022（8）： 237-239.

[14] 王晓琳 , 大学与非遗——中央美术学院"非遗研培计划"教育培训体系构建与探索 [J]. 美术研究 ,2022（4）： 4-7.

[15] 岳阳娟 , 非遗文化产业发展与高职院校就业创业教育互动机制分析 [J]. 戏剧之家 ,2022（26）： 190-192.

[16] 赵国祥 , 活态传承：社区教育助推非遗保护的创新实践——以滨江西

兴灯笼文化传承为例 [J]. 新农村 ,2022（7）：54-55.

[17] 赵令仪，吴昕昕："非遗＋教育"视域下的新媒体传播与创新性设计研究，以湘西土家织锦技艺为例 [J]. 纺织报告 ,2022,41（7）：95-97.

[18] 赵振，李亮 . 丹漆随梦一脉薪火——评《漆彩鎏金——宁波非遗漆艺与高校教育传承》[J]. 中国生漆 ,2022,41（3）：14-16+45.

[19] 邹杨，小学美术教育中引入非遗文化的可行性教学策略研究 [J]. 考试周刊 ,2022（34）：163-166.

[20]《黔西南布依族苗族自治州志》，黔西南州地方志编纂委员会，贵州人民出版社，2008.

[21]《黔西南民族研究》（古籍卷一），黔西南民族研究中心编，2012.1.

[22]《黔西南布依族苗族自治州志》，黔西南州地方志编纂委员会，贵州人民出版社，2019.12

[23] 本书编写组编，走进黔西南 [M]. 昆明：云南美术出版社，2023.